Le décor d'un rêve d'artiste

Jehan d'Arvieux

Le décor d'un rêve d'artiste

ÉDITEURS

Maison CARRÈRE
Jondée en 1624
Place de la Cité, RODEZ

Editions PICART
59, Boulevard Saint-Michel, 59
PARIS-Vᵉ

IL A ÉTÉ TIRÉ DE CET OUVRAGE

450 EXEMPLAIRES

NUMÉROTÉS DE 1 A 450

ET

50 EXEMPLAIRES HORS COMMERCE

DONT 25 NUMÉROTÉS

DE I A XXV

ET

25 MARQUÉS DE A A Z

Nᵒ 30

L'HOMME-AEGIPAN, CONSCIENCE DU LEVEZOU

Un penseur isolé, taciturne et sarcastique, peut-être secrètement désespéré, un écrivain qui se débat, hanté d'images et de symboles, un poète fiévreux, impatient du joug de l'art, créant ou torturant des mots, génie mal dégagé de sa gangue, un peintre chercheur, jamais satisfait, un graveur surtout, au regard aigu, souvent halluciné, et qui tire de l'ombre des visions énigmatiques ou farouches et, tout à coup, des formes frissonnantes de vie végétale...

Le Lévezou : une région à l'écart des grands passages humains, peu accessible, presque inconnue, un plateau mi-désert qui domine le Rouergue, hautes landes semées de rocs et de bruyères, où les travaux des hommes ne sont presque rien, lambeaux de forêts tourmentés du vent, solitudes où passent des aigles et des nuées, vieux chemins déserts qui dévalent vers des bandes de verdure, vers le pays des hommes, un coin du vieux visage de la Terre raviné par les eaux éternelles...

Or, il arriva qu'à force de hanter ces hauts lieux solitaires, le penseur taciturne, l'artiste, le poète en vint à sentir qu'il en faisait lui-même partie intégrante, que sa vie était au fond identique à celle des êtres et des plantes, qu'il y avait une pensée et un regard dans la mare ceinte de roseaux et miroitante sous les étoiles, une souffrance dans les bras tordus des chênes, un désespoir dans l'écroulement d'un ravin, une éphémère joie dans les fleurs, une résignation dans l'immobile tête du rocher... Il roula longtemps en lui toutes ces pensées, tenta diversement de les exprimer, et, de moins en moins homme, de plus en plus aegipan, il réalisa en son cerveau la conscience du Lévezou...

Peu d'hommes l'ont connu, bien moins encore ont su ce qu'il était, cinq ou six peut-être ont cru à son génie. On l'appelait Eugène Viala. Il lui fallait bien un nom; nous ne sommes plus aux temps antiques où il y avait des êtres au-dessus des hommes, au-dessous des dieux, où la dryade était la forêt et l'oréade la montagne. Mais regardez donc sa face gravée par lui-même! N'est-ce point la tête caprine, puissante et fantasque, sont-ce pas les yeux inquiétants, aigus et rapides, de l'aegipan demi-divin qui vous regarde à travers des branches ?

Que si vous préférez que ce soit un homme, je le veux bien; mais alors ne serait-il pas un de ces mortels que, selon Maurice de Guérin, le centaure Chiron décrivait ainsi : « Ils ont recueilli sur les eaux ou dans les bois et porté à leurs lèvres quelques fragments du chalumeau rompu par le dieu Pan. Dès lors, ces mortels, ayant respiré dans ces débris du dieu un esprit sauvage ou peut-être gagné quelque fureur secrète, entrent dans les déserts, se plongent aux forêts, côtoient les eaux, se mêlent aux montagnes, inquiets et portés d'un dessein inconnu. » Mais dites, vous, les quelques-uns qui avez connu Viala, n'est-ce point là justement ce qu'il faisait ? Et n'ai-je point quelque raison de l'avoir pris pour un aegipan ?

Mon lecteur sourit à ce langage qu'il juge par trop romantique. Mais s'il avait, comme moi, médité sur les écrits de Viala, les poèmes de Loin des Foules, tissu aux mailles lâches, mais ocellé de perles rares et de gemmes étranges, les visions et les pensées de Paysages, petit chef-d'œuvre scandaleusement inconnu ; s'il avait, comme moi, contemplé de Viala les peintures à la fois sereines et désolées, les aquarelles frémissantes de vie, arbres, bruyères, genêts, *verdures qu'anime le souffle de Pan, et les innombrables eaux-fortes (hélas! trop dispersées), éloquentes simplicités, étrangetés angoissantes, symboles obscurs, visions fantastiques, horizons funèbres, clartés fulgurantes, arbres douloureux et émouvants, bêtes misérables, corbeaux dévoreurs de vies, aigles tragiques, gestes du vent, rêves des eaux, cruautés mesquines de l'animal humain, élans de l'âme vers l'Infini, rares et qui retombent, lutte éternelle de la lumière et de l'ombre, de la matière et de l'esprit, de la vie et de la mort... Si mon lecteur avait lu, contemplé tout cela et réfléchi, ou si même, ignorant tout des œuvres de Viala, il avait seulement lu ce livre de Jehan d'Arvieux, Le Décor d'un rêve d'artiste, où furent enclos, par une âme proche de la sienne, l'âme intégrale de Viala et tous ses rêves et tous les détails du puissant visage de son pays — alors mon lecteur aurait compris, excusé, approuvé, je pense, le langage qui s'est imposé à moi, quand j'ai voulu parler de Viala, artiste inconnu d'un pays inconnu, poète et penseur solitaire en qui luttent, à la pâle lueur d'un christianisme défaillant, pessimisme et panthéisme, douloureux esprit tendu vers la sérénité, tantôt sombre et révolté, tantôt rieur et apaisé, l'homme-aegipan, vous dis-je, conscience du Lévezou...*

Eugène Viala naquit au vieux bourg délabré de Salles-Curan, le 8 septembre 1859. Il y vécut; il habita quelque temps l'archaïque ville de Rodez; il fit quelques séjours à Paris. De bonne heure, l'art le posséda tout entier et le goût de s'initier à la connaissance de la nature plutôt que des maîtres. Il vécut rapidement, nerveusement, travailleur acharné, rêveur sombre, éclairé de joies soudaines et rapides. Pour la gloire et pour l'argent, il eût fallu Paris. Il n'y pouvait tenir. Un jour, il y est victime d'un accident et il écrit : « J'ai été sévèrement puni pour avoir voulu quitter Rodez et gagner Paris. D'obscures divinités ou des forces étranges m'empêchent de quitter mon pays où je n'ai rien, rien pour moi et les miens, un rocher seulement, au bord de la route, à Salles-Curan ».

Il voulait être lui-même et il ne pouvait l'être que sur son Lévezou, parmi ses arbres, ses rocs et ses bruyères... d'obscures divinités, des forces étranges... Il revint mourir à Salles-Curan, le 5 mars 1913. Il rentra dans la Nature, comme il a dit, et dans l'obscurité dont il était à peine sorti. Quelques critiques avaient remarqué ce singulier graveur; l'un d'eux, et non des moindres, venait de prononcer à son sujet les noms de Goya et de Rembrandt. Puis le silence...

Sa femme, ses quatre enfants étaient comme écrasés par sa disparition. Mais une lueur de sa flamme vivait dans le regard et la grâce nerveuse de ses deux filles. En venant à elles, et non à la richesse, deux jeunes hommes d'élite s'aperçurent vite qu'ils étaient venus à lui. Le premier, Marcel Alvernhe, esprit inquiet, singulièrement précoce et, on eût dit, pressé de vivre, éprouva comme un trouble, à mesure qu'il découvrait les richesses parfois voilées de l'œuvre artistique et littéraire de Viala. Ce trouble, je le retrouve dans La Veillée d'Auvergne où il écrivait: « Les paysages du Lévezou, les espaces immenses qu'il immortalisa, qui furent l'étincelle de son génie, doivent se sentir une angoisse étrange... Il va manquer aux dieux de ces solitudes un de leurs prêtres... »

Sur ce jeune esprit qui cherchait sa voie dans les lettres, l'action du génie tourmenté de Viala s'annonçait telle qu'il eût probablement tenté de forcer la Gloire à rendre des honneurs posthumes au grand disparu. Hélas! la guerre éclata, et la Gloire l'auréola lui-même d'un brusque et rapide halo de sang, alors que sa main juvénile brandissait une badine, à la tête d'une section d'infanterie lancée à l'assaut du front de Champagne. N'avait-il pas eu raison de se hâter de vivre, l'étrange jeune homme ?

J'ai déploré sa mort. Bien que j'eusse deux fois son âge, c'est lui qui m'avait, le premier, révélé Viala ; et c'est à lui et à sa jeune femme que j'avais dédié ce sonnet dont plus tard j'ai senti toute l'insuffisance :

Eugène Viala

De sa terre natale inapaisable amant,
Maigre et nerveux, comme un chardon du causse aride,
Il vécut fier et sombre, artiste triplement
Par ses pinceaux et par sa plume et par l'acide.

Il peignit son Rouergue âpre inlassablement:
Ravins noirs, plateaux roux à l'horizon splendide,
Chênes aux bras tordus sous un ciel véhément,
Vieux chemins, mornes rocs, eau qui rêve, perfide...

Quand l'Homme, sans noblesse au cœur, l'exaspérait,
Il fuyait vers la lande ou bien dans la forêt,
Et les bêtes venaient lui dire leur souffrance.

Honneur à lui ! La gloire aurait dû l'acclamer;
Il s'en alla, n'ayant connu de récompense
Que l'émoi de sentir et l'orgueil d'exprimer.

Marcel Alvernhe brisé dans sa fleur, emporté, comme il l'avait prévu lui-même, « dans la force de sa jeunesse et le charme de ses illusions », un autre Rouergat était venu, voué lui aussi à perpétuer le sang de Viala qu'il n'avait jamais vu. Il courut les chemins du Lévezou, les pieds dans les traces pas encore effacées de l'homme dont tout lui parlait; il vit, il contempla, il comprit, une à une, toutes ses œuvres; et, comme l'avait été Alvernhe, Jehan d'Arvieux fut envoûté à son tour. Et ce même étonnement le saisit, chargé d'une résolution soudaine: Comment ce génial artiste est-il si profondément inconnu ?

Sa résolution, patiemment, pieusement, ardemment exécutée, voici ce qu'elle a donné : le livre que vous allez lire. Il importe que vous le sachiez tout de suite: Ce livre est un long texte secret d'incantation. *Lisez, et vous saurez le Lévezou, et vous apercevrez partout la face même de l'Aegipan qui regarde à travers les branches.*

Jehan d'Arvieux est ou était récemment chrétien. Mais ce n'est pas en vain qu'il s'est exposé longuement à respirer les souffles confondus de Pan et de Bacchus ravivés par Viala dans les solitudes du Rouergue. Les philtres magiques de l'antique Orient dont ni Jésus, ni la science occidentale n'ont réussi à disperser tout à fait les subtils effluves ont agi sur son âme et ébranlé sa sérénité... preuve de ce qu'il y a de mystère et d'intense pensée dans l'œuvre multiforme de Viala. De ces effluves insinués en son âme pourra-t-il se débarrasser ? C'est désirable, sans doute, puisqu'il paraît s'en sentir oppressé.

Mais, qu'il y réussisse ou non, il restera toujours ceci que l'influence de Viala a, j'en suis sûr, développé en lui des dons heureux, don d'apercevoir la beauté, voire le divin, dans les œuvres les plus communes de la Nature, don de sentir le mystère de toute chose, don de divination poétique. Sans doute, il était poète, nascuntur poetae; mais l'était-il au point où le voici, avant de s'engager avec Viala dans ce qu'il nous reste de bois sacrés et de montagnes solitaires ? Qu'il me permette d'en douter. De sa culture bien plus scientifique, je crois, que littéraire, c'est Viala qui a fait jaillir en lui cette faculté d'intuition philosophique et poétique qu'expliquait le noble Jean Lahor, eu un passage de son Bréviaire d'un Panthéiste:

« Rien n'est simple, tout est étrange, tout est mystérieux, incompréhensible. Un fond d'inconnaissable est dans tout; et le sage, loin de ne s'étonner de rien, doit donc s'étonner toujours et de tout. Si nous ne voyons plus, en effet, un perpétuel miracle en toutes choses, comme les hommes des temps védiques, c'est que nos sens, émoussés par l'usage, se sont habitués au miracle. Mais le vrai *poète* et le vrai *philosophe* sont ceux chez qui subsiste le sens *religieux* des choses et qui perçoivent encore le prodige, le fond caché sous leur surface, le mystérieux abîme sous les apparences. »

Voilà de bien graves paroles et quelque peu solennelles, pensera le lecteur défiant, à propos d'une étude sur un artiste régional, d'une espèce de biographie, d'une description littéraire d'un pays! Hé! ne vous hâtez pas de classer ce livre dans un genre déterminé. Un signe de son caractère complexe et exceptionnel, de son originalité, c'est que l'auteur, après avoir hésité entre cinq ou six titres, a choisi, sans en être très satisfait, celui-ci: Le Décor d'un rêve d'artiste. *Ah! qu'il est modeste, ce titre, et insuffisant! Jehan d'Arvieux n'aurait peint que le décor d'un rêve ? Il a fait bien mieux: il a revécu le rêve, il a suscité l'âme de l'artiste disparu et lui a adjoint la sienne pour compagne docile; il a, dans les décors champêtres où il s'était dispersé, évoqué l'aegipan du Lévezou. Son livre est un long texte secret d'incantation: quoi d'étonnant si, dans cette prose qui s'étend jusqu'à couvrir tout le Rouergue, s'ouvrent d'innombrables petites clairières de poésie!*

Ce livre, je ne sais à quel autre le comparer. Pourtant, curieuse rencontre de deux esprits dissemblables, il me fait penser aux Jardins sauvages, œuvre forte et exquise d'Henri Pourrat. Les Jardins sauvages, c'est Jean-François Angeli en fonction de l'Auvergne; Le Décor d'un rêve d'artiste, c'est Eugène Viala en fonction du Rouergue. Ecoutez Henri Pourrat parlant d'Angeli: « Qui l'aura connu ? Et maintenant la mort prévaudra-t-elle ? A peine si nous sommes trois, quatre, ayant su qu'il pouvait monter très haut... De même qu'il avait poussé sa pensée hallucinée toujours plus outre, jusqu'au gouffre... Nous devons cette amitié à nos morts de dire ce qu'ils voulaient dire, de faire ce qu'ils voulaient faire. Mais tout ce que nous pouvons, comme on allume une lampe au crépuscule, c'est, là où la vie s'est éteinte, de chercher à fixer une lueur de la gloire,

pauvre soleil des morts... De l'ombre demeure sur sa vie... Aussi
on en voudrait donner le profil, en dessinant ses entours, le vieux
canton de son enfance, les villageois, les métairies, les prés, la montagne, sa maison, sa petite ville. Comme cela reste tout ensemble
mystérieux et familier !... S'il n'y avait de véritable culture que
pour ceux-là qui ont vécu aux champs ? »

*Ce que Pourrat dit là d'Angeli, il me semble, chose curieuse, que
Jehan d'Arvieux l'a dit ou pensé d'Eugène Viala. Et ceci:* « De
seize à vingt ans, au fond de la province, il est difficile de n'avoir
point des humeurs romantiques. Le romantisme est-il autre chose que
le désir de se séparer du tel quel, de la médiocrité contente de soi
qui ne cherche rien et ne croit qu'à son argent et à son bien-aise? »

*Les Ruthènes étaient fidèles clients des Arvernes. Les deux races
sont restées parentes. A Paris, on les confond. Par les aspects physiques, par le passé, par les mœurs, par les tendances, Auvergne et
Rouergue se ressemblent fortement. Je ne suis pas le seul à le penser:
certains auront compris que c'est à ma qualité d'Auvergnat que je
dois l'honneur de préfacer ce livre. Aussi, bien qu'Angeli ait à peine
esquissé son rêve de pensée et d'art et que Viala ait rudement dessiné le sien, jusqu'à la dernière courbe suspendue sur la mort, on
comprendra qu'il m'ait plu de rapprocher ici ces deux individua-
listes montagnards, ces deux natures chercheuses et farouchement indé-
pendantes.*

*Et ce n'est pas non plus sans raisons, à moi du moins sensibles,
que ce débutant d'élite, le Rouergat Jehan d'Arvieux, m'a fait penser à l'écrivain maître de son art et de sa pensée, l'Auvergnat Henri
Pourrat. Je trouve chez ce dernier plus d'expérience, de finesse,
de sobriété, d'aération, mais peut-être plus de force appuyée, d'em-
portement verbal, d'ombres et de rumeurs troublantes chez Jehan
d'Arvieux. Peut-être aussi y a-t-il chez celui-ci de l'excès, un trop
grand souci de tout dire et, partant, des arbres qui empêchent parfois
de bien voir la forêt. Seulement, une vision souvent aiguë, toujours*

sincère, certaine force que j'y sens font que les imperfections que d'autres verront peut-être, je n'arrive pas à les nettement formuler et à vous les dire.

Et puis, de par son tempérament et ses origines, on a ses raisons personnelles d'aimer certains livres. Ah! ma vieille Auvergne! J'en avais trouvé chez Pourrat les enchantements sauvages: Dans ces landes roussies, quand on escalade les entassements bousculés de ces blocs, c'est un saisissement de découvrir là, en gerbes emmêlées, ces corbeilles de fleurs jamais rencontrées encore. Les fleurs de la montagne, celles qui ne fleurissent qu'au-dessus des nuages. Jardins symboliques sur les hauteurs, jardins secrets qu'enclosent les roches dans les arides pâtis balayés des vents... Et j'ai retrouvé tout cela et mille autres choses d'Auvergne chez Jehan d'Arvieux!

Je sais, je sais, l'Auvergne n'est pas le Rouergue, et ses hauts plateaux ne sont pas le Lévezou. Il y a chez elle plus de sommets dominateurs, plus de sombres basaltes, plus de volcans lunaires, plus de ruines féodales, plus de sapins et de prairies, plus d'eaux courantes... Mais tout le reste, tous les menus détails du paysage! Il y a en Auvergne tant de coins de Rouergue, en Rouergue tant de coins d'Auvergne!

Vieilles églises, vieux moulins, vieilles croix de pierre au bord des vieux chemins... Rocs isolés sur les pâtis solitaires, genêts abritant des pensées sauvages, somptueuses fougères, et ces jasses ou bergeries écrasées sur les plateaux et pareilles aux burons auvergnats... Arbres exilés des forêts, arbres que tourmente le vent, misérables broussailles, et là-dessus, la neige qui vient tout enlinceuler de blanc et de silence... Et tout ce qui vit, tout ce qui rampe, tout ce qui vole, tout ce qui souffre... Et le domaine de l'invisible: les dracs, les trêves, les âmes, les peurs, les superstitions, les légendes... Les mœurs anciennes, les mœurs qui s'effacent et meurent; tout ce qu'il flotte de passé autour des ruines, dans les chemins creux, dans les hameaux couleur du temps, couleur du sol et du paysage... Tout cela est de *l'Auvergne, comme du Rouergue, et tout cela est vu, senti, évoqué, peint, décrit, exalté par cette étrange collaboration de Jehan d'Arvieux qui écrit et de l'aegipan invisible qui secrètement l'inspire et l'hallucine.*

Cette préface est déjà longue. Pourquoi citer ici des choses que vous lirez dans le livre ? Mais n'est-il pas bon que vous sachiez d'avance à quel point Jehan d'Arvieux est poète ?

« Rien ne vaut le vieux chemin creux, mi-ruisseau, mi-sente, Quasimodo routier du bocage, amoureux éternel d'Esméraldas florales souriant en corolles à son passage tors. O les fleurs des chemins, petites choses frêles qu'en un petit espace blottirent de grandes peurs, les peurs de la cueillette et de l'écoulement avec tout ce qui passe sur la chaussée. »

« La joie des pierres. Elles sont heureuses, les pierres ! Quoi ! le bonheur des pierres, de ces choses sans vie ! Sans vie, qu'en savons-nous ? Connaissons-nous l'âme des pierres ? Elles sont heureuses d'être solides, d'être compactes, d'être stables, d'être. » *Voilà-t-il pas qui va loin ? O poésie du panthéisme !*

Et ceci, sur un bois, resté plus solitaire d'avoir vu passer Viala: « Je suis dans le palais des esprits qui me racontent. Accroupis sur les blocs, allongés à plat ventre sur les branches penchées, suspendus aux rameaux ou sortant d'un gour leurs gros yeux pleins d'eau, ils avaient vu cent fois cet étrange spectacle: un homme maigre, barbu, aux regards d'escarboucles, fauve contemplatif et écœuré fuyant la bêtise des foules... et il peignait. »

Les landes rouergates dont la mélancolie pèse sur tant d'eaux-fortes de Viala: « Quand le soir tombera, le passant se hâtera. Le chemin égaré pousse au sauve-qui-peut; les nuages roulés semblent les tourbillons des sorcières qui accourent. Tout dort dans un sommeil anxieux sur les lignes desséchées et maudites. J'ai décrit, sans m'en douter, une aquarelle de Viala... Je revois le pays comme, un soir, égaré, j'ai pu le contempler, en vastes étendues que caressait la lune encore à l'horizon. Une trame de noirs concaves enserrait des plages de clarté. Les légendes, à les étouffer, enlaçaient les îlots de réalité. Si vous ne savez pas qu'il pèse à ces plateaux un brouillard de fantômes, vous ne comprendrez pas l'œuvre de leur peintre. »

Pardonnez au poète rustique d'avoir insisté sur ces délicates touches d'imagination, alors que le livre dont j'ai dit le caractère complexe se distingue tout aussi bien par des vues historiques ou archéologiques, par des observations d'ordre social, par des pages de critique d'art, par des élans d'éloquence, par d'abondantes pensées ingénieuses ou profondes. Toutes ces richessses ont-elles été accumulées pour nous enseigner le Rouergue ou pour nous faire connaître Viala ? On peut se poser la question.

Mais la réponse ne fait pas de doute pour moi, quand je songe à cette pensée de Barrès tirée des Amitiés françaises: Toute région présente une pensée et cette pensée demande à pénétrer les cœurs. Jehan d'Arvieux, par l'érudition. par la réflexion, par des promenades solitaires, par l'observation, s'est mis patiemment sous l'influence du Rouergue, si divers, si large, si secret, avec, au centre, le Lévezou si inconnu. Il a tenté d'en pénétrer l'âme, le génie, la symbolisation esthétique qui sourdement doit s'imposer. Et quand il a eu, par ses propres forces, découvert tout cela, il a reconnu que Viala, par une intuition spontanée, l'avait découvert avant lui et impétueusement transposé en son art. L'édifice que minutieusement il avait voulu élever, il vit bientôt que Viala l'avait déjà dressé, aérien et saisissant, orné de sombres frises, couronné de lueurs de rêve. Autrement dit, Jehan d'Arvieux s'est aperçu que Viala n'était pas seulement, comme il dit, l'aigle sur la montagne, un artiste inconnu au pôle du Rouergue, *mais la concentration même de tout ce qu'il flotte de pensée sur ce pays, un sommet spirituel. De là l'élargissement de la tâche de Jehan d'Arvieux: devant lui l'artiste s'est*

*dressé, imposé au milieu du décor de son rêve. Et c'est pourquoi ce
livre n'est pas une double monographie du Rouergue et de Viala,
mais une sorte de poème dont la pensée barrésienne est propre à faire
apparaître l'unité.*

*Les vents et les nuées d'extrême automne font peser sur le Lévezou
une indicible détresse; et la même détresse pèse sur l'œuvre inache-
vée de Viala. La pensée de sa terre avait pénétré son cœur... Triste
de n'avoir pas donné toute sa mesure, panthéiste qui n'est pas arrivé
à la sérénité, il fait irrésistiblement penser, et par sa force et par sa
fin, à cet aigle mourant qu'il a, dans une eau-forte fameuse, cram-
ponné au sommet d'un roc fendu et comme foudroyé.*

*Pour écrire ces pages, j'avais emporté sur la montagne non seu-
lement le manuscrit de Jehan d'Arvieux, mais les proses et les poèmes de Viala, des notes sur ses peintures, ses aquarelles et ses eaux-
fortes, et... son portrait gravé par lui-même. Il est là qui me fascine,
l'aegipan, de son regard sardonique...*

*Mais la nuit vient. Déjà les pics de Seisseuze et de Bataillouze se
drapent d'ombre bleue; une étoile s'allume; j'y vois à peine, dans
mon réduit tapissé de vieux livres. Viala me regarde toujours. Mais
la face de l'aegipan s'est faite plus humaine; et, dans le silence de
la montagne, j'ai pu, à ses lèvres obscures, surprendre ces paroles:
« C'est assez, va ! Et dis à ma fille de remercier Jehan d'Arvieux
de ma part. Lui, du moins, s'est donné la peine de me comprendre...
Ah ! je n'ai pas fait ce que je voulais... Le temps est si court sur la*

Terre! C'est égal, ce cher garçon est capable d'allumer, là-haut, sur ma cendre, les dansants feux follets de la gloire...

Mais une lueur en viendra-t-elle jusqu'ici, en ce morne royaume des esprits où l'ombre, si précieuse, est inutilisable, faute de lumière ? »

C. GANDILHON GENS-D'ARMES.

La Buge-de-Lavigerie
(Haute-Auvergne).

Septembre 1925.

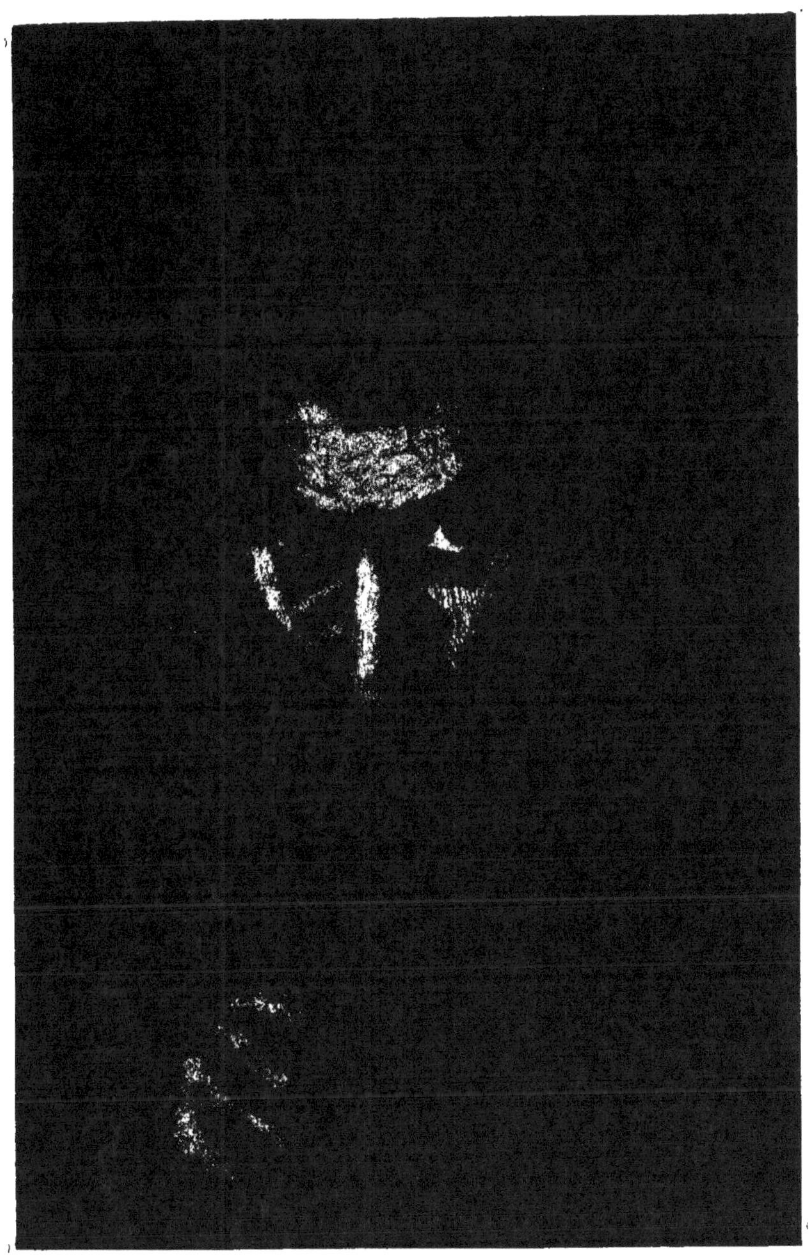

Portrait de l'Artiste, eau-forte

LE DECOR D'UN REVE D'ARTISTE

par Jehan d'Arvieux

Et quand d'autres viendront parmi cette nature,
Aimer ces mêmes cieux, cueillir ces mêmes fleurs,
Devant cette même ombre, en quelque nuit future.
Où j'ai laissé mon rêve, ils reprendront les leurs.

E. VIALA.

La Chaîne, eau-forte

LE PAYS INCONNU

Dans le ciel gris, émergeant de vagues abîmes, se dresse, écaillée et rugueuse, une tête de dragon pétrifiée. Une souffrance presque humaine a vu mourir le monstre : la gueule se pince de douleur, l'œil se ferme de lassitude. L'étrange créateur a réalisé la double métamorphose d'un génie en bête et d'une bête en rocher.

Au commencement des âges, une âme, ayant vécu de passions primitives, a été frappée d'un châtiment, emprisonnée dans un corps, dans un corps gigantesque et remuant comme une montagne naissante. Après de longues reptations sur la surface de la terre, tout s'est ankylosé, figé. Dans une suprême horreur, le génie a vu son supplice se consommer. Esprit de déité, vie d'être animé qui dormez sous la pierre, je pense à vous. Je rêve de passés illimités et déserts. Un cauchemar, peuplé de grouillements géologiques, a hanté le pesant sommeil qui m'a saisi, comme je contemplais une eau-forte.

Pourquoi le graveur a-t-il amalgamé les essences de l'homme, de l'animal et du roc ? Car c'est là un roc et non une contrefaçon symbolique de roc. Au-dessus d'un gouffre où s'enténèbrent d'autres masses, cet éperon s'éclaire au bout d'un plateau ravagé, peut-être d'un simple dos d'âne. J'y retrouve obstinément le front d'un monstre d'où fait saillie une arcade sourcilière. Le cou doit, ensuite, plonger et un immense corps reptilien ondoyer : j'ai vu dans ce pays-là une longue croupe rose festonner l'horizon...

Ce pays-là ? Ce serait peut-être le moment de le désigner. Mais il me déplaît de lever un masque, quoique je n'aime pas l'incognito romanesque. Il faut d'abord que vous m'en croyiez, tant que je puis vous promener dans le vaste domaine du possible et vous éviter le désenchantement d'un nom. Ce pays-là est un pays qui pense et qui exprime. Des silences religieux, des méditations sur la mort, des désespoirs d'éternité, des volontés farouches de solitude. C'est un pays où l'homme n'est rien, s'il n'est artiste, où la nature surhumaine se divinise, comme les sages hindous, dans une ascension méditative. Les ascètes se souviennent-ils de leur nom ? Qu'importe celui de la montagne.

Vous rêvez contrées nostalgiques où d'ensorcellements meurent les explorateurs, terres anciennes aux races hermétiques, natures incohérentes de pics, d'abîmes et de torrents. Je vous maintiendrai en deçà des mers et des frontières, dans notre belle France, parmi des paysages druidiques, sur un vieux sol modéré et harmonieux. On ne vous en a guère parlé à l'école. La vie ne vous y a pas conduit : c'est un désert en dehors des courants économiques et touristiques. La littérature a cru le célébrer en célébrant sa population agricole. Il est le pays inconnu.

Inconnu des gens du monde parce que peu accessible ; inconnu du vulgaire parce que taciturne et méfiant ; inconnu de ses artistes trop obsédés par les formes rurales.

La Mort de l'Aigle, eau-forte.

Son nom ne vous dira rien, à moins que vous n'aimiez les vieilles histoires et les somptuosités héraldiques : Lévezou fut un noble fief.

Aujourd'hui, c'est une contrée qui domine et exagère le Rouergue.

J'écrirai le poème du vieux pays. Je dirai les *Gestes de la Terre*. Je chanterai les arbres et les rochers comme des héros, comme des fées celtiques les sources et les fleurs.

Saturnien, eau-forte

... D'UN ARTISTE INCONNU...

L'eau-forte s'est replacée sous mes yeux. Un faciès de rocher, si étrange soit-il, emplit difficilement un cadre, l'étude d'un pays désert difficilement un ouvrage. Sur le rocher et dans l'ouvrage on désire un être vivant. Or, le rural n'y a pas sa place. Dédaigneux des horizons poétiques, que ferait-il sur un belvédère nu ? Une antipathie esthétique existe entre lui et le vieux crâne peuplé de rêves endormis, entre lui et les paysages du sol archéen. Adieu donc le roman pastoral, adieu l'idylle virgilienne. Il y a un aigle sur la pointe de granit.

> Lorsque l'aigle eut vécu sa vie aérienne,
> Longue de plus d'un siècle au sein de l'infini,
> Un soir, il descendit sur la falaise ancienne,
> Laissant comme un vaincu son aile olympienne
> Traîner sur le granit.

Le globe du soleil s'éteignait comme un phare
Envahi par la mer en un nimbe sanglant.
Sur la harpe des bois lointains que l'ombre effare
Un soir d'or et de sang évoquait sa fanfare
  Au rythme étincelant.

Et l'aigle, noir titan que son ciel abandonne,
Allumait son œil morne à la flamme des cieux,
Humant l'or éternel dans le couchant d'automne,
Et le jour en mourant enveloppait son trône
  De baisers radieux.

Les pâtres effrayés du fond des bois en pente,
Là haut vers le zénith contemplaient leur tyran
Ayant l'aspect, dans le couchant qui l'ensanglante,
D'un rouge épouvantail en la montagne ardente,
  D'un sphinx vêtu de sang...

Qu'ajouter à cette description ? L'oiseau rapace de la gravure est superbement campé, avec ses rémiges tombantes, avec sa tête dressée comme pour respirer la lumière. Il y a aussi autour de lui, — enrichissement formidable, ruissellement de trésors, de sang, de pourpre et d'or — le soleil, l'horizon et la terre, des falaises, des montagnes, des bois, des prairies, tout le pays inconnu...

Ai-je besoin de le dire ? C'est la poésie qui s'est condensée en eau-forte, l'eau-forte qui a épanché la poésie. Voici que le graveur obsédant, après m'avoir environné de rêveries lourdes, a emporté celles-ci dans un rythme de tempête. La comparaison éclate entre le créateur et le fauve créé. Comme celui-ci au sommet du roc, celui-là au-dessus du livre, sur le pays inconnu. Mais, dites-moi, de ce graveur, de ce poète, avez-vous entendu parler ? Gens du vallon, avez-vous entendu parler de l'aigle sur la montagne ? Il y a au pôle du Rouergue un artiste inconnu...

Le destin immobile, la fixité du sphinx s'anime. Ayant poussé un cri, l'oiseau s'élance.

Il fond vers le soleil.

Il vole « *sur les bois, sur la plaine* », il laisse « *derrière lui les montagnes antiques, les villes, les déserts* », il plane sur la terre rouergate... Sur cette terre l'artiste a rôdé. Sa famille en était issue; il y est né ; il y est mort, il y dort. Agé de quelques mois à peine, il fut emporté à cheval, à travers les landes, par son grand-père, médecin de campagne. Pour y agoniser, il remonta au bourg natal, l'hiver, emmi des solitudes où flambaient des fougères. Les heures d'isolement, de lutte, de repliement amer sur soi-même, de surexcitation contre l'homme, la forme, la matière, s'écoulèrent au même pays. Blessé à la suite d'un banal accident parisien, le Lévezin a été achevé par l'air marin, par les bleus méditerranéens, frères de ces « *bleus atlantiques* » qui hantèrent « *la mort de l'aigle* ». Il déclara lui-même avoir « *été sévèrement puni* » pour « *avoir quitté* » son « *pays* » où il n'avait « *rien pour* » lui « *et les siens* », « *un rocher seulement, au bord de la route, à Salles Curan* », son pays que « *d'obscures divinités ou des forces étranges* » lui interdisaient d'abandonner. Conçu et réintégré par la montagne, il fut tué par la ville et par la mer...

Un insoluble dilemme ne cessa de le tourmenter. Il fallait vivre, nourrir une famille, vendre, solliciter la gloire, élargir la pensée et le style au foyer intellectuel. Mais pouvait-on oublier les souvenirs, perdre les inspirations, dédaigner les charmes de la solitude, dire adieu à l'amour farouche et égoïste de la Nature ? Ah ! cet amour de la Nature et de l'artiste, combien je le trouve plus beau, plus élevé, plus profondément réel que celui du pâtre pour la fille de ferme, que celui du paysan pour la glèbe féconde !... Voici que l'homme nous semble grandir peu à peu comme créateur de rêves et comme héros de roman...

Sur une inquiétude vitale, son insatiable génie se plût à greffer une angoisse métaphysique.

> *Et l'aigle se rua vers les vagues portiques.*
> *Du palais de son rêve au cœur des horizons...*
> *Vers l'intangible Dieu, vers l'infini problème..*

... vers le but transcendant, vers l'idéal de sagesse, de divinité et de beauté. Le poète aquafortiste serait-il encore un penseur ?... Etrange figure vraiment, comme il n'en rôde pas beaucoup dans le panthéon de ce siècle... Au-delà de son pays, au-delà de son terrain d'envolée, l'artiste inconnu s'élança, hors du temps et de l'espace, dans l'Idée. Le Rouergue n'a pas le droit de le garder parmi ses célébrités étroites ; il a le devoir de le présenter au monde qui pense.

Mais voici la rançon du génie, voici le châtiment d'Icare ! L'aigle volait toujours, « *éclair parmi l'éclair* »... quand...

> *Soudain il sentit la distance suprême*
> *Et trembla sur la mer.*

Se lève un essaim d'inquiétudes, de doutes planant comme des corbeaux sur ce crépuscule de Dieux. A une époque qui se croit échappée au romantisme, survit un romantique, le romantique indispensable à chaque époque...

La peur se justifie. Le glas sonne. Entendez tomber les hémistiches comme des notes d'agonie de cloches.

> *Alors épouvanté, pris d'un vertige intense,*
> *L'aigle, du haut des cieux, au fond des océans,*
> *Dans l'ombre, s'effondra, terrassé d'impuissance,*
> *Parmi les flots obscurs, parmi l'espace immense,*
> *Parmi les noirs néants.*

Je rêve à cette mer qui est l'antithèse de la montagne, le symbole de la destruction rythmique, de l'infini en transformation, voire du grand tout panthéiste. Dans une réminiscence biblique, je vois l'esprit de l'artiste planer sur les eaux. A la fin de leur course, le trait, la touche ou la phrase semblent se reposer dans la pensée de la mort, corrélative à l'effort de nativité de l'œuvre d'art. Mystérieuse unité d'une œuvre immense et diverse.

Comment ce génial artiste est-il si profondément inconnu ? Ne devrait-on pas au moins en parler comme on parle des grands destins tragiques promis à l'avenir et brutalement conclus ? La chute de l'aigle est l'écroulement des espérances volontaires, l'effondrement désespérant dans le « guignon » et dans l'oubli. La fatalité a poursuivi l'artiste au-delà même de la mort.

Eugène Viala, né le 8 septembre 1859, à Salles Curan, grandit, aimé et surtout chatié, vite révolté. Dans les maisons d'éducation il étouffa et ne travailla pas. Les vacances le délivraient de « *la captivité universitaire* » pour de longues randonnées de chasses et de rêveries. Il fut un des sujets les plus indisciplinés, les plus enthousiastes et les plus fantaisistes des Ecoles des Beaux-Arts de Paris et de Montpellier. Il se maria, une vraie gageure, mangea à Paris la vache enragée, aidé par ceux-ci, dupé par celà. Il retourna dans le Rouergue, vécut à Rodez, à Salles-Curan, peignant, gravant, donnant des leçons irrégulières et véhémentes. Des amis, des admirateurs — je dois citer M. Fenaille — lui procurèrent du travail. Moins inquiet pour sa vie matérielle, il put élargir sa facture, suivre son inspiration. Il marchait vers le succès, quand la mort lui fit signe. Après une agonie silencieuse de fauve, traversée de mots sauvages comme des éclairs, il s'éteignit le 5 mars 1913. Inquiet dans ses idées et dans ses intentions, épris de beauté parfaite, affecté de toutes les inharmonies et de toutes les injustices, soumis à des attractions contradictoires de natures et de sociétés, construisant, remaniant, détruisant, reprenant, trop riche et trop prodigue, attirant le succès par une foule d'œuvres, le chassant par un mot, il était passé, magnifique, décevant, génial. La mort ne l'a pas fait célèbre.

Des centaines d'eaux-fortes : « *Symboliques* » pensives, paysages poétiques, toutes d'âme tragique, de ténèbre éloquente, de riche coloris et d'exécution scrupuleuse. Des aquarelles délicates, de simplicité somptueuse. Des tableaux aux volumes forts, aux atmosphères infinis, d'un impressionnisme construit. Des poésies dont les premières forment le recueil « *Loin des Foules* », inégales mais contenant des beautés de tout premier ordre, originales et profondes de pensées et de sentiments. Les essais du livre « *Paysages* » au style ciselé et peint nimbé de sentiments superbes. L'amusant récit de voyages qu'est « *A travers le vieux Rouergue* ». Une jolie plaquette d'art à la gloire de *Figeac*. La Revue « *le Cri de la Terre* » qui 13 numéros durant pétilla de verve railleuse. « *Trois symboles de Michel Ange* », œuvre rapportée d'Italie, débordante de vues nouvelles.

Le chef-d'œuvre de Viala a été Viala lui-même.

Quel roman ne ferait-on pas sur lui ? Combien plus magnifique qu'une idylle rurale. Désireux de connaître les deux acteurs du drame, je suis allé visiter l'héroïne : la terre du Lévezou.

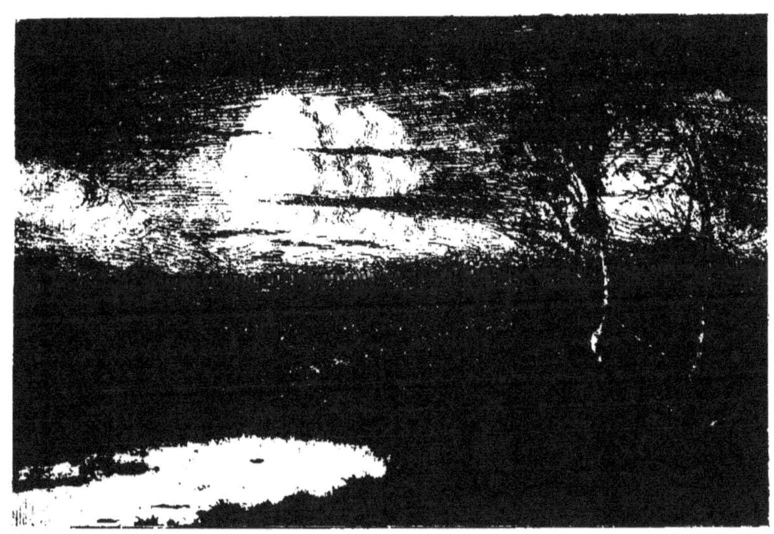

La Mare aux bouleaux, eau-forte

... M'A APPARU...

En automobile, je pars de Millau, ma ville natale. Je prends la route nationale de Tonneins, dite de Rodez, à quitter après Saint-Germain. Saint-Beauzély, Estalane, le Lévezou. Nous rejoindrons à Bouloc la route de Salles-Curan...

L'auto roule sous les platanes de l'avenue surnommée au pays « la Monte » : après le passage à niveau elle attaque une côte raide. Soleil clair, ciel « lavé », bleu tendre, avec des « réserves » de blanc. Voici des amandiers en fleurs. Mais dans « le Parc de la Victoire » quelques arbres d'espèce rare restent verts, vert hivernal sombre. Je ne prends que peu d'intérêt à cette bande grise d'asphalte, trop familière à mes yeux, bordée de murs maussades de vignes, regardée de maisons crépies, de volets fermés à peinture agonisante, ranimée parfois, mais en coup de gueule par du rouge ou par du vert.

On arrive au premier plateau. Le Puech d'Ondon, au nord

de la ville, empâte son dos de chameau ; la bosse droite, sur le Tarn, a, des Causses qu'elle regarde, la falaise à trois quarts de pente encore assez vive d'arête et assez haute de façade ; l'autre, à l'ouest, décrépite, découronnée, ses rocs déchaussés... Ces grisailles se dégagent, abruptes, d'un socle vert cru. A main gauche, des vallées âpres offrent des aspects anarchiques, défendent leurs calcaires, leurs petits chênes. Puis des croupes larges et vertes, plus vertes d'ailleurs que fertiles, dépassées soudain d'un ressaut par la bande bleue du Larzac. Celui-ci, protecteur hautain, courbe son glacis de buis sombres autour de la cité qui fume. Le pic d'Agast, lui, plonge en soc, revêche, offrant son angle. Murs blancs au soleil, amas de toits grisâtres ; la ville essaime ses faubourgs, ses vignes à villas.

Nous montons, en serpentant, vers un pigeonnier silhouetté noir sur un ciel d'azur, par-dessus sinople : la Borie Blanque. Au-delà, on vagabonde dans un système de croupes. A senestre, les vaux arborent, malgré leur mauvaise humeur d'ombre, des arbres cuivrés, des fleurs mortes argentées, des herbes vert-de-grisées, une féerie métallique que le rapprochement déçoit. Le Puech d'Ondon que nous contournons, voit ses falaises dégénérer en strates, s'éparpiller en éboulis, former des cônes dejetés aux teintes sales. Au sud, c'est le Larzac ; falaises en râteliers, cirques en orbites caves ; on a jeté sur un tapis vert des débris squelettiques...

Des maisons grises, un clocher bas, des toits de schistes qui s'écaillent : Saint-Germain... Un cube de pierre d'où émergent des pointes d'ifs : le cimetière du hameau...

Sur le plateau, la route droite fiche une croupe aux arbres rares, le Causse Rouge où elle va onduler en montagnes russes. Là-bas, ce triangle bleuté est sans doute le Lévezou... Vers l'Orient lointain, vastes bois déclinants, croupes, plateaux, falaises, pentes raides en coulées grises, routes en traits de foudre, décor d'opéra. J'y devine la descente de la ferrovia Sévérac-Millau.

Non loin du Jouq, on quitte la route nationale, pour filer vers

Azinières entre une cuvette verte et des champs gris où les hellébores prennent des airs de plantes riches. Les pans dentelés d'une carrière de basalte montrent des faisceaux de prismes noirâtres disposés en éventail. Dans le village, j'aperçois un groupe diapré de poules se serrant sur une terrasse... Les tables grises des Grands Causses tombent soudain là-bas à angle droit ; la vallée de Millau a pris l'aspect d'un abîme devant lequel les montagnes sont des inquiétudes pétrifiées.

On descend vers Saint-Beauzely. Vue directe du Lévezou, qui est une vieille montagne, de masse inerte, bien implantée.

Autour d'une mare, des moutons en rond. Boules de buis sur champs grisâtres à teintes de vieilles tapisseries. Dans le val, le village fume, pittoresque entre deux pentes, sur fond bleu glissant à l'ocre, taché de verts lumineux... Courbes inquiétantes dans des terrains tristes... Sous un ponceau, la Muze claire reflète en les déformant des peupliers don-quichottesques. Ce pommier est Sancho-Pança, trop gros, et, à la saison, trop lourd de pommes. Sur des murs de soutènement, des vignes compartimentent la pente utilisée au mieux.

Une croix de pierre au bord de la route. La maison d'école : gris et sang de bœuf. Dans le bourg, des plantes sèches. *Les petites maisons ont un sourire; des pots de basilic, larmes joyeuses, verdoient sur les fenêtres de l'unique étage...* Le château, devenu couvent, garde encore ses machicoulis et, près d'un portail renaissant, jette par-dessus la ruelle une galerie sur une arche. Aperçues une tour poivrière et des fenêtres à meneaux. A côté de l'église neuve, bruit sous une voûte à plein cintre une fontaine d'autrefois, vieille chantonnant sous sa coiffe...

Nous suivons quelques instants l'aimable vallon de la Muze; les divers contreforts profilés l'un derrière l'autre, empêchent de le voir d'enfilade et le dernier bouche le fond. Un ruisseau fait des sauts d'argent ; de vieilles pentes puritaines me les cachent brutalement. Murs de schistes, terres maigres. La route monte sous horizons clos... Sur les pentes de la Baumette, des châtaigniers forts et austères abritent des hellébores, des genèvriers, des joncs. Les yeux plongent sur les bois roux des environs d'Azinières... Au-dessus de leur croupe, le Causse a reparu. Les chaînons lointains des Cévennes joignent le ciel en strates mauves. Voici « l'Espace » de Chintreuil. Dans la vallée, des herbes fument en des tons bleuâtres pareils.

Champs maigres de molènes sèches. Où diable ai-je lu ces vers libres ?

> *Les molènes dansent, dansent.*
> *Vives ou mortes, les molènes dansent sous le vent.*

Vers Montjaux, ce sont encore des terrains indéterminés, des teintes neutres, des falaises naines. Vive le Causse et son âme nette ! Vive le Lévezou que nous abordons.

Les arbres prennent des aspects tragiques. Est-ce le vent chargé de lieues, de souffles et de soupirs qui a laissé un peu de son âme s'accrocher aux branches pour les animer ? L'air est plus vif, l'infini plus perceptible. Du mystère baigne mon front. Je monte dans l'initiation : à la recherche d'un art nouveau !...

Un soleil arctique dormant sur une cime mollement concave. Nous tournons autour d'Estalane. Clocher pauvrement gothique, ruisseau peu profond et clair. Enfer et paradis d'arbres, De la pauvreté sauf dans l'horizon. L'intimisme du petit village, de murs bas et de buissons nains que dartrent des lichens jaunâtres, un intimisme triste et gris... Soudain l'infini le heurte. Causses, mer courroucée, immenses troupeaux de rochers. Et le coup d'œil est somptueux de vieilles étoffes fanées, de velours verts, de satins bleus, de gazes mauves. On renonce à l'étreindre tout entier, jusqu'à l'Aigoual... jusqu'à la Montagne Noire, jusqu'à des cimes de rêves. Le pays prend l'aspect qu'il peut offrir à l'aigle. Mais, quel laboureur a creusé de ravins cette immense plaine ? Quels géants de la préhistoire y ont fait la guerre de tranchées ?

La tristesse d'une thébaïde, l'âme d'un cénobite en eau-forte et c'est ici le paradis de l'eau-forte. Des genèvriers sombres passent en priant. Le long de la route grisâtre j'ai vu s'éteindre les couleurs et j'ai rêvé de brefs traits noirs croisés sur la mélancolie.

Dans un chaos orographique et dans le passé inutile, le lointain vient de s'engloutir. Nous suivons un haut de vallée. Les fougères rappellent des ossements épars, les herbes violâtres des serpents. Des dos de roc nus. De larges plaques brunes de terre portent le deuil des bruyères incinérées. Quelques bouleaux laissent sur la route leurs branches fines dégoutter. Parmi des strates argentées, un soleil qui semble couchant tente en vain de vêtir sa pourpre. Du blanc serpente dans le vaste nu. O les métaux héraldiques, somptuaires et mortuaires, l'or et l'argent.

Seul un filet d'eau claire fait penser à la vie. J'aime ces sommets que ronge l'usure comme une lèpre, qui se dressent contre les éléments pour défendre leur altitude. Il y a du tragique dans cette âpreté du sol ferme en face du ciel, de ses vents, de ses gelées, de ses averses. Or, la terre charge l'arbre de crier l'accusation, d'où ces gestes forcenés, ces aspects de damnés cabrés. Sous la torture trop cruelle, le blasphème se fait plainte, peut-être même prière et les branches assouplies émettent de la douleur. La nature saupoudre de cendres toutes les teintes qui rafraîchiraient. Le Lévezou porte le deuil.

Lors, comme je souffrais du mal de la montagne, j'arrivai sur le faîte où je l'aperçus toute. Voici ses lignes érosées et ses pauvres landes vieillies. Voici le crâne de sa pensée, la roche Poulsinière.

On domine un plateau immense où l'ombre déborde des creux : des plaques brunes enserrées d'une trame verte et changeante, ou, au contraire, jaune paille sous un réseau qui tend au noir. Le bas pays ainsi teinté s'élève à l'horizon bleu-ardoise. Parmi des vapeurs qui rutilent, un gros soleil atterrit...

Des landes nues à pente raide semblent monter à l'infini, avortent brusquement au faîte. Mille pensées roulent sur elles, et, soudain, prennent leur essort dans un bourdonnement d'hélices. On voit, à travers de grands hêtres, s'effiler un clocher pointu. Sous leur ramée, l'ombre se voûte. La brune saigne dans les branches ; le feuillage mort sème du clinquant.

Bouloc. A l'horizon, entre une étable et un grand chêne, j'ai vu s'engloutir le soleil. Autour de nous, les maisons tombent et les hommes rêvent d'exil...

Sur la route, la nuit chemine. C'est triste, vague, informulé. Des arbres en contorsions, des genêtières qui brûlent. A la barraque des cantonniers, voici la cloche qui appelle, en temps de neige, les égarés.

O terre de la solitude, terre de cendres monotones, entre les deuils du clair de lune et du couchant stratifié.

Je ne verrai bientôt plus rien : ma main, en dépit des cahots, voudrait noter des impressions. Garder un souvenir précis, une image du premier jour ! Mais rien, de pâles horizons, des nuances décomposées.

Une mare : perçues d'abord des taches froides de mercure ; en passant, c'est devenu bleu, puis mauve. Il survit des grisailles.

Nous devons descendre vers Salles. Les arbres drapés en fantômes... La route de Saint-Jean-le-Froid. Une lumière lointaine, une maison, une charrue... Il fait noir ; je cesse d'écrire.

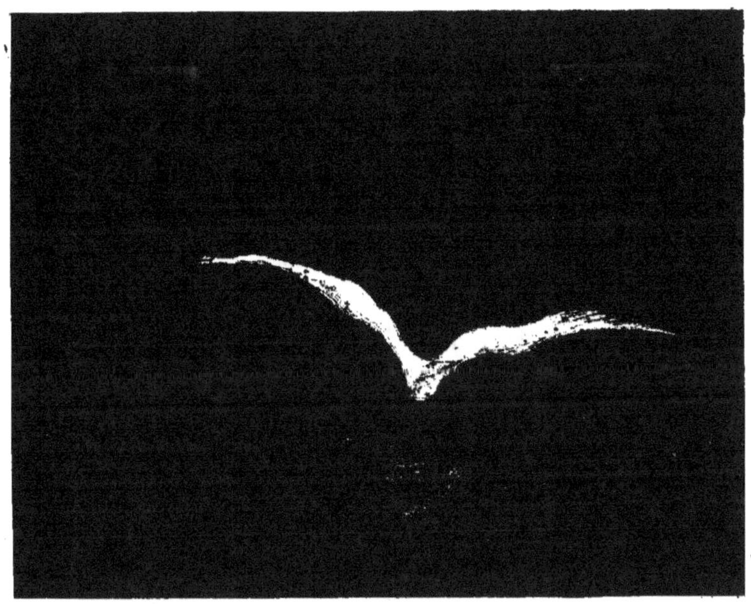

La Mouette, eau-forte

...J'AI PENSE...

Le premier soir où je l'ai vue, pour faire cette terre mienne, j'ai bu, dans un effort des regards et de l'âme, toutes mes impressions. Vous venez de les suivre, sauf trahisons des phrases. Sous celles-ci il passait autre chose ; concentré, caché, mon amour pour la femme, qui, la première, les a connues. Je ne le dis pas pour faire soupçonner, sous un ouvrage austère, un courant distrayant d'idylle, mais pour faire sentir quelle affection humaine le soutient.

Le premier soir, j'allais vers cette idylle, sachant avoir dans elle, autour d'une fiancée, un artiste, son œuvre, son pays à aimer. Au lieu donc de laisser mes visions passer, de les saluer comme des gravures dans le roman insérées, j'ai voulu les assimiler, prendre dans le sol lévezin des racines originelles...

Puis l'ombre a englouti l'image, distillé son âme. Voici l'hymen

du noir au noir, du ciel au sol, sur l'horizon ; une ligne subsiste :
indécise, elle meurt. Dans la nuit qui m'entoure, je sens de
l'harmonie ; les lueurs proches la troublent encore. Peu à peu,
je ferme les yeux ; par un fuseau entre les paupières, l'iris accueille
le concret ; une ligne subsiste : indécise, elle meurt. Et, les sens
muets, je ne perçois qu'un rêve, beau, libre, incontrôlé. Dans
la ténèbre parachevée, dans l'ambiance soudain spiritualisée, un
esprit m'a enveloppé d'inquiétudes métaphysiques... Silence...

Perdu en pensées hautes, grelottantes de froid, je pousse un cri
de joie en voyant des clartés, puis des maisons silhouettées, un clocher. Les spectres se sont arrêtés à l'orée même du village; l'allure
s'est faite comparable au pas. L'âme troublée par le choc des
espaces, l'œil clignotant à la lumière, je sors d'un monde transcendant. Maintenant, c'est l'accueil, son envahissement progressif, l'emprise d'un sentiment de la terre.

Les jours suivants, avec l'amie, j'ai hanté le pays choisi, parcouru
les plateaux voisins, découvrant parfois l'ondulation mauve des
sommets déserts ou les sillons noirs trahissant des gorges, inquiétants
lointains. Le soir, nos doubles rêveries erraient sur les eaux-fortes,
aquarelles et livres de l'artiste défunt dont la mémoire était le culte
domestique.

A peine intronisé, je pensai à écrire sur celui qui, dès lors, allait
être mon père, dont les formules neuves m'avaient enthousiasmé.
Dans l'œuvre de Viala je vis soudain revivre le voyage inspiré ;
j'osai dès lors comparer mon ascension sur le Lévezou à une montée
sur l'Acropole. Je me rappelai l'instant où, le jour achevé, les visions
cristallisées, j'avais entendu comme une voix, ressenti comme un
contact d'âme.

L'âme de la terre haute, vieille, ascétique du Lévezou.

Cette âme est la substance de l'âme de Viala.

Il faut donc la pénétrer. Mais son secret perçu un soir d'exaltation
n'est pas directement traduisible : peut-être se révélera-t-il dans la

conclusion d'un système ! J'ai pensé... Mot sans prétention, convenant à ma conception pieuse. Ma ferveur m'a dicté. Au titre qu'a pour moi l'artiste, à mon goût pour sa pensée proche, s'ajoute le regret de ne l'avoir connu. La mort à tous les siens l'a ravi du présent ; à moi, du passé même. L'amour est plus fort qu'elle. Ce livre est un long texte secret d'incantation.

J'ai pensé... du défunt, son sol ; je penserai sa vie, ses œuvres.

J'ai vu à la loupe et à la jumelle ; autour de mon sujet, j'ai varié les formes de mon activité, marché, lu, regardé, questionné et rêvé. Sur tout cela, je puis jurer un jeu constant d'intelligence. C'est qu'il faut un travail mental, continu, impitoyable, passionné, pour se préparer l'âme à recevoir l'éclair. En fixant l'œil sur un point, on y fait paraître, incarné, son rêve. J'ai évoqué, point par point, un plan de rêve. Puissé-je avoir obtenu la révélation.

Quoi qu'il en soit, l'effort existe. On ne verra plus tard que les joies procurées, de visions évoquées, de solutions trouvées. Je veux dire un instant non ce qu'il m'a coûté, mais pourquoi il a le droit de s'espérer fécond.

Aux premiers jours sur la montagne, parmi les projets d'avenir, comme eux séduisant, doré, s'évoquait un beau livre, bibelot à l'honneur du studio projeté. La réalisation, à peines et déboires, a attristé ce rêve, mais l'ouvrage a gardé une note précieuse d'amour bibliophile...

...DANS LES SOLITUDES...

Sur les deux côtés de la route Millau Rodez, par Salles-Curan.

A Millau m'attirent de chers souvenirs, mais le Lévezou en est invisible. Ses extrémités, le Pal et les Raspes, ont eu ma visite venue de la ville.

O le jour radieux où, par Sévérac, j'ai atteint le Pal : première excursion à fin de ce livre, marches courbées sous les taillis denses, sur les landes chaudes. Voici, du sommet, par ciel brûlant d'août, la terre promise à l'œuvre...

Entre des ondées j'ai gagné les Raspes, gorges du Tarn lès Lévezou. J'ai vu s'élever la montagne de son goufre fondamental.

A Rodez, plus au centre, furent hantées les ruelles, la Cathédrale rose, l'Aveyron inquiétant et l'Auterne idyllique, des villas ouvertes sur des suburbains...

Je pars surtout de Salles : combien de randonnées vont s'y fermer, piquetées par dessein, s'égarant par caprice. Tout est imprévisible, véhicule et allure, richesse d'impressions, entretiens impromptus ou visites manquées, attraits ou décevances, arrêts dûs aux genêts, aux torrents et aux combes, accidents ou retards, tout se rit des projets, brode de la fantaisie !

Que de souvenirs ! des marches d'aller, sans fatigue, ardentes. La route est connue : vite à du nouveau ! Quand je monte à pied, gai d'un beau matin, sans noter, je rêve; parfois, au passage un détail m'accroche, sur le calepin tord la plume d'or... et, lorsque je roule, m'arrache à la selle. J'ai confié la bicyclette à un brave homme de curé. Je vais plus libre. D'une main tenant un stylographe, de l'autre serrant un carnet et une carte froissée. Marches, descentes, escalades. Dans les torrents, de roc en roc. Des notes... Le soir descend ; écrivons moins ; hâtons le pas. Mais le charme de l'heure impose des pensées, des imaginations. La nuit me ralentit, semant des phrases d'or, et, coureuse rusée, me rejoint peu à peu. Revenu au garage, je remercie mon hôte, et, en selle, je pars. Par l'effet de l'allure, en ma tête s'inscrit un texte comprimé où semblent avant terme s'engloutir les détails. Une côte trop raide: l'âme lassée, bercée, j'écoute mon seul pas scander le bruit des roues. Aboiements de hulottes, bruits de voix, de clochettes. Ainsi passent des heures où le sens inactif laisse en prise directe l'âme avec le décor. Pendant ces retours longs, sous l'unique souci des lointaines inquiètes, ne pouvant plus écrire à cause de la nuit, plus que jamais, j'ai senti le pays.

...PRÈS DES HOMMES...

Bien des choses étant défuntes dans les objets de mes pensées, j'ai
dû et j'ai aimé cueillir des confidences.

C'est avec le respect d'un fils que je remercierai d'abord la pieuse
compagne du peintre. Son fils cadet relève le pinceau de son père ;
grâce à nos promenades j'ai senti plus amène l'invite à la palette des
sites familiers. A celle qui m'y a attiré, sont dûes la pensée, la
tendresse et la force en ce livre incluses, de fort jolies images, de
jeunes enthousiasmes que j'y ai aimé sertir. A tous ceux qu'a chéris
Viala, sur lui-même et la vie locale, les plus pittoresques détails.

Il est un berger blanc d'histoire patriarcale, que j'ai visité dans
son empire de prairies déclives, parmi ses moutons. N'osant prendre
des notes, de peur de l'inquiéter, j'inscrivais dans ma tête seule. Il
narrait d'un mauvais français et il s'interrompait pour clamer ses brebis, rappeler à son chien sa mission pastorale.

Au logis familial, vient une brave femme, épouse du « télaïre »,
(tisserand) des Salles. Vieille, un peu visionnaire, quoique d'un fort
bon sens, elle m'a, près du feu, raconté bien des histoires de loups,
de trèves, de sorcières, des faits divers édifiants. Je la dois évoquer
avec affection, dans un livre où, plus tard, j'aimerai retrouver ce
doux anachronisme, cet être du vieux temps, ami de chères heures...

J'ai fait mes enquêtes, au cours d'excursions, auprès de gentils-
hommes fermiers, de gros propriétaires, de villégiaturistes épris du
pays, toujours accueillants à l'hôte impromptu.

Outre ces gens du siècle, goûtant à la montagne les douceurs de
l'été, on rencontre partout des sages plus rustiques, les curés de campagne. D'ordinaire, auprès d'eux, j'ai trouvé un accueil et, bien
souvent, des notes, des souvenirs, des textes. Leurs repos forcés et
leur solitude aime la pensée ; leur âme tranquille, dégagée du temps,
vaut pour la science et l'érudition...

Je m'arrêtais souvent en face de l'église ; je m'informais de la cure... Un coup avertisseur sur la porte marquée d'un Sacré-Cœur de tôle... J'aimais l'accueil, très simple en fait de protocole, si riche par le cœur et le fond instructif. Tous renseignements pris, nous bavardions un temps. Les vieux prêtres surtout me parlaient de la guerre, théologiquement. Quand l'église était belle — elle l'était toujours ! — ils la montraient de suite, avec des phrases tendres. Je devais partager le repas de mon hôte, allongé en secret. Le « dîner » n'était pas sans charme, accompagné de vieux récits ou plongé dans le grand silence : l'ermite, m'ayant oublié, rêvait l'oraison coutumière. Je prenais congé pour l'après-midi, ayant laissé ma bicyclette à l'ombre, contre un mur fleuri, dans le jardin du presbytère. Je m'en allais, à pas rapides, ayant perdu beaucoup de temps... Au retour, « quelque chose » encore, un verre de vin « rivaïrol », un morceau de Roquefort, quelques poires de la cure.

Suivant leur vertu patriarcale, les paysans m'ont bien reçu. Par soupçon ou par ignorance, ils m'ont souvent mal renseigné. J'ai quelquefois interrogé des pâtres : les vieux se renfrognaient, puis s'ouvraient à demi, très mal, faits au silence. Les gamins hésitaient, béaient, puis, s'ils parlaient, entre le mensonge et la vérité, bégayant, vaguaient, malgré l'éclat doré, exorbitant leurs yeux, de sous de cuivre.

...PARMI LES LIVRES ;...

Je ne devrais pas distinguer, tant le hasard les a mêlées, les enquêtes orales des recherches livresques. Un peu partout j'ai consulté de curieux livres de paroisse, des manuscrits qu'on m'a soumis, et, parmi les bibliothèques, collections et dépôts d'archives, maints ouvrages géographiques, historiques ou littéraires, trop nombreux pour être cités. Avec regret, j'ai renoncé à remercier leurs auteurs, à peu près tous les érudits et littérateurs rouergats. Je tiens à faire une exception en faveur de Marcel Alvernhe, mon beau-frère, tué au front, dont tout le monde a regretté la jeunesse et le beau talent...

...RÊVÉ PEUT-ÊTRE...

Nous devons découvrir une terre et un homme. Je vais chanter l'invite au voyage. Oyez « *les gestes de la terre* », gents amoureux de la beauté. Cy des évocations largement stylisées, de lignes et de tons, simplifiées épiques, voire décoratives, la face symbolique du pays démasquée, derrière elle, cherchée dans tous ses traits, son âme, son désir d'un artiste épris d'elle, perçu. L'affirmation que cet artiste a existé, a été grand...

Je transpose un peu du Verlaine. Tout paysage est une âme choisie. Comment découvrir cette âme ? Les peuples artistes ont possédé des clefs, formules esthétiques. Suivant l'impression à produire, ils calculaient forme et couleur. Ces clefs, longtemps perdues, ont été retrouvées, analytiquement, par un docte architecte, dont j'ai aimé connaître et méditer la pensée. Pourvu que « l'esprit de finesse » corrige le « géométrique », on peut fixer ainsi l'âme d'une figure — la verticale, extase ; l'horizontale, calme ; le cercle, plénitude ; le carré, robustesse. — Le vert repose sur son plan. Le bleu, recule, idéaliste. Le rouge et le jaune s'avancent et sont les couleurs de la vie.

Pour justifier ces principes, parlez d'effets de suggestion, dynamiques ou visuels. Parlez d'associations d'idées, d'analogies même verbales. Citez les théories occultes : les grands créateurs, qui y ont cru, n'ont pas cherché la beauté vide, mais le symbole en la beauté. Leur foi enfanta des chefs-d'œuvre.

Partant de ces données premières, je composerai des synthèses, j'essaierai d'arriver ainsi au cœur du génie esthétique.

Génie esthétique d'un site : celui qu'aurait eu un artiste qui l'eût composé au total. Par contre, l'artiste réel, exposé à son influence, sera comme un sujet d'hypnose, devant cet artiste fictif.

Dans la conception symboliste, c'est, d'un plan à un autre plan, une âme parlant à la nôtre par les hiéroglyphes des formes. J'ai cru à l'âme de la Terre pour qui Viala s'est vu mourir ; j'ai penché vers le panthéisme.

J'ai, parmi les déserts, senti des pulsations, comme un rythme vivant, inspirant, expirant. J'ai entendu le vieux Pan, détruisant, puis créant, jouer sur sa flûte. Repris aux concepts moins farouches, aimé opposer dans mon rêve l'ange et le démon des montagnes. Matière primitive et idée terminale ? Puissance de bonté, résistance de mal ? Dans la *Caverne de Platon*, que sais-je sinon qu'il se livre un duel entre deux principes, qu'entr'eux deux la pensée frissonne, dans une zone où il fait peur ?...

Nous étions, je crois, au vieux bourg : reposons-nous dans sa prose de notre essor prématuré.

LE VIEUX BOURG,...

Ce n'est ni une ville, ni un coin touristique. Je le préfère d'ailleurs vieux bourg, parmi des choses plus vieilles, sur ses souvenirs, dormant. Hélas ! ses annales n'ont pas de grands gestes. Aucune plaque murale n'y évoque que d'illustres naissances.

...HISTORIQUE...

Il s'appelle Salles-Curan. Voici, d'après M. Massip et mes recherches personnelles, l'étymologie des deux noms, toute hypothétique d'ailleurs. Curan, nom d'un hameau voisin, viendrait du latin Curanius, voudrait dire fond de Curius ou peut-être camp de Curius. Ce Curius, qui a laissé des traces en Rouergue, se serait installé lui-même, aurait installé des colons, auprès de la voie de conquête. Les légionnaires défrichèrent. Ayant remarqué assez tôt la vallée moins âpre du Connes, quelques-uns d'entr'eux s'y installèrent, auprès d'un confluent facile : on aurait trouvé près du bourg des fragments de briques romaines.

Puis ce fut l'invasion germaine. Le mot Salles, tudesque Sal, atteste son déferlement. Le « territoire de Curius » fut allodé à quelque chef qui établit sa résidence en place de notre village, y percevant d'abord les grains, ensuite s'y fortifiant, attirant les masures serves, centrant dans ses « salles » plus sûres la vie sociale des environs.

Le château existe en plein bourg au début de l'histoire. Pépin le Bref l'aurait donné en fief aux comtes de Rouergue. D'après d'historien de Bonal qui le tient pour assez suspect, en 1227 un acte cite le castel comme tenu et possédé avant et après Charlemagne par la famille de Rodez.

Treize ans plus tard, les Salles appartiennent à l'évêque. Bertrand y recrute des vassaux, concède « l'Affare des Loups » à Jean Mathet. Vivian de Boyer y accueille divers pillards. En 1339, son successeur s'arroge le droit d'y juger au criminel. Chef-lieu de mandement, nantie d'une léproserie, la paroisse a 300 feux avec sa voisine Saint-Jean-le Froid. Dans les salles basses du château, devant le baile et le sergent chapelain rendent hommage les viguiers, qui, dans le grenier de l'évêque, toucheront, à la Saint-Michel, quatre setiers de seigle. Leur jardin du Torril, dominé par une tour, confronte au fossé de Fon Salel. La foire actuelle de Saint-Géraud existe en 1411.

Le traité de Brétigny a livré aux Anglais la province qui se soulève. En 1369, Jean d'Armagnac, fils du comte de Rodez, passe aux Salles après échec sous Millau. Aux états du Rouergue tenus dans notre bourg, on discute, pour la quatrième fois et en vain, sur les mesures à prendre contre les rouliers. En 1431, se déchaîne le chef de bande Rodrigo de Villandrando. Ses soldats, campés à Salles, rançonnent les habitants. En macaronique latin, un acte interdit l'achat aux « gens d'armes ravisseurs » d'ustensiles tels que poëles, chaudières, intraduisibles « pitalfas ». Mais le mauvais exemple est suivi. Un tel vole ici, revend là couvertures, linges, fromages. Un contribuable rétif, s'étant vu saisir ses gerbes, les remporte en un char à bœufs. C'était, disent les actes, au temps de Rodrigo.

Les routiers partent à prix d'or vers 1437. L'ordre renaît : les évêques, de deux doigts gantés violets, bénissent toujours leur cité. Guillaume de la Tour d'Oliergues, ayant vu finir la guerre, en répare les méfaits et par trois créations prépare à ses Salles de Curan leur originale fortune.

1441. Le 5 janvier, les habitants, s'étant réunis, décident, d'accord avec Monseigneur, d'élever un nouveau château « fort, somptueux » digne du bourg et de l'évêque. L'année suivante (15 septembre), les syndics baillent à prix fait sa construction à Combettes, maçon à Saint-Beauzely... Bientôt desaffecté, le castel primitif, dans l'enceinte de la cité, peut-être, comme convenu, loué à des particuliers. Le nouveau, hors des murs, s'y adosse, près de la porte Saint-Géraud.

L'église Sainte-Marie, ne suffisant plus, Déodat Alaus, maître maçon à Saint-Beauzely, est chargé, en 1452, de la démolir et d'en construire à sa place une nouvelle, comportant trois travées et deux chapelles. Certains dévots se sont offerts à faire bâtir ces dernières. Mais Alaus accepterait d'élever à ses frais l'une d'elles, celle de l'Est qui doit supporter le clocher. Logé, gratifié de six cents livres, il est payé en vin et en seigle. L'habitant se mêle au travail, guide aux carrières, fournit les bêtes de somme, charge et décharge. L'ouvrage doit être achevé pour la Noël de l'an de grâce 1456.

A la belle église manquait le seul titre de collégiale et le lustre à lui attaché, office divin célébré, heures canoniques chantées par les chanoines. En 1456, pour enclore son repos d'une piété lithurgique, le prélat y fonde un chapitre de six collégiats et deux clercs. Un an plus tard, il résilie son évêché...

En 1505, François d'Estaing reçoit, aux Salles, les premiers hommages de la noblesse diocésaine, au moment où, revenant de Rome, il va faire son entrée dans sa bonne ville de Rodez. On lui doit les stalles du chœur. Le roi l'autorise à dresser de nouveaux gibets: trois vont ainsi se profiler, barres à trois pieds et plusieurs pendus, sur le puy du Cambon, au carrefour des fourches. On a oublié sa race illustre, son heureuse administration ; on l'appelle Saint François. Des miracles lui constituent un légendaire encore gothique.

Sur cette vision dorée, à la Jacques de Voragine, se clôt une page claire. Les guerres de religion vont dévaster le pays. En 1568, François de Beauregard, seigneur de Montjaux, tient les Salles pour le roi. En 1570, l'hiver est des plus rigoureux, le Lévezou couvert de douze pans de neige, sillonné de loups affamés. La famine dure deux ans. A Millau, foyer protestant, on s'agite : incursions, pillages, pointes en direction du bourg. Pour les parer, on envoie, le 9 mars 77, Antoine de Vezins, capitaine du roy, occuper ledit bourg avec ses cavaliers. Mais en 80, Rescalon, chef huguenot, allant vers Millau, après échec sous Rodez, tue aux Salles quatre soldats papistes. A la même époque, on évoque « mangeant de l'herbe », une femme dont l'enfant têtait la mamelle en sa bouche qu'était chose « aigre ». En 1586, Joyeuse, favori du roi, commence en Rouergue la campagne que concluent à Coutras sa défaite et sa mort. Arrivant de Rodez sans hâte, le 26 octobre aux Salles, il s'y arrête encore en novembre, pour repartir, après défaite et harcèlement de ses troupes par le protestant Chatillon. Le mignon est fléau de Dieu. Les habitants quittent leurs demeures. Les soldats ne laissent rien « à fouler et à gaster » ; ils ne laissent que la peste. Maisons barricadées, rues barrées, bourgs abandonnés, exodes des pesteux aux champs, vie publique en plein air, partout et nulle part, enfin, parmi les prières, les dévouements et les vœux, l'universelle épouvante. Cela dure six semaines. De Sévérac à Rodez meurent dans une année

« seulement ès bourgs et villages » plus de 3000 personnes. Les luttes ne cessent pas. L'évêque François de Corneilhan s'entend fort
mal avec sa ville, pas plus mal que sur leur compte ne s'entendent les
historiens. Leurs sentiments sur la Ligue, quels qu'ils soient, étant
différents, les opposent armes en mains. Ainsi les épiscopaux enlèvent le château des Salles, mais l'évacuent, le conflit étant porté
devant ses juges. Après l'Edit de Nantes, en 1598, les huguenots de
Millau détruisent dans leur ville le couvent de femmes de l'Arpagonie ; les religieuses chassées demandent refuge à l'évêque. En
1601, Louise de Montal devient abbesse à Salles-Curan.

Le dernier évêque cité étant mort en 1604, lui succède son neveu
Bernardin de Corneilhan. Le bourg semble s'être étendu sur des faubourgs aisés. La vie épiscopale refleurit au pays. Le prélat succombe
le 8 septembre 1645. Accompagné par le clergé des Salles et des
environs, le corps, dix jours plus tard, est porté à Rodez.

Après 1648, l'évêque Hardouin de Péréfixe passe — théoriquement — dix ans dans son diocèse, entre ses séjours à la cour. On le
trouve aux Salles au dernier jour de décembre 1653. Au mois d'avril
suivant, il fait réparer le château. Le contrat d'entreprise cite la tour
de l'Aigle reliée au corps du logis par une muraille écroulée, une
autre tour carrée en ruines. Une salle du jeu de Paume, une loge
de suisse à vaste cheminée, un grand jardin.

Aux derniers états du Rouergue ont siégé les consuls de Salles,
fonctionnaires électifs. Les états sont supprimés, les consuls amoindris. La monarchie centralise : la vie locale se meurt.

Pendant la Régence, l'évêque est de Tourouvre, d'une famille
illustre par son antique noblesse et sa gloire militaire. Sur sa pierre
tombale on vante « l'honnêteté de ses mœurs, sa piété,... sa charité
envers les pauvres, son exquise humanité ». On le montre prédicateur et apologiste éminent. Il était prodigue et, comme ses deux
grands vicaires, janséniste. En 1733, au début de juillet, un malaise
réfractaire à tout remède, l'incite à se rendre aux Salles pour s'y

reposer. Il y meurt le 8 septembre ; les funérailles ont lieu au bourg le 22. Le lendemain, accompagné par six prêtres des environs, à cheval, le cœur est porté à Rodez. Au défunt prélat, un autre cortège, celui des procès. Maintenant, il repose aux Salles, où un vieux vitrail éclairait son épitaphe.

Après lui, les évêques paraissent peu au pays. De Grimaldi fait réparer le château. De Cicé s'en désintéresse, qu'il l'afferme ou qu'il le condamne. Déclarées en vétusté, nul ne voulant les détruire au seul prix des matériaux, les Salles restent debout, devant leur terrasse pavée, leurs jardins à allées, à carreaux bordés de buis, leur cadre vert de charmilles. En 1781, elles sont louées à des marchands.

Loin de leur chef, les clercs s'agitent. Une tradition vivace accuse les collégiats. En 1747, sur leur nombre, trois sont donnés comme irréprochables. Trois autres sont ou paresseux, ou trop passionnés pour la chasse. A Jean Foissac, retraité, on peut imputer « un ancien procès criminel », quelques réceptions suspectes et l'hébergement d'un jeune homme d'origine aussi suspecte. Si on ajoute qu'il est ivrogne, ledit chanoine n'est pas blanc, encore que sexagénaire. A tout prendre, pendant un demi dix-huitième siècle, trois pècheurs connus, sauf les inconnus, c'est bien peu. D'ailleurs, à la Révolution, trois au moins des anciens chanoines restent fidèles à leur foi. Il y eut des coupables au chapitre, signalés malignement, mais d'honnêtes oubliés.

Cependant, les évêques multiplient leurs admonestations. La grande faute des collégiats est de briller aux offices, soit par leur absence, soit par leur goût des désordres. La moitié assiste deux ou trois fois l'an ; le reste déserte. On trouve des chanoines à Millau, même à Paris... Et les assidus ont à cœur de faire sentir leur présence : au cours d'un enterrement, celui-ci enlève l'étole au vicaire officiant qu'il remplace. Le curé proteste. Ainsi dure quatorze ans la lutte entre les deux clergés, collégial et paroissial.

Epopée héroï-comique à la manière du Lutrin. Viennent procès après procès et requêtes après requêtes, toujours en vain. L'office divin pâtit au scandale de la paroisse. Les curés ont la partie belle, leurs rivaux sont peu estimés, près de la cure, sans évêque, jugés de plus en plus inutiles. Pourtant, le trépas du collège est plutôt suicide qu'exécution. Les revenus sont peu fermes, souvent rachetés. Champarts et dîmes de misère n'attirent plus les collégiats, lesquels demandent enfin la suppression de leur corps. Après une procédure mouvementée, le 16 octobre 1779, est promulgué le décret de dissolution du chapitre. Il en restera peu de chose, une messe que sonnera la grèle cloche matutinale, des places aux stalles après le curé. A celui-ci, les chanoines devront respect et déférence ; s'ils sont résidents aux Salles, ils assisteront, sagement, aux offices. Surveillés, pointés, soumis, dans l'acte qu'ils ont provoqués ils font figure de condamnés.

Le corps dissous, les membres restent avec un moral inchangé. Sous la Révolution, un ci-devant collégiat prête le serment civique, jette l'habit aux orties, se marie, boit, dit des indécences, à l'unanime consternation. Certes, il se repent un jour, monte en chaire avant une messe, s'amende au milieu de sanglots, finit pieux et pardonné. Il n'en a pas moins procréé, après tant de ses collègues, à ses scandales retenus par des mémoires outrancières une trop longue postérité.

Le bourg compte 307 feux et la population augmente. On est pieux sans excès : moins des deux tiers des habitants ont fait la première communion. Une douce « oisiveté » occupe la jeunesse, fait désirer l'installation d'une « filature publique ». Les jours fériés se multiplient, à propos des fêtes des saints ; l'évêque doit y mettre ordre. Les pires débauches de l'année, excepté les carnavalesques, honorent Sainte Madeleine ; Saint Loup et Saint Géraud, patrons. Devant le porche de celui-ci, au sud du jardin du château, s'installent, moyennant taxe au curé, tables, boutiques et bancs... Allons voir la pierre foiral, édicule couvert, fermé d'un mur de fond plein et de trois autres surmontés de grilles. Sous le toit, le vendeur emplit une des mesures de pierre alignées sur les parapets ; par un trou le grain s'écoule dans le sac de l'acheteur qui, au dehors, en guigne la chute. Alentour, le four banal, le grenier de Monsieur, l'église resserrent tant le foiral qu'une charrette y passe à peine. Au cœur du cimetière, existait en ce temps une église romane. Je n'ai trouvé sur elle que des contradictions, et ne désire pas résoudre des questions d'érudition locale.

En 1789 ont lieu les grandes élections. Le bourg nomme, au premier degré, quatre électeurs-députés. Au mois de juillet 92, dans une salle du château, on organise un bataillon. Un vent guerrier souffle, mais n'emporte rien. On se fait forcer par le sort, payer cher, et, pour plus cher, remplacer, traîner à Millau après divers essais de fuite, mobiliser sous la menace des pires rigueurs de la loi ; puis, son testament fait, on est dit volontaire. Des troupes passent, soulevant des papiers administratifs, mais peu d'hymnes à la liberté ; le bourg ne peut aimer la guerre, épiscopal, non féodal, loin des tumultes de l'histoire, à leurs échos assourdis passif comme chanoine en sieste. Le campagnard tient à la terre, en végétal. Délivré du seigneur, la paix étant désormais possible, il veut la paix, la sienne, celle de son cheval, celle de son curé. La Révolution mobilise, réquisitionne, persécute. Traquée avec ses réfractaires, l'Eglise combat l'ordre nouveau. Ses biens sont affermés, nationalisés, vendus, achetés par des paysans, pieux sans doute, paysans d'abord. Ainsi se forment ou s'arrondissent des pagésies encore vivaces. Le vieux château lui-même tombe en des mains bourgeoises, voué à toutes déchéances. Cependant, errants ou cachés, dans le pays ami, familier et reculé, les prêtres exercent leur ministère. Le culte paraît même presque ininterrompu. Les vicaires, Bru et Ayrinhac, remplacent le prieur Raynal. Celui-ci, réfractaire, longtemps traqué, s'est rendu de son plein gré. Des prisons de Rodez déporté à Bordeaux. Dans le fort de Hâ, sur les planches provisoires d'une écurie, grouillent des tas de martyrs. Les moribonds n'espèrent que l'hôpital Saint André. Vient Thermidor, sans délivrance ; mais les pontons. C'est seulement en 1800 qu'on libère les derniers survivants. Depuis un an à cette époque, l'abbé Reynal s'était éteint.

Aux Salles, la Terreur sévit moins âprement. Le maire Molinié et ses lieutenants, par inertie, freinent l'agent central Blanchy. Celui-ci lit les décrets, après appel du tambour. Les sans culottes se réunissent en armes sur la place, au grenier de Monsieur, à l'église promue temple de la raison. Emigrés condamnés à mort, certificats de civisme, vie troublée. Malgré de furieux prosélytismes, les victimes sont rares. Je n'ai vu aucun nom écrit. Au dehors, c'est la famine ; ce sont vers les foyers chouans, les incursions des troupes bleues. Un de leurs détachements, en octobre 93, couche aux Salles. Quelque temps plus tard, la nuit, à deux heures, passent quelques insurgés et, de Millau, les patriotes poussent une pointe rapide. Des paniques frappent le bourg. On voit tel citoyen partir sur le Lévezou à la recherche de nouvelles.

Puis le calme revient. Conscriptions et réquisitions continuent seules à peser. Sur 33 conscrits, 5 braves seulement ne demandent pas la réforme. Les paysans cachent leurs chevaux, les maires en nient l'existence.

Dorénavant, l'histoire parlera encore moins des Salles, un peu plus des « Salluols ». Benoît Capelle naît en 1775. A Millau, tour à tour tragédien amateur, beau délégué aux fêtes de la fédération, il revient commander, au temps de la Terreur, la Garde Nationale. Parti, après Brumaire, en mission à Paris, l'administration le prend et le ministre Chaptal le lance. Préfet, légionnaire, baron. L'invasion lui ravit Genève et le jette en jugement. Acquitté, le noble d'empire, préfet royal, trahit Ney. Ministre, il signe avec son cabinet les fameuses ordonnances. Vaincu secondaire des jours de juillet, il doit s'exiler. Rentré en France, il meurt à 68 ans.

Sa cousine a un neveu qu'elle adopte, Hercule Calvet Rognat.

Celui-ci, très fin politique, pendant tout le second empire se maintient solide à la Chambre par d'écrasantes majorités. On a vanté sa richesse, son bon cœur, son activité, sa connaissance des affaires, ses relations. Né en 1813 aux Salles, il est mort en 75.

Son petit neveu, Eugène Viala, ne fut qu'un artiste.

Pour le moment, au plus complet dictionnaire biographique, les deux noms des politiciens appellent seuls celui du bourg.

La centralisation « *saignée de la province* » a vidé celui-ci : histoire exsangue, faits accolés de niaise chronique locale. La pierre foiral s'écroule, on étend le patus du porche Saint-Géraud. Un collège, un séminaire essayent de vivre. Le conseil municipal vote contre les cabarets. Restauration.

Le collège éphémère meurt. Louis Philippe.

Le même conseil, de mauvaise grâce, vote quelques impôts nouveaux. La pierre foiral est détruite. République.

Le maire Mathet fait voter une adresse de félicitation à Napoléon III pour avoir restauré le principe d'autorité et combattu le socialisme. Des fêtes sont célébrées : le 2 décembre.

Polémique électorale entre Calvet Rognat, candidat officiel, et de Bonald, royaliste, accusés, le premier d'avoir promené un veau réclame ultérieurement immolé à la démocratie ripailleuse, l'autre de s'être fait appuyer par des intimidations et anathèmes ecclésiastiques. On construit un clocher neuf. Second Empire.

On vote de nouveaux impôts. Pour habiller les gardes nationaux on change l'affectation des crédits : 70.

L'école est laïcisée. Un adjoint, agent cantonal, entre en lutte avec un curé, à propos de certaine cure. Troisième république... Mobilisation. En fin de prose... la guerre.

De mémoire d'homme, les Salles ont toujours été mal famées. Monteil les a vues prospères, vendant laines et fromages, expédiant des bestiaux, le mardi, du marché. La prospérité dégénère en licence. On boit au cabaret, malgré les règlements, le soir après huit heures

Salles-Curan, avec son ancien clocher, aquarelle

et pendant les offices. Diligences, charrettes font halte au bas du bourg ; autour des tables, les rouliers se réchauffent des routes glacées. La jeunesse du lieu, dissipée, insoumise, les marchands enrichis, les bourgeois à panonceaux, en journées de paresse se reposent des nuits. « Valent pas rien, dit l'adage local, c'est de la race de chanoines ». Marcel Alvernhe, romantiquement, évoque un bateau voguant sur le Vioulou et aussi lourd de délices qu' « une gondole du Grand Canal ». Ainsi ont rêvé vices et plaisirs inouïs, devant les Salles, maints ruraux. Dans les hameaux honnêtes et pauvres, le père défend à son fils tout errement au lieu honni, le curé prêche contre qui y a profané son dimanche.

Maintenant, dans ses monts, loin des courants actifs, la cité périclite. Plus de rouliers, plus de bourgeois paillards. Entre l'Auvergne et le Midi, en vain sur la ligne droite préférée par les siècles lents, loin du chemin de fer, de sa courbe facile, elle n'est plus un centre pour les uns d'attraction, pour les autres d'expansion.

J'ai fait voir au lecteur des spectres peu précis, capables au moins d' « enchanter » le bourg : l'ancien colon romain, l'évêque médiéval guerrier et turbulent, le routier que singe le rustre, le pieux maçon offrant de payer sa chapelle, le saint parmi les landes cheminant crosse en main, le mignon qui y campe en proie aux huguenots, le prélat bienveillant et doux qui s'y est éteint, le chanoine aux mœurs inquiétantes, le curé hardi confesseur, le volontaire pleutre, les politiques fins ou finauds, les silhouettes méprisables, falottes des bambocheurs, que de fantômes imprévus dans le bourg si lointain, si humble.

Ils ont pourtant vécu, bâtissant, détruisant. Sur leurs gestes féconds, quoique de portée faible, on peut philosopher. Sans ironie, grandeur et décadence... Sur la terre ingrate, vouée à la culture forcenée, le hasard fait seigneur un évêque. Mainmortable, le bourg jouit de la quiétude possessoire ; épiscopal, de ressources qui survivront aux féodaux. De recevoir le prélat, avec sa suite, chaque été, bon an mal an, il prospère. Il s'imprègne peu à peu de douceur, d'onction cléricale, de calme facile et passif. Mais le collège inclus, qui montra des vertus, vient étaler des vices, donne un mauvais exemple, sème un germe de mort. Il est dissous. L'évêque déserte. L'ancien régime s'engloutit. Le bourg rentre en la loi commune. Son passé lui laissant richesses, bourgeoisie, esprit de négoce, il se maintient encore un peu; mais son esprit frondeur, sa paresse, ses tares le poussent à la mort. Ses bourgeois se ruinent ou partent. Son capital est bu ou, sans intérêts, se résorbe. Son cadre gêne son négoce. Il n'est que comme champ de foire et chef-lieu d'un pauvre canton. Or, comme sur le fait de l'homme, peu à peu contredit par lui, l'emportent les desseins patients de la nature, le bourg, que la montagne enserre, retourne à la montagne, à l'aspect de ses hameaux miséreux.

...PARMI LES COLLINES...

On sent l'envoûtement d'une ambiance hostile, surtout quand on arrive tard vers le soir, suivant un long rameau du Lévezou. De nombreux contreforts plongent vers le Nord sur le ruisseau du Connes. Tel le signal de Saint-François, à l'ouest duquel se succèdent le dos d'âne de la Cave, le vallon du Cantarel et la croupe du Bartas ; sur la rive droite du Connes, voici le Puy du Cambon, antique piédestal des fourches et après le val de Larguiès, le puech Montgrand, face au Vioulou. Au bout des hauteurs de la Cave, Salles descend au Cantarel, domine le ruisseau de Connes. Fils de l'austère Lévezou, les monts évoqués le surveillent. Il est à la jonction des thalwegs et des faîtes, chef-lieu de la montagne, attente du vallon. A ses portes, les pentes interrompent leurs landes ; il domine de pauvres jardinets. Son riant bassin n'est dans l'inculture qu'une tache verte. La nature ambiante proclame illogique ce bourg dans ce cadre. On pressent l'histoire, le destin spécial.

Monter au Bartas, admirer les Salles en plan sous les yeux, les toits seuls visibles, « *groupe tragique aux tons de harengs saurs, de marmottes et de rats* », composition pyramidale que dominent le château et « *un clocher bleuâtre, comme un grand pion, punisseur et respecté* ».

On pourra peut-être oublier qu'une vie centrifuge essaime les faubourgs hors des murailles, que la bastide tend à prendre un banal aspect filiforme. On isolera le bourg ancien où se trahit « une influence supérieure » et artificielle, où « quelque chose sent la cité ».

Fervent du Moyen-Age, j'aime les lettres historiées. Mathématicien, les nombres. Je charge un neuf fantaisiste du plan qui s'offre à mes yeux. Le chiffre se couche sur une colline descendant du Midi au Nord, le haut au faîte et au levant; la queue, traînant dans la vallée, part d'un pont sur le Cantarel qu'elle souligne. Le corps du 9 contient des « *maisons petites, basses... parmi leur fumier couchées* », l'église au centre. La barre verticale est la confrérie ; son prolongement, la place de la Vierge. Le long de celle-ci, coiffons le chiffre d'un rectangle aussi haut que lui, deux fois moins large, pour contenir de bas en haut le château, son ex-parc et le cimetière. A gauche *à mi-côte* « la Route », d'abord droite, s'appuie au rectangle et à la panse que, jusqu'au pont, elle suivra. Entre la Route et le bourg, ce triangle est le foiral. Filigranant le corps du chiffre, la Grand'Rue est un arc de cercle que soustend la Confrérie. Une autre rue intérieure double la courbe ventrue du 9. Qu'on me pardonne maintenant le procédé artificiel. J'ai guidé la main du lecteur. Il a pu esquisser un plan suffisant pour la promenade.

..CONFRÉRIE ET PLACE...

Sous le pont le Cantarel chante. D'où, vers le haut du bourg grimpe une voie si large, si cabossée qu'elle a l'air de tituber d'ébriété sur des absences de pavés ; on l'appelle la Confrérie, en souvenir des bons chanoines. A droite, devant des jardins, diverses constructions récentes. Tout en bas, une placette surplombant d'un mur la route, un vilain calvaire de fonte, un réverbère obscur sur un poteau de bois. Sur la gauche, après un porche, les maisons montent, maisons grises, moins vieilles que leurs escaliers roux, bis, carmin, ardoise, verdis d'herbes de murs, orangés de lichens ; moins vieilles que leurs portes à moitié disloquées, leurs fenêtres sans vitres. L'enfance autochtone, la bouche ouverte, un doigt dans le nez, le béret bleu en bouse de vache, me contemple en néant profond et à une bonne distance. L'heure est fraîche comme la fontaine qui bruit d'un mince filet. Je quitte mon siège, un tronc gris de hêtre à coupe rougeâtre, gisant au milieu de genêts.

Je gravis la pente jusqu'à « la terrasse ». Le terre-plein de ce nom, devant la maison qu'il baptise s'enclôt d'un mur d'empiètement, palmé de petites fougères. Des acacias nains et de grands tilleuls émergent. Par un portail de fer à grille, on perçoit de biais la façade, orgueilleuse bourgeoisement. Eugène Viala y est né, il y a vécu sa jeunesse.

Ouf ! au haut de la Confrérie. Voici la place de la Vierge, autrefois patus Saint-Géraud, du nom d'une porte voisine. Un monument aux morts. Un autre à la Madone : sur le piédestal probe, taillé de bonne pierre, un socle de stuc munichois. Un gros angelot, bras croisés ; un bœuf méchant, corné en antilope ; un aigle prussien ; un lion débonnaire. Au-dessus des Evangélistes, un globe bleu, percé d'un croissant d'or, porte une Vierge aujourd'hui repeinte de saint-sulpiciennes couleurs. Manteau d'hermine, cheveux filasse, cercle d'étoiles...

...ÉGLISE...

Pour fuir cette atmosphère, la tête martelée de mots à la Huysmans, je cours m'enfermer dans l'église.(Elle était alors grise et belle, une humble église de village.) Je gravis les marches branlantes vers le parvis que j'aborde entre deux vieux lions rustiques, plus curieux que, boules sous pattes, leurs confrères des Tuileries. La façade quelconque : sobre portail gothique. A l'opposé du chevet, entre la cure et le saint lieu, dans le cadre ogival d'un porche, un mur nanti de deux blasons, sculptés, à coloris défunt. Le clocher neuf, d'assez bon goût, construit sous le second empire, remplace un vieux clocher à peigne.

Entrons. Clefs de voûte historiées ; au chœur, les armes de la Tour, un écu ceint de branches tortes.

Je ne citerai des chapelles qu'un ancien vitrail, renaissant, mais fruste. Saint Thomas, à barbe blanche, porte son équerre ; sainte Scholastique sa palme et son livre ; saint Sébastien, nu comme il sied, criblé de flèches, étale ses pieds, de très vastes pieds, sur les chardons de la montagne. Fond violet à arabesque. En haut. dans un quatre-feuille, s'esquisse une crucifixion.

La chaire de bois flamboyante, du plus mauvais goût troubadour. Mais voicy les Stalles du chœur. De la nef on voit tout d'abord des panneaux de différents styles : en bas la ligne anguleuse, grêle, mais si nerveuse du flamboyant, ses dominantes verticales dont le jubé tout entier est encadré. Mais des ornements renaissants, dodus, de symbolisme nul. Ce style païen me déplaît de venir glisser sa note grasse dans l'orchestration médiévale,... pour l'étouffer. Au centre du chœur, un décor gothique, sans motifs intrus. Vingt sièges — et la stalle curiale — sous un dais sculpté en nervures. Les appui-mains un peu usés par les mains grasses des chanoines et calleuses des villageois, gardent parfois leur modelé. Sous les sièges, la fantaisie, plus occulte, est plus amusante, le détail mieux conservé. Bêtes réelles et dragons, anges, têtes et feuillages ; même dans le rêve, la vie ! Ce chien à la chaîne frétille, dans l'espoir d'être détaché ; son congénère appuie la patte sur un os qu'il va ronger. Cette écrevisse irrévérente mordit dans le gras du chapitre. Mais un agneau, plus lithurgique, tient un livre entre ses pattes. Non loin d'un ange philactère, un homme chevelu laisse aux coins de sa bouche pendre deux grappes. Amiens abrégé, traduit en patois.

Cependant, ô stalles étranges, je vous garde une autre affection. Car, amant de l'âme gothique, je vous fis cadre d'un instant... Dans votre génie médiéval épris d'idéal et de grotesque, vous avez inspiré peut-être les « symboliques » de Viala.

...VENELLES...

Une nuit s'est écoulée. Avant de quitter les Salles, j'achèverai ma visite. Il pleut... Je reviens place de la Vierge. Grisaille, ensemble : une âme belle, quel que soit le corps l'enrobant. Marie bénit. Les morts rappellent. Assis sur un tronc écorcé par le choc des boules, je me suis fait un œil candide, afin d'admirer le décor. Une atmosphère religieuse — ô la très simple religion des reliques et des légendes — embaume sous les vieux tilleuls. Les maisons neuves se récusent ; la campagne s'évoque. Un coin de lande brune ouvre des espaces ; un sapin long, ébranché haut, agite son plumet vert sombre.

De la mairie au cimetière se glisse une ruelle sale. Où ai-je vu ce portail de fer ? Derrière lui, je me figure deux marmots, ébouriffés, regardant un crâne dans l'herbe drue. M'y voici ! Une eauforte qu'inspira à Viala ses deux derniers enfants surpris en pareille extase... Je me suis arrêté. J'hésite à entrer, de peur de troubler des repos... Réflexions sur les véhicules, instruments et outils pour vivre adossés au mur de l'enclos... Tombes calmes, sans matricules... Dans un bloc massif se creuse un caveau à porte de fer. C'est de ce haut lieu funéraire, que Viala contemple sa terre, à jamais.

Je sors. Une venelle infâme. La Route, que je descends. Le Foiral déclive, bien morne aujourd'hui. Il y pousse une herbe courte, écrasée périodiquement par les fers, sabots et souliers. Le long des murs de l'ancien parc, démocratisé potager, court une rangée de tilleuls *tentaculaires,* aux souches tortes, lesquels *arborent un geste figé.* Cela s'appelle la Charmille. Au delà du château, dont surgit une tour, les vieux « *oustals* » dévalent sous leurs mêmes haillons de mendiants coloristes. Les soutènements de la Route ont fait geler leurs vieilles mousses par les vents du Nord sans obstacle. Ceux-ci accourent du Vioulou et chevauchent par les prairies, le long du Connes. S'étant défilés dans les potagers, ils vont s'attaquer au village quand trois tilleuls géants, postés sur la chaussée en sentinelle, les saisissent à bras-le-corps. Dans le val, des cèdres frissonnent, blessés par l'autan, derniers survivants des bosquets de Calvet-Rognat. Le coup d'œil ne s'y attarde pas; ayant suivi la route de Rodez, il rôde sur les hauteurs des Vernhes, brunes, blanchâtres et citrines. A gauche, sur un terre-plein, s'ouvrait le portail de Fangousse.

J'ai remarqué quelques taudis, dont celui-ci, sauf alibi... La hauteur d'un rez-de-chaussée s'est accommodée d'un étage. L'escalier aux marches branlantes, entre un mur veuf de garde-fou et une rampe bleu de vierge, en trois planches et trois montants, conduit enfin à la terrasse, claire-voie, poteaux, blocs de pierres. O l'incohérent assemblage ! Ainsi se fait imaginer une pergola, vestibule d'une écurie... Parmi les maisons lamentables, parfois réellement cassées, le trou des chiens, raidillon sale, coule du ventre du bourg. Plus loin, les anciens remparts, pavoisés de plantes vertes, portent des jardins suspendus et béent d'un trou où habitait, vivant d'ombre et de chats crevés, la Garelle Guinasse.

Je pénètre dans l'enceinte par le porche Notre-Dame, ancienne porte de la ville, qui voûte en arc brisé son entrée ; le reste plafonne en poutres. On y suspend parfois des bœufs, dont le sang macule le sol. Les rues des Salles, jadis pavées, hui boueuses et déchaussées, où baignent des rigoles les blocs résiduels. J'aperçois au fond de la Place un portail en accolade... Voici le Grenier de Monsieur, sa fenêtre d'angle gothique. Un blason illisible couronne les meneaux; entre les dragons qui la portent, au haut des piédroits ouvragés, une tige orne les voussures, nue sauf cicatrices alternes des branchiolles arrachées... Après quelques vagues boutiques s'ouvre une porte quasi-classique ! De là je pénètre, en contours, dans l'ancienne cour du château, des tonneaux sur champ de pavés. Je ressors de ma déception par un portail ogival, dont la herse bave sur moi. Au dehors, un blason des d'Oliergues chardonné de dards flamboyants, une rosace spiralée, les suprêmes ornements du château défenestré. Tout à côté la tour pointue où a habité notre artiste. Le parc contiendra des garages.

Allons maintenant patauger ! Pittoresques topographiques dans les ruines ; escaliers, ruelles, passages, où l'on écrase des momies de souliers, de chats et de truffes. Cy la plume radote, il faudrait un pinceau.

Le pinceau : les deux flancs sont teintés d'un bistre qui semble s'écailler de blancs. Au creux d'un porche rêvant mauve se devine l'ancien vitrail. De ce fond troué de lumière et voûté d'un vert brun humide, divergent vers le premier plan des battellements mi-obscurs parmi lesquels un toit vétuste empâte le sien d'un noir mousse. Au-dessus de l'ogive, par des bleutés subtils — contrevents et petits carreaux — on parvient à un clocheton, à sa croix érigée dans le bleu du ciel. Les ombres, au beau jour doivent de l'azur ; les murs et la rue, au soleil, des tons de chrome. Au rose qui s'évanouit sur le toit vétuste de schistes répondent deux taches garance : crête de coq sur la chaussée — coq picorant après une poule, quatre touches, deux réserves et le frisson de la vie. Sur une fenêtre, centrant l'aquarelle, coiffé d'un rectangle noir, un frétillement vert et rouge s'égaye sur un géranium.

La plume : un porche sans couleurs au bout d'une voie sale sous des maisons décolorées.

Que de choses grises, boues, cafés, calvaires ! Un épicurien fripant ses brocards, tel Salles-Curan. Je cours sous la pluie, visant les pavés du bout des souliers, pour ne pas me chausser de fange.

Le Couvent de Salles Curan, aquarelle

Le chemin du Mont, où je cherche un gué, est le « triomphe de la... » boue. Pourquoi suis-je allé rôder, sous la bruine, dans le vieux bourg vu si joli au clair soleil ? J'ai rêvé les jours de dégoûts, ramasseurs des images neutres, les recherches de la couleur aux coins des siècles et des ruelles, les hantises des échappés.

Encore ai-je eu le bonheur d'errer seul dans les rues vides. O les jours de foire ou de fête, ô les bruits et les beuveries ! Que l'histoire enfin esquissée m'a paru creuse ! et les décors embués de plébéienne vulgarité ! A peine une trace d'artiste, une œuvre ou une traduction. L'homme, ignorant la beauté, la repousse hors des murailles. Je sens monter en mon esprit un désir farouche d'antithèse, une ardeur de misanthropie esthétique. Je commence à épouser la nostalgie des grandes landes qui hanta Eugène Viala et sur les sommets je l'accompagne.

L'*orage*, eau-forte

...LES SOMMETS...

Le Rouergue a la forme d'une tête de chat regardant vers l'Ouest. Le Tarn est le collier dont le bourg de Saint-Rome indique le milieu et Millau le milieu de la moitié amont. L'Aveyron, né à l'Est près de Sévérac, souligne un temps la lèvre ; sur cette rivière, le chef-lieu, Rodez, centre la province. Millau regarde au levant les Causses, calcaires ; Rodez reçoit la bise par le Comtal.

Restons dans le triangle qui a pour sommets Rodez, Sévérac et Saint-Rome, et, dans le même sens, comme premiers côtés, la ligne des Palanges et celle du Lévezou.

Or j'ai vu de Saint-Rome une main gigantesque plongeant dans le Tarn ses ongles de roc au bout de mamelons qui semblaient des doigts courts gantés de gris. Le poignet s'aperçoit, haut, lointain et bleuâtre. Sous une manche rose l'avant-bras lévezin. Le rose se borde de vert pour couvrir le bras des Palanges. Le coude est osseux sur le Pal. Le Comtal enterre l'épaule. Le tout semble embrasser un énorme ballot de terrains primitifs, entouré d'une étoffe à couleurs bariolées, ficelé en tous sens de cordelets d'argent, de torrents qui entre leurs vides laissent les plateaux se gonfler. Le paquet trop lourd s'abaisse à l'Ouest.

Cet ensemble de Ségalas a été nommé Massif Central Rouergat, appendice méridional du Massif Central Français.

...ISOLÉS...

Le Pal, — qu'il est oiseux de rattacher au Mont Lozère — est croisement géométrique, bien plus que nœud orographique, des Palanges et du Lévezou. Du « redan » ségalais contre les divers Causses, ce dernier est l' « escarpe ». Mais, avant le « saillant », une large « embrasure » l'isole du reste du système.

Vous êtes sur le Pal, cherchez au Sud-Ouest. Vos regards descendront sur une pente jaune ; désertant la bruyère, museront sur un plateau vert, remonteront au Puech Monseigné et verront, à deux lieues, bleui par le lointain, le Lévezou reprendre, après coupure nette, les tons du premier plan. La séparation indiquée sur la carte s'illustre en vision pittoresque : de la liaison des cimes jumelles, il ne subsiste qu'un faîte théorique...

Le Lévezou répugne à l'annexion du triste Causse Rouge, son glacis, et du Dondon, « liasique » sa redoute au Sud-Est.

Si dans le val de la Muze on voit plonger une « escarpe », de l'autre côté ce n'est guère qu'un parapet, s'abaissant à peine sur les racines de chaînons secondaires longs et confus. Partout, sur le Ségala, dont elle n'est que la bordure, la montagne rappelle son souvenir, comme aux contreforts opposés, par une ligne usée, une âme monotone, elle s'annonce déjà.

Aussi a-t-on erré, pour lui fixer des limites, dans des contradictions aussi vastes et stériles que les pays ambiants. De Millau à Rodez il n'est pas de région qu'on n'ait incluse en elle. Au fond, elle est partout, au moins par son esprit. Dans l'Aveyron fortifié, ouvrage fort au centre. En pays mal connu, la nature et l'histoire s'étant abstenues, qui lui aurait fixé des bornes ?

Ces bornes ne sont pas lignes, mais plans de toutes pentes, solitudes et escarpements. Vers le Sud, la Muze et le Tarn, avec leurs ravines. Au Nord, des landes, que coupe la tranchée du Viaur. Un désert en hauteur et conscient de l'être, parmi ceux d'horizon,

Un isolement rose au cœur de l'Aveyron...

...AFFAISSÉS DE VIEILLESSE...

Esquissons l'histoire du Lévezou, histoire obscure, par les forces cosmiques écrite sur le roc. Archives en vrac, feuillets en débris ; ratures, bords rongés ou brûlés, textes souvent sans clefs ; collection peu maniable, énorme, insoulevable ou enfouie trop bas... J'évoquerai au mieux, sans trop de mots abstrus, les « gestes » qu'a pu faire la terre.

La planète s'équilibre en ellipsoïde, au cœur lourd, sous les gaz de l'air et de l'eau courbant un bain d'éléments légers. Des croûtes solides, par combinaison, s'en forment, se dégradent de l'incandescence à l'obscurité. La lutte commence des quatre éléments. Après les premières pluies, refusées par le sol trop chaud, persiste une nappe liquide, saturée de vapeurs atmosphériques et souterraines. Elle ronge la croûte, roule en solution chaude, dépose des cristaux en couches. L'écorce est remaniée ; des terrains, d'âges très divers, se mêlent en un seul que, hier, on croyait homogène, primitif ou archéen : rocs métamorphiques, gneiss et mécaschistes.

Nous esquisserons une théorie, hasardeuse, sur la formation du pays... La mer primaire dépose des sédiments qui s'empilent sur une épaisseur considérable, leur base s'enfonçant toujours : une aire « géosynclinale », encore mal consolidée, se déprime entre deux zones plates. Les couches internes, plus près du noyau, subissent soit une fusion, soit même une dissolution dans la vapeur d'eau surchauffée. Un puits de mine y pénétrant rencontrerait tour à tour schistes primaires, micaschiste, gneiss et granit.

L'écorce se plisse ; le Massif Hercynien, de la Bretagne aux Vosges, dessine un V immense, la pointe au Plateau Central. L'antique zone d'ennoyage culmine en Lévezou géant, lequel heurte les Palanges et se dresse haut, anguleux, hardi de sa chaude jeunesse...

La chaîne s'est figée sous l'atmosphère ardente, humide et orageuse, qui s'y attaque déjà. A la fin du primaire, le pays, raboté, tend à la pénéplaine. Les schistes mous de la surface ont été sans doute détruits. Les micaschistes, décapés, sont érosés, plus respectés au bas des flancs que sur la voûte. Le gneiss, carapace bombée, cache le noyau granitique. Le Lévezou usé, sous d'épaisses forêts sans fleurs, regarde des lagunes dans la zone fragile des Causses.

L'ère secondaire le livre aux mornes puissances de l'eau. La mer bat le massif que rongent pluies et torrents. Dans le fjord rouergat le trias dépose des grès et des ocres. La montagne est basse au-dessus des vases. Chaîne d'ilots ? chaîne sous-marine ?...

Les Causses se construisent de coraux et de tests. Toute mer retirée, le vieux massif émerge. Qui le reconnaîtrait, cachant ses rocs vétustes sous une blanche carapace... La pluie commence à débiter et à résoudre le calcaire.

Puis, c'est l'ère tertiaire. Devant les Causses nus, lagune et plaine sèche, s'allonge une rangée de coteaux sans hauteur. Bientôt le sol travaille : après les Pyrénées, les Alpes surgissent, se heurtant aux Cévennes contre un voussoir rigide de la croûte terrestre, qui ne peut se plisser et qui s'élève d'un seul bloc. La Lozère remonte ; le Rouergue lévezin s'exhausse, et la table caussenarde dans son cadre. Des failles se forment, dont glisse le pan occidental. L'une longe le Lévezou, qu'elle coupe du Ségala. D'autres marquent la chute entre le Monseigné et le Pal... Mais, quoique du basalte crache à Azinières, aucune éruption ne couronne le socle. Le dernier effort de la terre n'a pas ranimé la montagne, l'a relevée, non resculptée, l'a portée au cœur des tempêtes qui, avec une nouvelle cruauté, l'ont attaquée. Les torrents, au fond des canons, cherchent, creusent l'ancienne roche, sans souci du relief enseveli. Par ses cimes et ses vallées, le vieux massif s'est dégagé de sa gangue de sédiments.

Les saisons changeront ; l'homme apparaîtra sur la chaîne sénile. Les glaciers la vêtiront blanche, les volcans Nord la rougiront de leurs reflets lointains. Après quelques millions de siècles et de vains rajeunissements elle s'use encore à nos yeux.

Telle a pu être son histoire... la plus courte de ses histoires imaginables. D'autres présenteront son gneiss comme une roche primitive, diront que le Lévezou avec tout le Plateau Central fut îlot de la mer primaire, que celle des temps jurassiques, le regarda, chaîne côtière, nourrir des reptiles géants. Que sais-je... sinon que la Terre après une vie tourmentée est vieille irrémédiablement ?

...LEURS ROCHERS...

Mais je vais regarder ses rides : sa chair fut pétrie d'une boue cristalline, traitée en céramique par de multiples cuissons.

Aux roches ainsi formées, le quartz — grains de sel gris — est comme une armature que rendent cohérente les larges cristaux clairs et nacrés du felspath, élastique les couches de feuillets de mica. Le granit, éruptif comprend ces éléments disposés au hasard. Le gneiss, ou *granit schiste*, nous les offre en texture « rubanée ». L'eau a déposé des couches parallèles, le feu préparé les cristaux et anéanti les fossiles.

Telle plaque figure la perspective étrange de bancs de terres noires encadrant des étangs orangés au couchant : paysage primitif, miré et retenu par le roc substantiel.

En gros, l'aspect est terne. Tas de cailloux cassés, bordures de trottoirs. Pauvre pierre maussade, barbouillée par traînées, aux tons brillants peut-être qui se composent neutres, vieille, tant elle presse des rides invisibles. Quelle ressource d'art offre-t-elle au peintre ?

L'eau, filet de pluie ou rigole, attaque la roche archéenne. Le feldspath devient glaise, le mica se pourrit, le quartz s'éparpille. Seuls, les noyaux solides résistent, émergent. Une épaule frileuse sort du manteau vieux-rose. Une tourelle à éclipse de fort. Un bloc cyclopéen, soit posé sur le sol, soit même en équilibre sur un dôme isologue. Enfin, au dernier stade, des coussins empilés.

Blocs erratiques. Ils ont des arêtes chanfreinées, rodées, enfin arrondies, des rides anguleuses entre des bourrelets, des doublures épaisses appliquées sur les faces comme sur des planchers bucaux des langues plates... De vulgaires pots à moutarde ?... Une peau les recouvre par dartres imbriquées, lichens vert pâle ou sombres, squames de citron vert sous des résilles noires. Des voilettes à points, des peaux de salamandre. Sur leur parchemin gris, ils portent des colliers d'argent mat ; aux cassures anciennes, des bijoux d'un or morbide : illusions du mica...

Quoi seulement cela, ces fils aînés de la terre, quoi, sans beauté vivante, humaine, hiératique ?... Le temps les a gardés dans leur sol, puis, lentement, extraits, l'orage enveloppés, le froid pénétrés de terreur, de passions primitives. Formés par des cristaux, des arêtes, des angles, ils ont été polis si longanimement qu'ils évoquent la courbe ; comme des tas d'argile qui, en tombant, se seraient écrasés. Jamais animaux ni plantes ne sont étendus dans leur boue pour l'empreinte éternelle. Ils ignorent la vie que leurs formes rappellent. Les crevasses ouvertes entre leurs feuillets ont des profils de lèvres. J'ai pensé à des pieds d'escargots ou de limaces, à des manteaux de poulpes, à de la chair élémentaire et flasque pétrifiée. Des têtes de serpents gneissiques se découpent ; des semblants de tortues descendent sur les pentes ; des dents de géants s'enracinent dans des gencives carminées ; des faciès camus de singes s'encadrent dans un ciel couchant.

Près de la route Millau-Salles, la Roche dite Poulsinière. Au premier abord, un amas énorme, gris et tailladé. Un caméléon, de profil, dort, la tête levée, les pattes de devant sur une grosse bûche. Au-dessous de sa queue, un tatou vu de face, montrant son dos, le postérieur haut, se lèche l'antérieur gauche. Voici plus local et plus simple :

> *On dirait une glousse âpre, qui récupère*
> *De toute éternité son lot de poussins noirs.*

Mais point ne satisfont ces images de bêtes aux besoins vespéraux d'évoquer des fantômes et des ruines. Des blocs campaniformes, des chapiteaux doriques. *Il m'est joyeux de retrouver dans la roche l'aspect monstrueux d'un mascaron géant...* Des déités barbares, sculptées frustes par l'homme, chargées de peurs dans les forêts druidiques. Le soir avançant, j'entre au cœur des mythes. Je rêve, après Viala, son Prométhée squelette *semant ses ossements sur la pourpre des monts* et, comme il l'a cherché, *mon œil cherche le sphinx au flanc de la montagne.*

Lecteur, si j'ai risqué de vous rendre myope par des visions à la loupe sur des coupes de cristaux, c'est que je voulais façonner pour vous des rochers réels, quitte à les vêtir, une fois touchés, regardés, connus, d'une âme mystique. Ces rochers, je les compare à ceux des Causses là-bas, très blancs, sauf touches légères de bleu et de rouille, lumineux, dentelés, d'une âme verticale, active et gaie. Les gneiss du Lévezou sont lourds et massifs : leur ove ne suggère aucune direction. Moins hauts que larges, calés par une inertie stable, ils dénoncent leur pesanteur. L'art a voué le gothique au calcaire, l'égyptien au granit.

O les sphinx naturels du terroir ! O les disques ailés par l'effet perspectif de barres de nuages ou d'horizons amande ! O les replis du roc pareils à ceux des ailes des scarabées sacrés !

Blocs simples, harmonieux avec la ligne ondée, beaux comme soleils noirs à dormir dans le ciel, au creux d'un long sinus silhouetté violet ! Evocateurs de cultes, de spectres archéens, de forces primitives perçues par quels aïeux ? Rocs où la terre et l'air pour former leur substance, l'eau et le feu pour la mouler, se sont unis.

« Qu'il reste quelque chose, au moins sur la montagne » ! a dit Viala, citant Verlaine, — quelque chose de stable, qui paraisse vivant, en plus des mornes vagues de bruyères, en plus du désert dont le vide est poignant.

...LEURS MASSES INERTES...

Surtout, lorsque, penché sur ce vide, on lui fait dire le secret de son destin. D'une voix lentement rythmée la ligne des sommets m'a avoué de quels spasmes sa *résignation glacée* s'était faite dans les siècles. Sous la pluie, la montagne a subi un supplice, infernal de durée. L'eau a fait un travail sourd, d'abord inégal, plus ou moins avancé de feuillet à feuillet, ce qui a donné les profils hardis, comme en dents de scie, des massifs jeunes... Les molaires de gneiss, elles-mêmes, se carient à se déchausser, ne laissant subsister qu'une surface molle de gencive séchée, légèrement renflée aux racines. Puis tout cela s'abaisse, surtout aux parties hautes, pendant que les débris, entraînés, se tassent dans les cols.

Quand on voit, dans le lointain, la chaîne lévezine, on pressent la menace du dernier rabotage : l'horizon donnera une idée d'infini mortuaire, comme une note longue traînant sur un violon. Pour le moment, c'est un morceau en demi-teinte. Des appogiatures corrigent la tonique, sans pouvoir la faire oublier; la phrase commence assez haut ; le ton s'abaisse, la mesure traîne ; dans le grave, tout a sombré.

Entre les deux extrêmes, le culmen et la gorge, une ondulation morne, une pensée d'ascète, éternelle, rythmée en mesure très douce, une oraison de calme résigné.

On songe aux temps primaires où la chaîne dentée mordait le ciel, aux épreuves tombées par siècles de ce ciel pour dompter sa superbe. Le Lévezou a l'air d'un ancien romantique, assagi par les chocs des orages, attendant sur le rythme de sa sinusoïde synchronique à celui d'une haleine tranquille, d'un pouls libre de fièvre, d'une prière quiète au cœur d'une foi sûre, le grand nivellement, le grand allongement, la mort...

La ligne, en soi, n'est rien. Voyons de quel volume elle suit le contour. Sous un climat pluvieux, un sol imperméable, sans fissures, offrant sa pente seule aux eaux, s'est échancré de vallées hautes, de cannelures creusant les pentes, en harmonie avec les ondoiements du faîte. Le Lévezou, vu d'enfilade, montre, derrière le Monseigné, une suite de renflements cachant des contractions rythmiques. Du côté de la Muze, racines peu nerveuses, mais à formes de muscles, mais stables par leurs masses, s'abattant comme des embases, portant des plateaux ronds calcaires pareils à des têtes de boulons. Par suite, bien ancré, moulant ses avant-becs au maximum de force, le môle peut rester à son poste éternel de pôle répulsif, d'obstacle. Son faîte suit le rythme des pleurants aux capuchons bas, de leur prose monotone, berçant Philippe Pot défunt. Mais les individus sont rustres vigoureux, encore qu'ascétiques. Les sommets lévezins en procession lente, psalmodiante, usent leur force à hanter l'horizon d'une ligne funèbre.

LEURS LANDES POLYCHROMES,

Le chaînon intertile rêve dans une beauté ardente de teintes. Les rochers introduisent leurs notes. Le terreau anémique, pauvre, ridé et sale, se dénude sous ses guenilles déchirées : longues fentes irrégulières aux nuances gris-rosâtre, trames où s'enchassent les mottes ; ou, sous le masque végétal, orbites caves, *blessures blanches dans l'amaranthe assombri.*

Les couleurs sont des plantes. Sur un sol siliceux, espèces calcifuges ; sobres, ne demandant qu'un humus peu épais ; pour résister au vent, souples, basses ou fortement ancrées.

On aperçoit d'abord un habit d'arlequin, juxtaposant des plages à peu près monochromes. Puis, à mieux regarder, on détaille les teintes en feuilles et en fleurs. Mosaïques vivantes. L'on voit se résoudre les zones de glacis en points impressionnistes.

Présenter les plantes dans leur intimité, comme les voient les merles, les lapins et les guêpes. Puis, faire sur elles de la psychologie — artistique — des foules !

...BRUYÈRES...

Sur les croupes sèches, callune et bruyère cendrée. Celle-ci peint de verts plus francs ses feuillettes plus délicates, collerettes autour des tiges. Les fleurs en clochettes renflées et dentées virent à l'orange; un pistil en battant de cloche... La callune, plus rousse, porte sur ses brindilles de petits grelots de quatre pétales, grains de chapelets d'un corail très doux à tendances mauves... Puis la cendrée, vieux rose, voit roussir ses corolles et sa compagne, étrangement, diversifie sa gamme simple : autour du blanc, vers tout le spectre, des reflets presque métalliques. Le grenat pâli se dégrade dans des imprécisions citrines qui rendent les violets bleus clairs... En des gris bruns, squelettiques, hivernent des bois séchés: les fleurettes décolorées paraissent des cendres teintées où auraient trempé les bouts des tiges.

L'ensemble estival revêt un ton chaud, un ton brun rouge. Beau velours moiré à sillons mordorés, ciselé ou à côtes, tapis en haute lice pour cortège princier.

O bruyères, manteau royal, pourpre en septembre !

qui déchoient en *plaques... plombées* sous les tristesses de l'hiver...

FOUGÈRES.

Sur les penchants que l'eau caresse, les fougères se frisent. Sortent en mai leurs crosses, vertes ou violettes, dressent leurs têtes serpentines. Puis, déroulées, elles s'étalent, en feuilles larges, décoratives, qui, trop tôt, se recroquevillent. Dans les zones concaves, elles font frissonner leurs palmes d'un vert potager, que l'automne, âge de cuivre, baignera de tons chauds, traduisant en vieux jaunes, vieux bruns, vieux polychromes, des touches délavées, des tons d'eaux ferrugineuses... Ce sont dentelles étendues, pans de raphia bariolés... Les fougères se gèlent dans de vilains chamois ; leurs tiges se polissent sous un émail glacé. Ensuite, tout se casse. Des débris d'emballages ; un fauchage de vent. Voici la neige... Lorsqu'elle est fondue, les palmes tendent de revivre. Pauvres amas d'algues gluantes, pleureuses noires mouchetant les pentes jaunes. Puis, des cadavres secs, bleutés de moisissures — thorax de lézards, abdomens d'insectes — verront leurs jeunes sœurs surgir, épiscopales... Quelle ténacité, cramponnée aux labours, victorieuse du feu... Incendie de fougères : à plus de trois cents mètres on entend un bruit de torrent ou d'averse. Une flamme sanguine à fumée bleuâtre, autour d'un cercle de *charbonneux* débris.

...GENÊTS...

Les *genêts taciturnes* enserrent de leurs bandes, tantôt d'émeraude, tantôt d'or, les pentes. On n'a pas osé traiter de haillons leurs masses brillantes ou puissamment sombres, leurs verts polis de gemmes opaques. Tronc tordu, grisâtre, aux branches multiples, d'un beau ton lissé. Balais domestiques des paysans modernes, balais fantastiques des vieilles sorcières, *flammes s'allumant au clair de la lune; sur la ligne du couchant, foules grouillantes.* Ces genêts se serrent en « haies hérissées », emmêlant leurs *ailes* mi-plumées. Leurs doigts décharnés s'articulent sur les cicatrices des anciennes feuilles (les anciennes feuilles, ovales jaunies, humbles fleurs nouvelles après les luxueuses du printemps défunt). Des « mains de gloire » sataniques tournent vers la nue leurs paumes hostiles. Leurs cosses noires, vides, tordues : des morceaux de gant, secs, sur les phalanges mortes. L'été les entendit éclater au soleil.

L'homme incendie la genêtière... La fumée amère, qui rasait le sol, s'étant dissipée, des contorsions brunes veulent vivre encore, calcinées, coupées : un champ de bataille jonché de scalps. La vie reviendra aux cris des criquets.

J'ai peint en vert, en noir et en « tête de nègre », avant l'âge d'or. En toutes saisons, la plante m'agrée. Elle a une allure hirsute, d'artiste gueux. En juin, l'anarchiste fait un héritage princier. Il dévêt son aspect fruste, arbore du bonheur, rutile sur des tons sourds, pose des barres d'or sur les tapis. Les amis arrivent, parmi eux des hommes. La passante cueille ; le poète écrit ; le rêveur prête l'oreille à la nouvelle chanson dorée. La bruyère n'a pas donné ses notes annonçant l'automne... Fleur de genêt, papillon, voilier aérien de la flotte d'un minuscule roi soleil, en haut l'étendard, en bas la carène, la plus somptueuse; pistil en volute bénissant la mer... Juin décline. Quelques corolles essayent de butiner l'été.

La saison de gloire s'est fanée. La plante bohême, nouvelle pauvre, attend de nouveau les jours heureux. J'en ai vu des tas granulés, reliure verte ayant effacé ses fers dorés. Le vent en balançait les branches sur un rythme de « miserere ».

...AJONCS...

L'ajonc a des mains épineuses de diablotins. Les tiges sous feuilles striées semblent des chenilles velues. Des foules inertes

Le Nuage, eau-forte

d'activités vives, aigres, anarchiques. En août et septembre des fleurettes jaunes : aumônières d'or quand encore mi-closes. La teinte s'étale près de la terre. Mais, l'automne venu, les tiges barbelées se poudrent de cendre bleue. Sous les ajoncs *rudes et agressifs*, les croupes ont l'air d'énormes bogues de chataignes.

...HERBES...

Entre des doigts de chair brune règnent des verdeurs palmipèdes, hauts vallons mouillés et spongieux de près. Herbes vite séchées en jaune, vapeurs rasantes soufrées et teintes pailles couchées. Les plus hautes, feuilles coupantes, pareilles à des faux debout.

...GENÈVRIERS...

Les genèvriers sont peu sociables. Autant que couleur et hauteur, leur forme les fait s'isoler ; refermée, non pas étalée, non pas recherchant comme sœurs les branches des arbres voisins, non pas rechutant vers les humbles. Ils surgissent nets et distincts. Rameaux fastigiés, feuilles acérées, fruits ronds et bleu noir. Ils peignent en vert sombre leur amande mystique. Des corps enveloppés, de la tête aux chevilles, d'une bure rigide, d'un sac. Seuls, avec les rochers, sortant des platitudes, processionnellement sur les pentes mordorées. Eléments sobres, âmes d'ascètes. Des veilleurs funéraires, là où la lune éclaire sa lanterne de morts... Je vis, sur une croupe rose, sous un crépuscule inquiétant, ces arbustes parmi les gneiss. L'ensemble était si régulier, qu'on aurait dit un cimetière, mais un cimetière tragique où le sang coulait des tombes sur les bruyères des penchants.

...PARTERRES...

Sur les landes, pour ces plantes, les genèvriers exceptés, régime de grande propriété. Souvent rongée, laissant à nu bailler la terre, la *bruyère fanée* s'étend sur d'immenses dos d'âne. La ptéride fait housse à un creux de fauteuil ; dans le *roux des fougères* dort un *granit bleu*. Sur un penchant, l'herbe tremblante est folle comme barbe blonde. Un collier de genêts à pointes...

La lande motif. Au premier plan, ressauts au couteau, anarchiques, comme les ramilles des plants isolés. Au demi-lointain, la disposition des flores s'affirme, dans ses grands détails, réglée par les strates, tons posés moins drus, langues parallèles.

Les plantes naines tapissent la lande, lui donnent son grain. Les genêts la sculptent, en rompent la courbe. Leurs profils rappellent dans un autre règne ceux du micaschiste et les genêvriers les gros blocs de gneiss.

Puis, l'aspect lointain. Coloris à plat. Cette nature invite à la largeur de touche. Des zones homogènes découpent la surface, verts nombreux au printemps, vert, brun, paille en été, dans les tons carminés aux mois d'août et de septembre, en hiver, d'un gris désolé. La saison criarde des enluminures dans les genêts ; la saison artiste des tapisseries, parmi les bruyères, l'automne chromatique empiétant sur l'été. Le sol semble couvert de grands drapeaux fanés, de gloire passée, de beauté surannée. Mais au cœur du rêve ascétique : des reliquaires d'or gemmés, des étoffes sacrées depuis la bure brune jusqu'à la soie « *brodée d'orfroi* » sur des nuances liturgiques.

La lande en un linceul éclatant se déroule.

...LEURS MUSIQUES ÉTRANGES...

Sur son tapis sacré, le Lévezou souffre un jazz-band caniculaire. Un jazz-band authentique avec musiciens de couleur... Criquets noirs, « langoustes » propageant dans l'air un bruissement rouge ; sauterelles au « laid cliquetis » cigales encorsetées... « *Les abeilles et mouches bleues font un bruit de moulins ; on dirait d'ici, de là, qu'on moud du café, qu'on pique à la machine, qu'on déchire de la gaze... Les grillons sonnent du microphone.* L'harmonie, aigre et discordante, importune tout d'abord. Revenez au seuil de l'automne. Le rythme énervé s'est calmé. Les petits chanteurs se sont tus ; ils meurent. Les derniers qu'on voit paraissent traqués, fuient de sauts lassés, de vols alourdis leur sort novembral. Le repos des choses s'est fait d'agonie. La mort de l'hiver pèse doublement. Comme l'on comprend la gaieté des êtres sous la bonne humeur du Pan montagnard faisant leur stage hors du néant ! Chant de la vie ! Action de grâces. Notes d'agrément se hâtant sur la mélopée des sommets ! « Homme, tu n'es pas à ta place. Ton rythme est inconnu : celui de la Terre massive est trop lent, mais celui des êtres, des petits êtres, est trop hâtif ». On est surpris quand on entend résonner les grelots des vaches ou les complaintes des bergers. Loin de troubler la solitude, ces musiques la font peser, tout à coup plus envahissante.

...LEUR PANORAMA DÉSOLÉ...

On s'aperçoit que l'on est au-dessus, ou très loin des terres humaines, que les plateaux sont dominés, les ravines inaperçues ; les premières hauteurs viles et bâtardes, les Causses encore déprimés. Les vallées, seules peuplées, ne montrent que leurs hautes pentes abruptes et nues ; on les croirait des abîmes déserts. Les lointains matinaux, dans la brume du soleil, paraissent des « frises d'air » pendues sur le vide. A l'horizon des sommets, par-dessus les espaces de moindre noblesse, le Lévezou royal s'adresse à ses pairs. N'aurait-il pas leur taille si d'anciens malheurs ne l'avaient voûté ?
En cette Thébaïde aggravée d'altitude,

> *En ce désert où, si loin que mon œil s'enfonce*
> *Je ne puis découvrir aucun humain frisson,*

montent de toutes parts le vent, le froid et la solitude. Devant l'étendue embrassée, mon esprit abusé s'étonne. Par la force de l'illusion, je dépeuple des lieues carrées. Je me vois, seul vivant, à leur pôle, ascète abandonné à Dieu, devant le seul exemple des Causses calcinés mirant en crudité la chaleur du soleil.

...SOMPTUEUX ET IMMENSE...

Mais la nature, comme la mystique, prouve que les extases s'ouvrent à qui sait renoncer aux commerces humains. Cette vision est une extase fascinante. Devant la riche immensité, devant ses nuances et ses éclats, je n'essaierai pas de décrire...

D'abord les contreforts du Lévezou ; les vallées amenant, pour transhumer leurs troupeaux d'arbres ; les penchants bocagers ; les mamelons citrins ; les plateaux tendus de vert. Le Causse Rouge vêt d'oripeaux gris jaunâtre sa peau de vieil Indien ; la route nationale le tatoue par endroits. Détaché des grands Causses, le Puech d'Ondon grince des dents, ennuyé d'être de faction. Les pentes sur le Tarn des tables calcaires dorment dans des effluves bleus : ce sont les fantômes, foules attendries, aux bords des montagnes, qui regardent les vivants dans les vallées. Sur les flancs des plateaux, se répondent à la même hauteur talus champêtres, pentes de vignes, versants abrupts de chênes verts, murs calcaires, rampes ultimes coupées soudain par le grand plan horizontal. Suivant le point de vue, domine, tantôt après les Causses, l'Aigoual, masse vert sombre, tantôt, au delà d'un pays mamelonné de terres grises, où, seul, le mont de Roquefort s'échancre en blanc parmi les ombres, tout le système des Cévennes, Marcoux, Escandorgue, Espinouze, Lacaune culminant en circonflexe, Saumaille découpant un chanfrein, Montagne Noire dentée, le « *pastel des horizons, bleuâtre, solennel* ».

Sur le versant adverse, c'est une céramique gondelée, pendant la cuisson, par un violent coup de feu : vert sombre, gris brun, jaune; le Sévéraguais, ou le Ségala, toujours le vrai Rouergue, s'abaissant de son chef lévezin... Voici le Lagast dont, parmi ses notes, Jacques Brunet évoque la « triple silhouette » de « claire et superbe bête accroupie ». Entre le point de fuite et le belvédère, la nature évolue avec continuité.

Que de fois j'ai contraint mes yeux à s'évader de l'horizon, mon esprit à fuir l'obsession des pensées qui chantaient aux lointains bleus, comme des sirènes. A quoi bon coucher des mots vagues baignés de brouillards ! Mais, surtout, ne pas détailler, ne pas préciser, ne pas semer de durs traits noirs des rêveries. Venez sur nos sommets, artistes, amants des lignes simples, venez, isolés ou par couples, jamais par colonies, vers la fin de l'été : voyez les matins sortir en grelottant des vagues ; notez les gammes des vapeurs nuancées par strates montantes, âmes des strates de la terre ; sous le soleil levant composez le charme changeant de la montagne avec le charme monotone de la mer.

> *Le poète a rêvé quelque soir en ces lieux*
> *Où les lignes s'en vont, partout, en ailes d'anges*
> *Simples et douces vers l'écroulement des cieux.*

Le poète a rêvé « *une ville imposante* », qui, devant sa raison, s'est écroulée. En écoutant des strophes sans idées, il a tremblé du « *frisson de l'énigme* », l'inspiration panthéiste l'a touché.

> *Une voix a parlé, c'est la voix d'harmonie...*

Plus tard, le prosateur précisera sa vision. « *Je détaillais l'horizon où se jouait l'oblique soleil parmi les accidents sans nombre. La montagne Noire barrait le fond devant les Pyrénées encore invisibles* » « *que l'on voit... les soirs d'hiver, lame de scie découpant ses pointes d'ombre dans la topaze des cieux...* » « *et, dans les cinquante lieues qui me séparaient de ces lointains dos d'ânes, s'échelonnaient les Causses aux tons d'amandes vertes, aux lueurs d'abricots vaporeux ombrés d'azur. Les parois verticales de la roche jurassique, abîmes éloignés, diffus, formaient au Larzac aride une ceinture vermeille.*

Des sources fuyaient à mes pieds, dans la montagne, gagnant la vallée profonde par des brèches au loin s'agrandissant vers le Tarn. »

Cette description, nuancée, ne s'est pas traduite en tableau. Entassement de lignes pressées, stratifications de teintes délicates, échelonnement indéfini de plans, trop nombreux, trop lointains au delà du premier trop monotone, ouverture immense d'au moins un demi horizon, absence complète de verticales ; un tel paysage est condamné au diorama.

...LEURS SITES MORNES...

Voulez-vous parcourir la montagne, pour ne pas la connaître seulement par des synthèses abstraites.

Les Phalanges couronnent de landes une verdure moutonneuse ; on monte par des bois taillis de pénétration difficile, en suivant des lits de torrents. Le rideau vert tombe, du bleu éclate. La lande prélude par des genêtières calcinées. Mon accès au faîte laisse sur sa gauche le Pal, ballon bistre, dont un tas de pierres cubiques, sans doute géodésiques, couronne le chef. Vers le Sud-Est se branchent des contreforts arides et gris. Du côté du Séveraguais fait ceinture un long chemin courbe qui chemine sous les bruyères. Des ponceaux qu'il emprunte, naissent des gorges bientôt épanouies. Par un col de terrains moroses il coupe le morne dos d'âne limitant le bassin du Viaur. Le berceau du torrent est à peine concave, bocager sillonné de routes.

Après la dépression surgit le Puech Monseigné. Je n'ai pas écrit le Mont Seigne, nom vulgaire mais erroné. Un dôme brun violâtre, marqué de taches jaunes. J'ai coupé des fougeraies frissonnantes, contourné des haies de genêts, des creux marécageux de combes où, parmi des cheveux de joncs brillaient des anémones. Me voici enfin au sommet, au châton d'une énorme bague de gros cailloux entassés.

Un plateau en ellipse, étoilé de vallées. Avec indépendance et orgueil d'altitude, le Monseigné s'isole du reste de la chaîne. Il est pourtant sa tête et assez haut casquée, image qu'autorise sa légende guerrière.

Dans un cirque déclive frissonnent des fougères. L'altitude du puech — 1133 — s'abaisse à un peu moins de mille. Un col vierge de route, sillonné de sentiers, incurve des champs maigres.

La ligne se relève, culmine à un piton appelé Pyr J. sur la carte. Pyr, se lit Pyramide. Les officiers d'état-major, d'après certain auteur primé, n'ont pas trouvé de « sommet dénommé » sur cette chaîne. Les topographes et l'écrivain se sont-ils bien documentés ?... Pyr J. est Puech de Gavalda ou — encore ! — Puech du Razal... On descend parmi des verdures du chef tonsuré, poudré de mica.

La route de Mauriac, la croix de Beudet. Trois directions se croisent, dont la ligne de faîte. Tableau complet. Une courbe concave coupe la bande grise entre deux genêtières. Un terrain calciné et nu remonte au Puech de la Gineste. Le Lévezou acquiert son aspect structural. *« Un plateau dont la moyenne altitude est de mille mètres, au centre du Rouergue, désert de bruyères fanées, d'ajoncs rudes et agressifs, de roches semées comme des crânes de géants »*... Superbe, casqué de rochers, Roquefernal belvédère. La ligne de faîte se hérisse comme un dos de basilic. Devant la plaine de Bouloc, des gneiss, en rang, au garde à vous, tendent leurs nez. Les bergers lévezins, pour compléter l'effet, ont bâti des « caselles », tas de pierres, colonnes, murs, niches sans toits. Une pointe de feuilles dépasse la crête: c'est le bois de Voltach collant sa plaque verte au versant Nord-Ouest. Celui-ci — un talus d'hippodrome géant — est le flanc d'une ancienne faille, d'où font saillie des dents de roc cisaillées par l'arrachement.

Au-dessous de la Poulsinière, la route de Millau longe des sapinières naines. Puis, la lande retrouvée, crevassée, coupée de rochers, gravit la côte des Falguières. Les deux gardiennes du passage ont même taille et même uniforme. La dernière en képi vert sombre d'officier des eaux et forêts : « *il ne connaît qu'un seul arbre, Monsieur l'Etat, un arbre qui n'a jamais poussé par là, le sapin... aussi robuste... qu'inutile et laid* ». Les rocs parmi les pointes vertes s'étonnent des ombrages, jalousent leurs frères ensoleillés sur la lande, éventés par les bouleaux familiers.

Le vrai Lévezou de Viala, ossuaire de Prométhée. Entre des pierres plantées de champ chemine un sentier jaune paille... Marche calfeutrée, horizontale. Le Mont de Lescure par des fougeraies et des genêtières glisse à un défilé routier.

Voici que les vallées tendent à converger, promettant des changements de décor: la ligne de partage des eaux vient de dévier. C'est plongée unanime des croupes vers le Tarn. Le Ségala fait d'abord faillite. Mais la montagne forte, sur la table inclinée, dresse son plus haut chef, le Monseigné excepté. Y commence un dernier segment, pareil à un scorpion courbé abattant pinces et dards vers le gouffre.

Sur le puech de la Vernhette, terre de sienne brûlée, une tour minuscule dans les rochers se donne un air de « burg » épiant la route... Désert faîtier, vaste moire rigide. Boutons de gneiss, crevés de terres grises.

Le puech de Ronsignac sur son crâne vieux rose dresse des cheveux de genêts. Les pentes sud durcissent des pâtes feuilletées de micaschistes... Col étroit, pauvre piste... Caselle de Candades : des sauriens minéraux s'effarouchent devant le vertige de la montagne.

A l'ouest, au delà d'une vallée sylvestre, un dos d'âne s'allonge, pareil au Lévezou... Celui-ci va mourir, toutes bruyères éteintes. Un décor de genêts, de gneiss plats. Funérailles. Les genèvriers chantent un « De Profundis »... Le faîte a décliné. Ci-gît la lande sous les herbes.

VISIONS ABSTRAITES...

Nous avons étudié les motifs isolés, ensuite combinés dans la réalité. Dans leur composition a paru le point faible: deux composantes manquaient.

Des trois dimensions de l'espace, dans la figuration la plus simple, le plan d'horizon en contient deux. Sauf en morne vue d'enfilade, le Lévezou est linéaire et d'une abstraite vacuité. A la ligne nette du faîte, il faut un normale nette. Nous l'avons trouvée seulement aux croisées de chemins ou de rigoles. Deux lignes y stabilisaient le plan horizontal, l'activaient en suggérant des idées de marche, de ruissellements. Sinon le seul effet est un effet de pesanteur, de strates déposées et de lacs. C'en est un, à coup sûr, des plus poignants. Mais il vaut mieux chercher une direction nouvelle, croiser comme des fers deux « segments » de forces, donner à l'œuvre d'art l'âme d'un champ de bataille, à l'artiste la gloire d'un arbitre. Le Lévezou est la rature d'une vieille main tremblotante. Dans le champ visuel il radie et il soustrait.

Si l'horizon contient deux directions, la troisième est la verticale. Sauf mouvements et forces, qui la dressent, l'activent, celle-ci ne peut que suggérer des chutes vers des inerties. Elle entraîne au vertige les pentes sur le Tarn. Elle stabilise en croupes tassées la région moyenne. Le Puech Monseigné lui-même n'évoque qu'une érection manquée, écrasée par les siècles. Les rochers ronds alourdissent. En gros, l'arbre n'existe pas.

Viala a souvent figuré la lande faîtière. L'horizon est fait de deux bosses entre lesquelles un chemin, un sentier ou une crevasse laisse fuir une bande claire. Un arbuste sec, une croix, un passant matérialisent un aplomb... Devant les décors les plus nus, l'artiste a dû: sur cette aquarelle, creuser le sol dans les bruyères, dresser des crêpés roses, enlever la nue dans un tourbillon ; sur cette eau-forte, mouler deux sinus contre le ciel, en faire ruisseler dans l'ombre

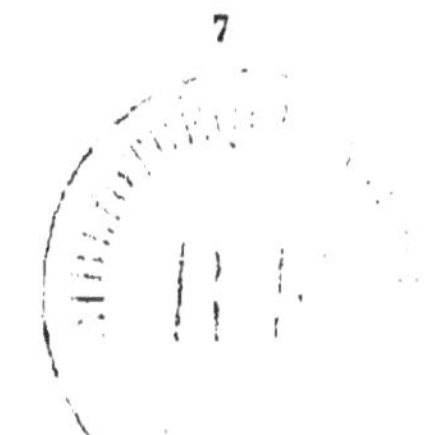

deux torrents de lumière, unir ceux-ci en un Pactole, élever un remblai comme une vague ardente jaillissant du sol concave, ériger enfin une croix très noire sur un ciel barbouillé, troué de blanc... Ces sites mornes et pensifs, faits pour lui plaire, il les a traduits à merveille dans leur forme et dans leur esprit, par la vigueur de la plastique, par la magie du clair-obscur.

D'autres fois, il s'est installé en vue de la chaîne lointaine, accompagnement en sourdine, à l'horizon. Lors le Lévezou est entré dans sa mission idéale. Il ne joint pas le ciel par des lieues perspectives fondues dans les brouillards, par des strates tassées, mais par un seul feston joliment moiré. Aussi peut-on le peindre en irisations douces. Sa polychromie rose, verte et mauve n'aime pas l'eau-forte qui la fait mourir sous un trait subtil. Elle se plaît dans l'aquarelle; l'art moderne l'agréerait. Les strates du couchant accentuent les sinus, nivèlent les festons d'une barre de feu. L'aurore les ombre sur fond nacarat. Comme une perle dans une vasque noire, la lune. Sur les vagues de granit, les astres se rappellent les océans primitifs, lagunes et golfes,

> *...amoncellements bleus,*
> *Promontoires, frangeant de pénombre azurée*
> *L'étincelante mer qu'est l'infini des cieux.*

Après les premiers plans — volumes réalistes — subtile transition avec l'espace vide. Ainsi, après l'action, la vie contemplative précédant l'au-delà. Sur l'âme d'un artiste, envoûtement de mort.

Que va-t-il nous rester de notre pélerinage sur la montagne, sans cesse rappelé par l'horizon ? Un souvenir paisible, à nous faire rêver ancienneté calme et éternité, ondes amorties, dômes surbaissés, effets de soleil couchant presque engloutis.

L'Héritage, eau-forte

...LES RAVINS...

Le Tarn heurte de biais la masse lévezine, s'y creuse un défilé.
Son affluent, la Muze, longe le versant sud-est, tandis qu'au pied
de l'autre naissent pour s'éloigner le Viaur et le Vioulou. Ces cours
d'eau ont ainsi, par rapport à la chaîne, des allures diverses, coupant, côtoyant, fuyant. Les deux premiers à la limite.

... DE LA MUZE...

La Muze, longue de six lieues, naît auprès du Bousquet, dans un
sol primitif. Le flot sinueux, dans divers terrains, laisse ses limons.
Des hauteurs de calcaires grisâtres, plantés de buis et de chênes
verts, le séparent d'abord du Lévezou, que limite la Muzelle. En
vue de Saint-Laurent, vieux sols, rouvres, blocs ronds. Puis de

vilaines pentes, labours rouges, prés secs, taillis épais sans masses. Dans cette région, la petite Muze rejoint sa sœur. Le ruisseau va courir dans un lit peu pierreux entre deux rangées d'aulnes... Des pentes raides, courtes par effet perspectif. Des visions sédimentaires de murs bas et de champs minces... Sous Saint-Beauzely, il ne faut pas voir les terrains montants, mais, étroitement, les prairies dressant des peupliers et, sous les pommiers, cachant des fruits rouges dans les hautes herbes. Les pentes au soleil accueillent les raisins...

La Muze contourne ensuite l'éperon de Rouviaguet, d'où s'isole, empâté, le « plateau de Lévèze ». On y accède des régions hautes par une isthme grèseuse de moins de dix mètres de large, d'où dévalent deux pentes raides jusqu'aux fonds de vallées sylvestres, aux panoramas délicieux. La table sèche, grise et rougeâtre, recouvre de pierrailles sa terre d'ocre granulée. L'hellébore fétide et le chardon y poussent. Ça et là, un chêne plane. Ce terrain, qui rappelle les plus ingrats des Causses, a transformé son nom, pour en composer un à la chaîne gneissique. Des falaises encorbellées de calcaires à facettes forment un hideux râtelier au-dessus des pentes croulantes, que les broussailles, ségalaises et caussenardes, essayent en vain de retenir. D'un saillant du plateau, on voit le val monter au signal de Salzac, parmi des croupes. Des crânes d'un gris de limon, d'énormes têtes de massues hérissées de rochers aigus. Au Sud-Est de l'empâtement, cachant sous des châtaigneraies son cours à rochers et cascades, le Trinqual descend à la Muse. Castelnau domine les gorges au haut de longues pentes raides. Le ruisseau, très creux, dans les gneiss, fuit les roches hétéroclytes.

Sur Montjaux, un piton grisâtre termine un chaînon ondé. Terrains de schistes jaunâtres, aux bosquets nains, aux teintes glauques de gazons ras, clairsemés; strates noirâtres; calcaires formant des falaises détaillées en de petits cubes. Voici les buis, les thyms, les chênes verts calcicoles. Sous ces paysages disparates, la Muze

a gagné un vallon ouvert largement sur le Tarn. Cours d'eau humble,
mais important. Fin des « schistes », d'après Monteil, et début des
terres calcaires. « Limite des pays septentrionaux et des pays méri-
dionaux. Le Languedoc paraît s'avancer » jusqu'à lui.

... DU TARN...

Le Tarn, après Millau, s'encaisse entre des pentes grises, sèches
et parfumées; de la Muze au ruisseau d'Ayssènhes le Lévezou,
quoique vêtu de calcaire et de granits, plonge lui-même dans le cours
d'eau.

En face de Saint-Rome, la rivière contourne un saillant. Celui-ci
descend par des strates mornes, signalées d'abord par les seules
teintes des végétations. Puis un mur naturel. Des pentes grises.
Une falaise. Suivant ses retraits ou saillies, on a l'illusion de corbeaux gothiques, de corniches au profil classique. Le dernier
talus se coupe de murs soutenant des vignes, entre lesquelles, par
des escaliers, descendent des foules d'arbustes, comme dans une
arène des spectateurs.

Le décor se compartimente suivant le sens horizontal. On pense
à des carrières, à des bouts de guirlandes de papier étirées, à des
côtes réglant un thorax desséché. A quoi bon tenter un croquis sur
ce parallélisme gris ?

...DANS LE GRANIT...

Après le ruisseau du Minier, les hauteurs se sont couronnées de
villages et de chapelles. Malgré les pampres qui persistent, la
courbure des lignes souples, la coupe des prés en losanges annoncent
le mont bocager. Le Viala rougit ses toits. Sur son « tondut » une
vierge stylite paraît une aiguille fine où s'enfile son socle, une
perle. A l'ouest, sur un plateau vert, s'isole, à l'italienne, la cha-

pelle de Saint-Etienne, jolie sous son clocher pointu. Entre l'oratoire et le bourg se creuse un cirque où des torrents convergent au milieu des bois et se jettent dans la rivière entre le seuil de Méjanès et l'âpre ravine des Raspes. Dans ces gorges fut mis à nu le granite fondamental de l'ancien massif ségalais.

En amont, nous avions, plongeant dans le cours d'eau, des strates inclinées, imbriquées. Près de la Nauq, le sol change. Le Tarn, qui était vert, un « *Tarn d'émeraude* », devient bleu, bleu céruléen, bleu d'aile de criquet. Le rivage, en pente très douce, s'enchâsse d'abord d'un rocher, puis d'une falaise. Partant de la rivière, commence un pan abrupt, rocailleux et inculte, dont le sommet s'élève, tant que les hauts terrains deviennent invisibles. Le pélerin des gorges se voit dans un abîme.

Je fais face à la rive droite. Devant moi, la roche se sculpte. Des pentes de gros prismes cassés irréguliers, des coulées d'humus maigre portant des buissons et des petits chênes. Des murs cyclopéens extravagants, des piles de boîtes près de s'écrouler. Les blocs crèvent leur masque vert, dénudent leur peau bigarrée. Ce granit a l'arête aigue. Le décor est à angles, à peine dégagé du chaos minéral, de la fusion première qui forma les cristaux.

Dans le Tarn, rocs barbus comme d'anciens rois perses. L'eau les heurte en remous, les polit. De grosses masses cubiques et des cailloux plats forment la bordure de la rive gauche. Penché sur les pierres dont des pluies récentes parfont l'éclat, j'en note les teintes. Ce sont des chairs roses de statues d'Egypte; des remous figés faisant onduler dans des rubans blancs des soutaches noires; des cuirs chevelus fortement grossis montrant sous les poils rares l'épiderme chauve; des masses grisâtres enrobant des chairs; des vases de marais pleines d'animalcules; des nappes stagnantes crevées de bulles d'air.

Regarder les Raspes prises d'enfilade, tous détails omis. Leur nom entendu, vous vous figurez comme suggestion, celle de deux râpes formant une gouttière en V. Pointu négatif; la « chausse » héraldique; pointu raboteux… On voit fuir le cours d'eau dans une perspective à peine vraisemblable : verticale d'argent à renflements rythmiques. Vêtu de tons gris squelettique, formant des pieds d'autruche, des piliers prismatiques, le roc plonge dans l'eau. Des masses ruiniformes, debout, processionnelles sur les lignes de pente. Gros tétraèdres détachés, puis fixés dans leur roulement. Grâce aux végétations naines, la palette est riche de tons lévezins, de rouilles, de roses épars dans les verts. Au fond du décor, c'est comme un cirque bouchant la vue, quadrillé de routes tortes et d'allées.

En amont de Millau, le Tarn avait connu des gorges plus fameuses. Mais c'étaient des calcaires accueillants au soleil, aux peintres de lumières. Déjà le Midi… Ici le ton est sombre. De longues « contorsions » dans les granits, « les schistes », les gneiss vêtus d'herbes courtes, de bruyères, de fougères. Rien n'est plus saisissant, simplement symbolique que la forme du site : une auge gigantesque, à parois raboteuses, à base resserrée. Une bière où le corps serait, faute d'assiette, coïncé et retourné, écorché. Le profil d'une flèche fuyant vers le centre terrestre, où Dante a figé Satan. Indication de sens d'origine physique : le Tarn s'est d'abord creusé sa rigole en U, que les eaux affluentes ont évasée en V, par érosion lente, sans éboulement. C'est un pareil néant qui appelait à lui les lignes descendantes de la fin de la chaîne. Non la mort qui renonce, celle qui tue… Au lieu du cloître, le suicide…

… DU VIAUR…

Loin des ravins limitrophes, le vrai pays de Viala possède des gorges formidables, hérissées de rochers ; des torrents sauvages, par bonheur inutilisés, dont les noms sonores rappellent les bruits des eaux roulant sur des cailloux.

Le Viaur suit d'abord le pied des Palanges et, du Pal au

Pont de Salars, ondoie autour d'un parallèle comme un serpent de caducée; il continue en ligne droite dans la direction du Sud-Ouest, jusqu'à son confluent avec le Vioulou.

Dans les landes de la Tausque, « une source chante dans l'herte, écrit Brunet en ses mémoires, nous saluons le Viaur naissant. Bientôt, accru de nombreux suintements, il murmure dans un étroit vallon parmi des pentes de bruyères » parfois ombragées de beaux chênes jusqu'aux bocages de la Clau. Là, non loin de Vezins, la vallée est très verte et s'étale bientôt autour de confluents. A Ségur, « la rivière coule dans les prairies... et ses eaux limpides... présentent une surface immobile comme celle d'un lac ». Sur un fond de vallée de plus en plus sinueux et escarpé, le torrent gagne Pont-de-Salars.

...PARMI DES ROCHES ANCIENNES...

En aval de ce bourg, les ravines se creusent dans des micaschistes, pierres feuilletées, friables, où, entre des membranes de micas blancs, gris, verts ou dorés, le quartz forme des couches ou des lentilles. Sur un bloc cassé par la pioche, j'ai noté des veines métalliques, rouillées et platinées, des paillettes scintillant sur les lits, des teintes superbes, mais décomposées de poissons dorés dans le sel. On utiliserait ces lames, si leur grain pouvait s'affiner, comme revêtements de boudoirs et de salles de bains. Elles ont un éclat soyeux d'un blanc vague, tendant au beige, comme des étoffes lamées pour robes précieuses et souliers de bal. On en couvre les toits où elles pourrissent.

J'en ai trouvé un peu partout, riches de taches et minables, faux minerais d'argent, oripeaux somptueux, sur les chemins où elles sèment des reflets vitreux, à la cime tonsurée d'un crâne chevelu de brandes. Mais elles dominent dans les ravins, y déchiquetant des masses aigues, près des gneiss inertes.

Des actions sismiques ont déchiré les vallées, crevé le sol, bouleversé les rocs. Après l'ère secondaire, qui avait vu l'ancienne rivière divaguer dans une pénéplaine, une pression venue de l'Est a dû disloquer l'ancien massif, relever le niveau des sources, accroître le « potentiel » de l'eau, donner lieu aux ravines actuelles. Le torrent n'a pas pu abattre tous les obstacles: il se tord dans un lit encombré, flot rageur ou contraint à un calme factice.

... BOIS ET PRAIRIES,...

Au-dessous de Pont-de-Salars, le Viaur n'est qu'un ruisseau limpide. En face de pentes agrestes qui s'égayent sur la rive gauche, le bordent des prés verts et plats. Des cailloux posés sur le fond du lit, motifs de remous, troublent les images des églantiers et des chênes. Mais le cours d'eau va s'encaisser. La rive gauche restera la plus âpre et la plus mordue, la plus sylvestre jusqu'au Vioulou.

En face d'une muraille verte qui exagère la pente, notre bord, plus amène, se parsème d'arbres. Sous les bois, de grands chardons roses surveillent une genètière. L'automne inquiète les frondaisons. Je rêve clairières, sentiers d'élégies.

Sur un golfe de prés ouvert dans la falaise des arbres, un essaim de mouettes — que dis-je, de fougères — va s'envoler; leurs sœurs, fauchées, l'aile blessée, gisent plus loin. Des genêts verts se serrent d'angoisse : ces squelettes vêtus « de noir » leur ressemblent comme des frères.

Sur des rocs informes, gris, tachés de jaune, le Viaur se gondole; il moire son vert brun mobile. Un chêne moussu, tortueux, a fait le vide sous son ombre : ses clients gardent les distances...

Les pentes se cachent dans un vert fouillis. Se voûte un berceau ajouré de feuilles sur des strates d'argent et des rochers roses. La pensée, très calme, du tympan roman, recule en son rêve, loin sur les eaux. Sous la plénitude religieuse du cintre, repose une nuance verte. Comme l'oreille, l'œil perçoit la berceuse.

... ROCHERS ET BOIS,...

L'eau, barrée de gros blocs, écume. Le ruisseau s'enfonce dans des gorges de pierres et d'arbres. Un flot rapide se verse par des becs d'aiguières dans des coupes de gneiss. L'humidité est lourde, stagnante dans le creux. Les troncs y pourrissent. L'eau jaunâtre, cave, tord ses spiroïdes de feuilles séchées.

Le charme de l'abîme s'ajoute à celui des bois. Léger vertige. Ici dort une feuille, là-bas, une autre vogue. Chacune envie sa sœur, la dormeuse s'embarque, la voyageuse aborde et c'est là, capricieuse, l'âme du paysage.

Voici le ruisseau de Trapes. Entre des gneiss amoncelés où se sont accrochés des arbres, accourt une eau fantasque, à cascalettes. Sur une nappe d'un noir d'encre, on voit, par dessous, voguer des bulles d'air. Une gerbe de rocs jaillit au cœur du confluent.

A l'abri de blocs en chicane, une baie se remplit de sable, accueille les roseaux apeurés. De l'eau croupit dans des marmites torrentielles. Parmi les minéraux, des troncs couchés simulent des squelettes. Une falaise tiraillée, striée de rides, porte une croix de Saint-André.

J'ai dû quitter la rive. Parmi des noisetiers, un écureuil s'apeure. La roche érige des dominos géants, des dents de brobdingnaquois. Des traverses de pierre hérissées descendent çà et là les pentes.

... ROMANTIQUES...

Au delà de Saint-Georges, par un chemin en S, dallé, j'ai rejoint la vallée. Entre deux vals affluents, une croupe se tord comme un dos d'énorme varan. Bénie par la croix du vieux pont gothique, l'eau se calme au milieu des roseaux, pour épouser un gent ruisselet. Elle s'enfuit avec colère dans une tranchée de rochers.. Là-haut, vers l'église, montent en file indienne les têtes couleuvrines des rochers familiers...

Dans des ravines sinueuses, le torrent rejoint Camboulas. Il encercle d'abord un cap, fait de strates bouleversées, hanté des ruines d'un castel; le tout dans un décor romantique de landes, de prairies, de chênes. Une passerelle a utilisé les débris d'un pont, dont le successeur, construit en aval, paraît, de loin, un croissant blanc, les cornes en bas, lunaire et chinois, sur un fond sombre...

Après le village, le Viaur se fait accompagner sur sa rive gauche par un sentier herbu, semé de rochers, longé par un mur. Sur l'autre bord, des pentes de brandes rebroussent leurs écailles schisteuses. Dans des champs moins stériles, les dents de roc proclament encore, d'une voix anguleuse, la dureté du sol. De fins taillis de hêtres éclairent leurs colonnettes, font moutonner leurs toits.

La ligne simple historie l'initiale du Viaur, aux branches ombrées de vert; la pointe émoussée, effacée, se comble du chevauchement des petits points d'orgue que font les rochers.

Le chemin quitte le ruisseau; une langue plate, au bas de taillis, pousse un champ de genêts jusqu'au Vioulou, puis un banc de sable broussailleux.

Nous dirons adieu à la « voie d'or » fictive, avec l'espoir de la retrouver, en miniature, sur le « Viaurou ».

... DU VIOULOU,...

Nous remonterons des « ravins » jusqu'au pied des « sommets », par la zone des plateaux. Suivons un moment le fil du courant. Le ruisseau naît près de Bouloc, file au Nord, rencontre la Doulce, tourne, se glisse entre deux croupes, dans un vert bassin recueille le Connes, chemine en des gorges et, sous Trémouilles, se jette dans le Viaur.

Avant sa mort, le tributaire veut-il égaler son chef ? Il n'a qu'un kilomètre à vivre quand il se creuse les ravins les plus âpres de nos parages. « Une gorge étroite, profonde, dont les flancs abrupts sont revêtus d'énormes blocs de granit... Un grand nombre de ces blocs, arrachés de leur base, ont roulé au fond du précipice et s'y sont confusément entassés... A travers ce pêle-mêle de masses informes... le torrent s'ouvre un passage, se précipite de rocher en rocher, marquant chaque chute par un gouffre que les eaux ont creusé dans le roc inférieur. Quand on a le courage de pénétrer dans cet abîme, tout y rappelle l'image du chaos... »

A gauche, une banquette de rochers aux mousses humides ; des blocs inclinés où lichens blanchâtres et dartres vert sombre laissent voir le minéral gris. En monte un bouquet d'arbustes subtils. A droite, un nez de pierre pointe brun verdâtre, taché de rouge. D'un hêtre au feuillage assombri, quelques ramilles détachées font sur l'eau palpiter des limbes. Entre des masses d'ombre qu'ont fixées les rochers, la lumière s'évase. Un flux smaragdin encore lent, croule dans un remous à reflets d'outre-mer. Une clarté nuancée dort sous deux falaises colorées de rose, ombrées de violet, ridées de bistre. Des rameaux, tendres de jeunesse, voltigent sur l'azur. Creusant les premiers plans robustes, panneaux denses de velours sombre, le lointain se devine, étrangement profond et clair derrière les branches du hêtre, symphonie satinée bleue et rose.

La description de de Barrau et l'aquarelle de Viala m'incitaient à gagner les gorges du Rouquet.

Mourant en gaieté, le Vioulou murmure sur des cailloux, après avoir peigné des algues. Un lac d'un vert brun inquiétant. A une rive broussailleuse succèdent des pentes boisées, d'abord topographiquement hachurées d'abattis d'arbustes. Le chemin pénètre sous un taillis frais, aux troncs émaciés, aux parterres humides de feuilles roses, de sable roux. Des morceaux de bois vétustes, chevelus de lichens vert-pâle.

Le bosquet s'achève. Dans un bas-fond vert, une ruine, martinet défunt, aux orbites caves. Un peuple de fougères, serré en amphithéâtre, se lamente sur son sort. Une passerelle rustique, faite de planches et de troncs d'arbres, portant sur deux tas de gros cailloux ronds, me permet d'accéder à la rive gauche: régions bocagères et châtaigneraies, cadres idylliques des « Pagès ».

... CHAOS...

Une cascade bruit; parmi des dents de gneiss, des nappes d'eau défendent leur calme éphémère. J'ai eu raison, malgré les principes, de voir le ruisseau en le remontant. Je vais au-devant des féeries de chutes et non des défaillements de nappes. Toutes morts oubliées, m'accueillent des beautés de l'au delà, des fantaisies de gouttes, des filets torsadés, des buées lumineuses, des reflets d'arc-en-ciel, des paradis mystiques... Sur un lit de pierres, évitant les vasques, les chausses, embûches des carreaux serrés... Me voici au centre de trois flux superbes; dans l'intuition d'une majesté de matière brute, je maudis l'arbuste qui restreint le site...

Un îlot sans doute. De l'onde partout. Parmi les rochers, le ruisseau bifurque. L'îlot parcouru va s'y enchâsser. Sur des tapis de feuilles roses s'érigent des prêles, arbres de Noël aux coléoptères. La plante est touffue; l'humidité, dans ce décor sombre, fait chercher un plafond de grotte. Icy je recule: entre de gros gneiss, hirsutes de mousse, un creux de rocher digère une eau brune rêvant de crapauds.

Des chutes en gradins déversent. Un lac profond, sans couleur, reflète, au milieu des feuillages, des arêtes de roc d'aplomb. La pierre autochtone barre le Vioulou de boudins romans, parfois torsadés, énormes. Un large dos de main descend jusqu'à l'eau, se coïnce en l'équerre au bas de l'aplomb. Les bouts des doigts s'écrasent sous des masses roulées. Le flot, qui les a léchés, s'approfondit aux creux de leurs intervalles, profite de leurs maigreurs pour les franchir. Une vraie torture de Titan, *un de ces supplices infernaux rêvés par Dante.*

Il me faut accueillir le chaos dans ma phrase, chaos de falaises, traverses, couloirs, cascalettes, étangs, tranchées, rapides, golfes et promontoires. Cela s'élargit jusqu'à trente mètres, s'élève à cinquante. Concevez la trombe envahissant la gorge, arrachant les blocs. Ceux-ci vous écrasent, le flot vous étouffe.

Comme unique passage, deux rochers m'ont offert une ogive étroite à l'issue de laquelle des branches de hêtres croisaient des meneaux. Un trou sans fond visible, un rapide fougueux et étranglé. J'arrive devant un bassin, sur lequel tombe une falaise. Seule direction suggérée : celle d'un plongeon dans l'eau claire... Avant de rebrousser chemin, j'ai noté la silhouette scalaire d'un haut pan de gneiss. Premier plan de décor wagnérien, à fond minéral, heurté et fantasquement riche. Les arbres disparus, c'est l'empire de la pierre. Des murs en talus, d'aplomb ; d'énormes gradins, des masses roulées, des ponts naturels, des éboulis.

Pour voir ce spectacle, j'ai dû me frayer un chemin dans les houx.

Mais il a fallu remonter. Voici, à mi-pente, des tranches de roche, s'abattant dans les gorges, piédestaux fantastiques de colosses de Memnon en ligne. Tels de gros yeux de « trèves », des « marmites » pleines d'eau regardent sur un crâne aux machoires broyées. Entre deux nappes vertes crevées de bulles, le torrent ruisselle. La hauteur surplombant, la profondeur béante ; double vertige... Un glacis m'arrête à ce point de vue : je dis adieu au chaos où Pluton voit à nu le soleil.

Site minéral anguleux ou rond. Le profil des Raspes, mais sans les détails suggérant ce nom. Plus de complexités dans les lignes, plus de ressources d'art. La couleur est rare. Eau-forte. Une eau-forte de Viala se grave en ma tête.

La joie des pierres. — Elles sont heureuses les pierres ! — Quoi ! le bonheur des pierres, de ces choses sans vie ! Sans vie ? Qu'en savons-nous ? Connaissons-nous l'âme des pierres ?... Elles sont heureuses d'être solides, d'être compactes, d'être stables, d'être. Dans ce décor brut où l'artiste a honni la présence du végétal, elles ont la joie d'admettre des jeux d'ombres et de lumière, de coqueter avec le soleil... Toutes : les pierres lointaines, hautes et d'aplomb, à pans coupés et à gradins, contreforts d'églises romanes ; et ces autres, croupes énormes, blocs cyclopéens entassés ; et les petites pierres éparpillées dans l'eau... Le torrent qui a ruisselé, sous les rochers, sur les rochers, minéral comme eux, entre dans leur joie, joie d'exister et de tirer leur substance du Dieu-Nature, joie esthétique et misanthrope. A ce double titre, Viala l'a perçue...

Un renouveau de mousses, de chênes et de houx. Les rocs me suggèrent pour les hauts degrés des rampes énormes dont la boule serait en haut. Sur l'autre rive, des piles de schistes montrent leurs lits verticaux. Le Vioulou s'argente au fond de l'abîme, dans des verdures ; les bois avec les falaises s'abaissent vers l'eau.

...MOULINES...

Dans le vallon humanisé ; très loin, une ruine. C'est le moulin bas de Sarlit, abandonné. Le Vioulou fera désormais alterner les défilés dans la verdure et les rares passages où l'enjambera un pont sous les huis d'une mouline. Ici le bois de Serre, jugé impénétrable, est un chaos de rocs, de broussailles et d'arbres. Des masses de gneiss s'abattent dans le torrent ou surplombent les pentes comme des menaces d'éboulement. Parfois l'abîme s'enroule sur lui-même : on se croirait au fond d'un puits. D'énormes dalles se chevauchent ; les entonnoirs d'ombre s'ouvrent, huis d'antres humides, bizarrement voûtés, pavoisés de fougères, parfois ouverts sur des nappes glauques par des sortes de soupiraux. Dans le lit du torrent se sculpte le roc fondamental, comme des linges plissés et pétrifiés... Paysages de cataclysmes pour le géologue et pour le poète. L'eau entre dans les desseins farouches de la pierre. Des marmites rousses regardent encore le zénith; une torsade argentée se tresse entre deux doigts de pierre ; un énorme miroir ovale enchassé dans un cadre scellé mire une chevelure lointaine de bouleau pleureur. Car les arbres dévalent les pentes, plongent dans l'eau ; se penchent du haut d'une cathèdre et font de grands gestes prédicants. Une palette verte et mordorée a joué sur ces décors.

L'actuel moulin de Sarlit montre, au-dessus de chênes, ses toits grisâtres, pareils au gneiss qui surplombe, presque vertical, taché de bruyères. Un pont pittoresque complète.

Calat s'appelle Souleillo catch. Vive le vocable patois : c'est ici la terre promise aux matous cherchant le soleil. Le moulin est neuf: quel dommage ! Le pont sous un aulne et un cèdre arrondit arches et avant bec.

« Parolou » : pare à loups. La roche y a des orgueils d'effigies césariennes. Un ponceau ancien se ploie en dos d'âne sur une seule arche quasi-mauresque. Ajoutez des arbres, des prés, des masses énormes gisant dans l'eau vive et vous comprendrez pourquoi notre artiste aimait peindre, graver, et chanter « *le grand pont ogival, boiteux, immense, clair sur un fond de rouille et d'or, sur les deux rives posant gauchement ses pieds informes. Pauvre vieux pont étroit, haut, cyclopéen ; porte mystique de la forêt, cadre de pierre ensoleillé sous lequel on voit fuir l'eau verte dans l'ombre intense de la futaie, arche vieille de sept siècles, témoin des âges disparus dont la tragique difformité vient attester parmi les temps nouveaux la souffrance de la race...* » Et après celà il y a l'inextricable bois de Serre « *qui chante, qui pense, qui respire ; il y a des échos étranges qui veulent être interrogés, il y a des pierres énormes venant on ne sait d'où et qui demandent à changer de place sous* » la « *poussée brutale* » du flot » ; « *il y a de grands arbres morts, tombés des côtes chenues qui veulent être emportées au loin. La rivière calme doit devenir le torrent impétueux et telle elle devient aussitôt qu'elle a passé sous la grande ogive ancienne, sous le dais de granit que lui ont bâti les hommes...* »

Ce sont là d'humbles coins frais où passe au fil de l'onde l'âme de la nature, sur la sente, celle de l'homme, mais combien plus pauvre et plus rare. J'en garde un souvenir poétique et vague. Hélas ! viendra un jour où l'étroite vallée dormira sous une eau profonde, laquelle mourra dans un bruit de chutes, de dynamos et de clameurs prolétariennes.

...PRAIRIES...

Nous remonterons un joli vallon ombragé de rouvres, de mérisiers roses. Le Rieutord y afflue. Je note un décor aux teintes d'automne — par ce jour d'été ! — Les coupes des hêtres volent aux fougères leurs rouilles et ors...

Au pied du Charrousès un val assez étroit ; sur des pentes rousses grimpent des genêts et des genêvriers. De grands chênes riverains semblent se raidir contre l'élégie des choses... Monotonie charmante; errements sans but. C'est le ruisseau classique où l'on va, par les beaux soirs, pêcher des écrevisses. Mais, pourvu qu'on soit peintre, on remarque le motif que constituent un ou deux arbres, une nappe d'eau claire, une coupure à vif chevelue d'herbe et de racines.

Dans la plaine lacustre de Boulouys le cours d'eau divaguant n'admet que l'arbrisseau. Ne pas noter le lit d'arène ou de gravier, les golfes apaisés où rament les « cordonniers »... Un peu avant les quinze ponts qu'emprunte la route des Salles s'envase le confluent du Connes, languide parmi les roseaux. Le Vioulou va errer dans de vagues terrains à espèces stériles où des vesses de loup poudrent de brun les souliers.

Deux coteaux verts font ombre aux eaux et les étreignent. Dans un vallon creux, de nouveau scandé de moulines... Un barrage chantant, barbu de mousses, annonce une onde calme qui plus loin mirera, entre un pré et des arbres, une terrasse de rochers. L'esprit mis en gaieté par ce coin charmant, je trouve de la douceur à tout pas que je fais, tant le ciel perlé est calme, la lumière discrète, harmonieux le torrent en veine de sagesse. De rive convexe en rive convexe, traversant les eaux, je suis mon chemin, et « *les arbres du bord, grandes et vertes dames* » me regardent passer. Parfois, une échappée sur des crêtes séchées. Alternent monotement des bassins tranquilles colonisés par des feuilles flottantes, des barrages où chantent des bruits de robinets, des ruisselets rapides, des blocs chauves.

J'arrive à Trebons, ancien moulin à huile. Passerelle ruinée, masures lézardées, portes déclouées, murs croulants, tas informes de pierres grises, dans le paysage le plus vert, troncs d'arbres, potagers, planches et poules.

Le moulin de la Resse — le mot veut dire scie — est blotti dans les arbres parmi des filets d'eau ; il s'est doucement posé au creux de bocages intimes. Sa présence, invisible sous les feuillages, se trahit par un apaisement ombreux.

Après des genêts, une rampe étroite. Un décor fantasque : village de rochers. S'élevant de la rive sur des pentes rouillées, ceux-ci font un dédale de falaises basses, de lentilles, de meules, de grenouilles accroupies. La gorge est peu profonde, l'impression est aux masses.

« *Des chênes, des genêts, des labours, s'écroulent sur les deux rives* ». Non loin du moulin de Mathieu, un beau hêtre garde le val. Le pont moderne est aussi laid qu'il convient à un pont moderne bien dessiné et bien construit. Une petite passerelle dispose sur des tas de pierres des demi-troncs d'arbre sur l'eau, des dalles au-dessus des terres. Sur la rive droite, la route sépare des pentes landeuses une déclivité de rocs gris et mamelus ombrés de châtaigniers. Sur l'autre, le moulin penche ses toits orange sous des gneiss pareils à d'énormes mottes de glaise sabrées. Une masse dense de chênes s'évapore en fumées vert clair dans des frondaisons de bouleaux. Le fond est mauve de fougères...

Après le moulin de Faral, dans des régions de tourbières, notre ruisseau reçoit la Douce. (Dhuis signifie source abondante). On va longer la base du Lévezou. Le lit se tord entre des pentes rosâtres, dans des terres rouges, aux labours colorés comme les landes. Le sous-sol des prairies est sillonné de galeries souterraines où l'on entend chanter l'eau par des trous percés dans la voûte. Sur les pentes de la montagne des bandes de mousse murmurent. Dans les environs de Bouloc, au pieds de bois, au creux de combes, le Vioulou multiplie ses sources.

...SITES TRAGIQUES...

On a quitté la face du sol pénétrant le ciel pour celle qui cherche le centre de la terre. L'une paraissait devoir dresser l'âme dans la liberté, l'orgueil, l'enthousiasme, l'autre la déprimer, esclave et écrasée. Le faîte cependant s'est vu nivelé en cîmes aplaties, séniles, résignées à la mort passive. Les ravins, creusés vifs et jeunes.

tournent de suite contre nous l'âpre énergie de leur forme. Leur profil celui d'un silo, et leur sens, celui de la chute. Les rochers s'y souviennent de leurs éboulements dans le lit du torrent et des arrachements des pierres épousées depuis le seuil des âges. Leurs eaux, quand elles courent, évoquent des fuites décadentes, quand elles stagnent dans les vasques, la noyade du ciel qui, miré, les approfondit. Le fracas du gouffre est aussi misanthrope que le silence du sommet. Le soleil est trop haut, l'air trop dense et humide. Le jour raccourci. On se rappelle qu'on est au-dessous du niveau des tombes dans les cimetières des villages hauts.

Les paysages des gorges prennent facilement un visage de rêve. Dans l'œuvre de Viala, ils creusent âprement les premiers plans de maints tryptiques. Le pays sort de leur néant dans un vouloir vivre farouche et par le vent des plateaux aère l'angoisse emportée des tranchées torrentielles.

Celles-ci jouent encore leur rôle dans les eaux-fortes symboliques, rôles allégoriques des Néants laborieux, du Destin, de la Solitude, du choryphée des menaces cosmiques. Les ravins y sont promus Dieux, Dieux sombres d'enfers paniques...

Le Grand Chêne, eau-forte

... LES PLATEAUX...

Si sur son versant Nord-Ouest la montagne descend, abrupte, jusqu'à son socle, si, à quelques lieues de là, le haut pays plonge soudain dans les ravines, entre ces deux zones extrêmes, s'étend la région vaste des plateaux.

Pour le géographe, un relief en creux : les « lignes de faîte », axes de terrains plats, mollement convexes, celles de « thalweg » axes de brêches au profil aigu. Je pense à une planche de cuivre burinée.

Le Lévezou, chaîne très simple, en ligne droite. De son milieu les hauteurs de Curan se glissent entre le Connes et le Vioulou. Entre celui-ci et le Tarn, s'incurvent et se ramifient jusqu'à rejoindre le Lagast, les landes de Saint-Jean-le-Froid. Issu du chaînon de Guiral et du Monseigné, un plateau archéen s'allonge entre le Vioulou et le Viaur. Le Ségala du Viaur prolonge, à partir de Pont-de-Salars, les monts de la Tausque et les Palangues.

Le Ségala, terre à seigle, terre siliceuse, épanouissement du Lévezou, descend du Rouergue jusqu'aux portes d'Albi, rectangle cerné de failles entre l'Aveyron et le Tarn.

La région de Salles en est la partie la plus excessive. Le sol plus élevé, l'isolement plus grand et le climat plus rude ont mieux défendu contre l'homme le sol et même l'autochtone. Plus à l'ouest, sont les paysages voués au romans pastoraux. Le haut Ségala lèvezin appartient à l'épopée. Viala, seul, le domine.

Sur tous les chaînons, la lande couronne ; mais le bois s'incline ; la prairie s'incurve. De la variété. L'unité plus forte : des lignes semblables sous un ciel pareil

...AUX FORMES APAISANTES...

Le sol est ici la première constante. On a déjà vu comment fut sculpté ce pays ancien. Des roches lentement usées, arrondies aux lignes de faîte ; des « masses solides » aux « traits vigoureux » dans les gorges creuses.

La croupe en son calme profil. Sa ligne molle mais robuste. Le versant ondule dans le même esprit. Une vallée haute s'y creuse, une « dépression évasée » entamant à peine la terre, comme une vasque inclinée d'où l'eau s'échappe, une fleur panachée qui penche. Souvent c'est presque un bout du monde: les pentes d'aval se resserrent, les pentes d'amont s'évasent, portant l'horizon à la houle attristée du faîte. On est au cœur du mont solitaire dans le concave inquiétant. Un chemin, un étang, la suggestion se fait poignante.

Du col à la gorge, la ligne convexe s'infléchit, se creuse, s'enfonce, se casse. Des hautes vallées y avoisinantes, des sillons pareils courent au premier et le confluent marie les vallons, les dos d'âne étant témoins. Je viens de rôder les landes : voici que, devant moi, convergent des croupes rosâtres. Au foyer de lignes rayonnantes, brille un petit point chantant ; un coude de ruisseau offre une halte de fraîcheur. Les êtres ascétiques dont les sommets mauves sont les thébaïdes, sur un rythme très lent, descendent au rendez-vous. Le tableau évoque un mariage de jeunes eaux claires devant un cercle grave de bénisseurs.

Croupes et vallées, éléments banals, permettent des combinaisons innombrables, surtout si la perspective joue. Col, bassin déclive, cuvette lacustre, pentes, confluents, tout cela changeant suivant les profils, plans ou points de vue. Il ne s'agit plus d'une simple ligne, trop haute ou trop basse pour être sociable, mais d'une surface qui constitue une société de lignes.

Cette surface, pour la joie du peintre, s'éloigne aussi bien du plan monotone que des reliefs chaotiques. Je me méfierais, si j'étais artiste, plus que la Beauce, des vallées alpestres. J'aurais peur de pasticher la carte postale en couleur, l'affiche de gare. Amant de la beauté beaudelairienne, « je hais le mouvement qui déplace les lignes ».

René Ménard dans son « Cervin » pour ne pas dresser une « chappe », l'a ouatée de verre filé. La verticale s'il vous plaît ? Le haut, le bas, s'il y en a ?... L'horizontale ? Où est l'équilibre ?

Le Lévezou mamelonné déplaît au touriste vulgaire, agrée au véritable artiste. Il se propose à des tableaux d'une élégance sobre, non pas grecque, mais romane (et digne de la France d'oc), d'un roman stylisé et expurgé de monstres.

Les visiteurs retiennent la vision ésotérique et pour eux décevante où, toutes les vallées se cachant, se profilent les cîmes imbriquées, les croupes d'altitude voisine. Aucune hardiesse n'émerge du pla-teau. Les lignes de sommets paraissent se croiser en désordre. C'est le déferlement d'une mer sans vaisseau ni côte. Tout cela à peine nuancé, de touches en harmonie avec les lignes. L'orchestration est large, monotone sous la domination de l'horizon. On a parlé de « vues immenses mais vides », dit que les yeux s'effaraient « sur des lointains sans relief et sans caractère ». Ce vide a un grand sens, comme un silence plein de pensée. Au-dessus des villages, des bosquets, des accidents humains du paysage, c'est une continuité inextricable, comme au-dessus des personnalités éphémères la continuité inextricable des lois.

Ces visions cependant, si elles bercent l'âme dans une rêverie philosophique, ne sauraient séduire le peintre par « *l'obsédante monotonie* » de leurs « *formes* ». Viala a préféré les petits coins intimes, aussi « *énervé* » que le ciel par « *l'immobilité des landes couchées... comme des courges...* »

...LEURS ROCHERS...

Le terrain étant un élément à peine changeant, les rocs, ses témoins, présentent partout des aspects analogues, qu'ils se cachent dans l'ombre d'un sous-bois, qu'ils étayent un mur dans les prairies, qu'ils regardent la bruyère immense.

Le gneiss formerait les plus hautes croupes; le mica dominerait vers l'ouest, au bas Ségala : série de coteaux aplatis.

A ne regarder que les blocs à nu. Rocher lenticulaire auprès de Castelnau branlant sur un dôme ; rochers bénis de Saint-Jean-le-Froid, d'Aures et de Peyrebrune ; rochers sur lesquels s'élèvent les croix de Saint-François et de Lestang. Rochers des cimes et des gorges. Je ne puis tous vous rappeler quoique ma phrase et ma pensée aiment vos formes définies.

Je vous fixerai votre rôle dans les décors. Vous êtes sur tous, ronds à l'ordinaire, les stabilisant, pareils à des plombs au bas de filets ; sur les aquarelles, des presse-papiers rendus par la teinte... Dans la lande, des formes nettes, belles de volume, sur la vastitude vouée aux spectres ; parmi les prés, sous les bouquets d'arbres, des poids sur un sol qui suivrait trop vite l'ascension des troncs ; dans les sous-bois, les seuls personnages qu'on aime y voir faire la sieste, habillés de mousses et de lichens gris, comme notre artiste l'était de velours.

Riche de souvenirs par son long passé ; riche par sa forme — celle d'un gros sac d'écus ; riche par ses tons de métaux et de fourrures ; riche par les pensées qu'il fixe, l'antique bloc de gneiss, sur la peinture où s'arrondit sa masse, est le sceau d'origine : fait en Lévezou.

...LE CIEL FAROUCHE...

Le climat est rude. En hiver, le Vioulou glacé porte des charrettes de bois. La température moyenne varie de 16, à la canicule, à 1 en Janvier-Décembre. La normale est peu élevée. Les mois extrêmes sont les plus secs; les plus mouillés, Mai et Octobre. La hauteur de pluie : de 8 à 10 décimètres à Curan pendant une année. Le Pal plus arrosé encore. Quoique rien ne l'indique sur les cartes, le Lévezou n'en doit pas moins au point de vue climatérique former une zone limite. Les Causses, même rouges, dépendent du Midi; le Ségala paraît inaugurer l'Auvergne. Montez de Millau à Bouloc : sentez après la Poulsinière s'aggraver le froid et le vent. Les pluies se raréfient de même, tout en augmentant de durée. D'un côté des averses crèvent, de l'autre des bruines persistent. Les plateaux sont le champ de bataille de deux influences. Les vents s'y heurtent avec violence: vent bas, du midi, rare mais fougueux; les autres, plus fréquents, vent d'Est, froid et sec ; vent d'Ouest, chargé d'eau ; bise du Nord, hantée de frimas. Climat rigoureux, excessif, brutal, à variations brusques, à hivers neigeux, à gelées tardives.

Le froid restreint la zone forestière ; la pluie détermine la richesse en eau, la verdeur des prés, la vigueur des arbres qui doivent aux vents leur damnation. La brande se tord; la fougère étalée dans les bois, sur les espaces nus se plie et se froisse. Haine du ciel contre le sol, néfaste aux êtres, bruts ou vivants, accrochés aux points de friction.

...VENTEUX...

Savez-vous à quel point le vent peut bouleverser une eau-forte ?
Sur le terrain haut, baigné d'ombre, sauf des blancheurs froides
de sentiers. Le ciel triste tend un velum gris au-dessus de l'horizon
pâle. Un roc pyramidal s'érige en un coin. Tout cela serait terne,
exagérément symétrique, si, tout à coup, « *La rafale* » n'accourait,
s'attaquant d'abord à un arbre sec, convulsant les branches qui résistent, couchant les autres dans le lit du vent. Sous ce fantôme
échevelé, une pauvre croix de bois va de guingois, incapable de résister dans son « *immobilité symbolique* » à cette nature brutale. Un
buisson sec plie sous le souffle. Il semble même que le coup d'air,
ayant frappé le chemin sur la croupe éclairée, en ait chassé l'eau
par éclaboussures et rejeté le voile humide sur les plus sombres
penchants.

Le vent est d'ailleurs le premier rôle des drames musicaux de la
nature : « *Que de fois*, écrivait Viala, *dans ces journées de septembre, là-haut, dans une bergerie abandonnée du Lévezou, m'a-t-il
soufflé ses fantasques ballades par les fentes de la porte et les trous
de la muraille séculaire, et sur un rythme, sur une musique dont
aucun être n'a jamais égalé le charme. C'est le plus grand poëte
que je connaisse...* »

...NUAGEUX...

Poëte charriant des nuées. Paysage du ciel : plus subtil que celui
de la terre, brossé en camaïeu, gris sauf plages d'azur, sauf étranges
reflets aux heures mourantes. Cirrus en aigrettes, paillettes et houppes, léger et lointain dans le bleu. Cumulus moutonnant, rouleaux de
crême en neige fouettée « *cygne immense, mamelu, bouffi de poi-
trail, gonflé de croupes* ». Cumulo-nimbus des orages, bloc de plom-

La Rafale, eau-forte

bagine explosant. Voile du stratus, toile d'araignée chargée de poussière traînant sur la lande.

Sur un nuage, Viala a fait un poëme, sur un autre une eau-forte... D'autres encore... « *Dans le ciel, telle une chevauchée de légendes, se poursuivent, épouvantés, des cumulus fouettés d'ocre sombre ; sur un fond blanc d'argent chauffé de chrome, se diffusent, s'échevellent, se dissolvent leurs masses en touffes étranges, en points d'interrogation curieux* ». Depuis que j'en parle, ils se sont enfuis, chemineaux célestes. Ils « *s'accumulent* » maintenant « *à l'horizon, tels d'immenses bottes de beurre normand rafrané* ». Au lointain, ils vont chercher une autre harmonie, laissant aux régions qu'ils ont survolées, un motif fixé dans le ciel d'un peintre, un souvenir d'ombre au rôdeur des landes un jour d'été.

...BRUMEUX...

La vapeur se déchire : contours vagues, haillons gris. Un velum cendré jusqu'à l'horizon *que lèchent du ciel les nuages gris...* « Brouillard sur le puy ; cherche abri de pluie ». D'en bas la nuée ; en haut le brouillard, baignant le décor, le modifiant à l'effacer. *Tout semble se diluer dans le flou.* Certes je connais le brouillard qui court à toute vitesse le penchant des monts. Sous le vent qui hurle et fouette ses vagues, chevauchée sauvage et fantomatique chargeant les phalanges de genêts. Mais le vrai brouillard est le marécage de la vapeur. Sous son emprise, les vastitudes rapprochent leurs lointains, réduisent leurs formes ; la ligne achève de s'évanouir... Un soir, comme je montais d'Estalane, m'apparurent ainsi des spectres de bouleaux. Tout s'éclaircit après le faîte: le haut Ségala blanchissait, neigeux par un effet de lune. Lors je dis adieu au génie mélancolique drapeur de gazes, à ce costumier pour fantômes de tous les trépassés des landes.

...PLUVIEUX...

Voici la pluie et ses grisailles « *Les couleurs s'éteignent, les verts se fanent, les roses et les ocres déchoient, l'amarante des bruyères se change en ardoise livide, l'or des ajoncs arbore la couleur des pierres* ». Ciel bas, perlé, horizon proche. On est étouffé entre deux calottes, l'une, rousse, la brande, l'autre, blanchâtre, la nue. Vents, gouttes et grêle. Les fougères tremblent. Les cardeuses, pour se protéger, ramènent leurs feuilles sur leurs capitules.

Le ciel gris d'étincelles se crayonne. La foudre joue des cymbales. C'est l'enfer, la forge, le champ de bataille au cœur des nuages. Sur le Viaur, le papillon noir sort de ses repaires.

> *L'air est lourd à qui respire*
> *Le ciel prend des tons d'acier,*
> *Les papillons en délire*
> *Dansent leur sabbat dernier...*
> *La tourmente s'est enfuie.*
> *Autour des flots l'on n'entend*
> *Que les bribes de la pluie*
> *Que fait clapoter le vent...*
> *Et revivent et bourdonnent*
> *Les demoiselles d'or vert,*
> *Les cétoines qui rayonnent*
> *Dans leur manteau d'outremer;*
> *Mais bien loin des saules glabres*
> *Que le vent remplit d'accords*
> *Ont fui les danses macabres*
> *Les papillons noirs sont morts...*

D'un penchant de croupe, une pluie d'hiver, torrent aérien. Tout se débandait. Les occultations rythmiques des formes faisaient tout rentrer dans la peur. Et une humble croix, seule, minuscule, sur le faîte, restait immobile dans cette débacle de mort panthéiste.

...NEIGEUX...

La neige décolore et fait mourir le paysage, mais le fait mourir religieusement, ce qui lui vaut une âme blanche, blanche comme une aile d'archange.

O le plus chrétien des météores. Le printemps avec Flore, l'été avec Cérès, l'automne avec Bacchus, sont des saisons païennes. Les Grecs, amants de la lumière, ont détesté leurs hivers éphémères. Le nôtre est long, trop long, pour pouvoir vivre d'un vague espoir de l'avril. Il faut faire notre profit, même poëtique, du froid, y éveiller un printemps mystique. L'hiver est un pieux « *mensonge blanc* ».

Visions d'un voyage de décembre... La neige tombe, de fins duvets. La neige roule : des grains plus denses que le vent chasse ; la route fume. La neige s'arrête : sur l'asphalte, des zébrures claires. La neige s'entasse : congères formées à l'abri des dalles, des tas de cailloux, des buissons secs. Amas granuleux à faces concaves. Fragments de voûtes dont les ronces noires sont les nervures. Teintes café au lait avec reflets violâtres. La couche s'épaissit ; une bande blanche, sauf les taches brunes, comprimées, des pieds ; des draperies « humides » étoffent les détails des fossés. *Les talus des chemins... ont pris l'étrange aspect d'une dune folâtre.*

Paysage tristement simple ; les lointains se meurent dans la brume qui monte du sol. Enceinte de deux blancs qui se fondent, là-bas. En émergent les arbres ,les maisons aux toits frileux sous leurs paillassons d'ouate. Pendant la nuit de gel, une clarté laiteuse, au « *deuil bleuâtre* », fait chercher un clair de lune absent. Dans la lande, d'humbles plantes sortent de l'enlisement : *genêts épars sur le travers de larges éventails chargés de blanche plume* ». Les bois se schématisent en silhouettes droites : les couleurs s'éparpillent sur les troncs et les houx. Dans les rues des hameaux, le blanc s'épluche sur un brun suintant. La neige est un « *masque morne* » et incomplet qui sur chaque face de la terre laisse se trahir le trait dominant. Elle n'aime pas être peinte, mais être rêvée.

> *Neige bleue au matin, au sein du grand squelette,*
> *Neige d'or au soleil oblique des jours las,*
> *Neige pourpre des soirs et neige violette.*

Bientôt elle fond : des taches teintées s'étalent ; rondes vaguement, elles se rejoignent, albes découpures à angles aigus et à côtés courbes, tels des pains azymes. Dans les cuvettes inclinées, cela zigzague.

Un rendu pictural : les flocons sont tombés. Indiquez quelques arbres, des murs et les ruisseaux. La page est presque blanche, à l'instar du décor. Mais l'hiver donne sa leçon d'aquarelle. Des réserves immenses, des sinueuses brunes ; des frottis mauves. Puis, la neige fondant, quelques touches nouvelles. Le paysage acquiert un charme d'esquisse. Bientôt les blancs reculent. Sur l'échiquier complexe, la couleur joue et gagne.

...CIEL D'ÉTERNEL AUTOMNE...

Un printemps humide, floral, si joli, mais si rapide. Un été vraiment chaud, presque méridional. L'automne glisse à l'hiver, la saison qui colore à celle qui détrempe. Gauthier eut choisi les frimas pour visiter cette Sibérie française. Mais, chose curieuse, sauf aux éphémères mois de Flore, les teintes changent peu, des ors et des rouilles d'octobre. Sous l'azur provençal, l'éternel printemps. Viala, qu'y tua l'ambiance trop bleue, revenant au pays natal, sentit le contraste poignant. Lévezou, pays d'éternel automne !

...AUX LUEURS ÉTRANGES...

Pays d'un éclat souvent boréal et pâle, baigné de nuages et de brouillards denses, envahi de tons glauques ou perlés, annonçant

le Nord. Point ne faut objecter au peintre son coloris terne. Sa palette, à l'occasion, a osé de chaudes hardiesses. Des jours lumineux,
même en hiver, se jouent à briller sur l'âpre contrée, rançon éphémère des longues grisailles. Un bleu intense envahit le ciel ; des
lumières fraîches inondent le sol. Le génie du Midi, le clarté à la
main, franchit la montagne. Si le pays lui expose des genêts, des
fleurs, des jeunes verts, des roux d'automne, quelle polychromie va
vibrer.

Des aquarelles de Viala où l'opposition chantait « forte » : un
chêne, vert, des hêtres, rouille, sur ciel d'azur, champs de sinople.
Des visions méridionales, peut-être orientales, d'un soir où le Lévezou, dans son cadre celtique, se souvenait des Maures.

...DE BRUNE...

Il est des éclairements rares, morbides comme des caresses. Ceux
du crépuscule, les plus heureux, les plus doux. Les soirs ont pour
s'étendre, s'alanguir et mourir des espaces immenses. Bien des fois
Viala, revenant de peindre, l'âme débordant de nuances, a du s'arrêter pour les admirer !

> *Pour moi, les couchants ont une corde bien neuve,*
> *Que j'écoute chanter avec recueillement.*

Voici les teintes que j'ai cueillies dans sa prose et dans ses vers,
sur l'heure malade, *l'heure safranée des amants suaves :... rose...
pourpré... carmin... amarante... or et phosphore.* C'est tantôt un
épanouissement de « *jonquilles et de boutons d'or* », tantôt

> *le pâle et violet écroulement du soir,*

tantôt la décadence de la « *chrysoprase* »... « *Le ciel devient orange,
puis citrin, puis vert* ».

« *C'est la nuit en deuil qui vient passer l'éponge sur les formes visibles* »... Phrases rédigées au creux d'impressions : le prestige du soir tombant. Des mauves étranges rôdent dans le ciel, au-dessus des croupes. Ce n'est plus l'enfer ; déjà le chaos... La réalité mourante des sites. On est dans l'empire des forces premières, des entités. On verrait sans étonnement surgir fantômes et symboles. Puis toute teinte disparaît. Sur le ruban gris de la route, je roule dans de l'irréel. L'effrayante éloquence du silence, la poignante suggestion d'un paysage qui est de la nuit...

...ET DE LUNE...

Le clair de lune rase et monte... Préface de fantaisie : proverbe rural sur Phébé : « Lune pâle, l'eau dévale ; lune rouge, l'air bouge »... Le soir tombe ; les cimes voisines noircissent. Nuit lugubre sur la lande vaste. L'astre qui se lève roussâtre éclaire les hauts mamelons. Des enfers lointains de fougères incendiées, les aboiements de la hulotte, la profondeur des abîmes... Un tel éclairement est plutôt peint dans l'âme.

Viala a chanté « *la lune qui passe comme un mystère illuminé sur nos réalités de ténèbres... qui dans l'origine des choses donna sa figure à l'homme inquiet.* »

> *Lampe des étangs et des genêtières,*
> *C'est la lune proche au-dessus des bois,*
> *La lune avec sa figure sans voix,*
> *Reine des sabbats et des sorcières.*

La lune fut, comme il l'avait presque prévu, la « *dernière veilleuse* » de l'artiste à son lit de mort.

...LEURS DÉCORS FANTASTIQUES...

La chaîne de Guiral, région des Puechs. Le premier de ceux-ci, le Puech de l'Arbre, se sépare du chef de file, le Monseigné, par un bassin et par un col. Les hameaux que l'on aperçoit, l'arbre dressé sur le mont qui lui doit son nom, deux de ses frères serrés frileusement dans une conque, d'autres partout éparpillés, tourmentés et échevelés ne parviennent pas à troubler l'impression d'âpre solitude que rythme l'horizon proche. Vers les mares convergent des pistes et des filets d'eau ; des joncs, des scabieuses, des anémones rêvent dans une vase grise, en attendant que tout cela devienne « *un petit berceau de sable fin, desséché, poudreux, altéré de deuil et d'abandon* ». Le chemin qui gagne le Roucous monte parmi des fougeraies et, après un col taillé, aigu, dans des cendres argentées, descend à travers des genêts calcinés... Désert enclos de solitude, cirque où se joue la pantomime du néant.

Entre le Vioulou et le Connes, règne un système compliqué de croupes et de vallées aveugles où, facilement, l'on s'égare; pays de mélancolies vastes qui s'animeront seulement en s'inclinant devant les Salles... Du vieux bourg, au pied des tilleuls de Fangousse, glisse le chemin de Curan, vers le Connes. Au bas de jolis terrains vagues, des passerelles de bois ou de dalles s'amusent à qui sautera le plus gauchement le ruisseau. Arbitrent le jeu chardons et molènes...

En aval, le Connes se frotte en ronronnant contre les pentes, où des moulins se sont établis. Ayant reçu le Cantarel, sous le bois de Costemalle, il longe une bande de prés. Les hauteurs qui, sur les deux bords, l'accompagnent jusqu'au Moulin Neuf s'écartent en équerre. L'horizon se fait monotone sur le Caussonel entre les verts penchants des Vernhes, nantis de houx arborescents et ceux du Roube, sur la gauche : de ce côté, bosquets et prairies, banalités idylliques, dominent le ruisseau des Escarits.

Sur la croupe du Charrousès, où François d'Estaing maudit les fougères, celles-ci se sont méchamment fait remplacer par d'autres plantes, genêts, chardons et genèvriers qui ne valent guère mieux. On passe au pied du Mont Redon qui surveille le confluent du Rieutor avec le Vioulou. Cy le plateau de Crespiaguet qui finira devant Trémouilles, verdoyant sur ses seules pentes, lui-même mamelonné, triste, couvert de landes et de « dévèzes », croisé de sentes inviables, pittoresques et de tous âges. Après sa plongée brusque dans le Viaur, il ressort, desséché de suite, et recommence à onduler, interminable Ségala, jaunâtre sous des arbres rares.

La région d'Aures, au contraire, sur la rive droite du Vioulou, entoure sa Vierge dorée d'un parc sauvage de vallées, de landes, de bois, de bocages. Le puech des Faux, en dos de chameau, caparaçonnée de fougères, porte des présents de Rois Mages, des rochers et des fleurs d'or; sur couverture de prairies, le flanc est ensellé d'un bois.

Au lieu d'atteindre le hameau, je m'arrête au bord de la route. Derrière moi, le Rieutord serpente dans une vallée bocagère, ombragée en fin de son cours, mais, bien longtemps après sa source divaguant emmi des prés verts. Ceux-ci montent, se mamelonnent, raréfient les bosquets épars, dans un lointain sans atmosphère, s'élèvent vers Saint-Jean. La source jaillit d'un amphithéâtre attentif où chaque croupe se hausse un peu pour dominer la précédente, regarder par dessus les landes ce berceau dans la solitude. Toutes semblent surveiller et protéger « *les premiers pas du ruisselet* »...

C'est le chaotique massif qui vers le Nord monte d'Alrance. Sur les cimes désertiques s'ouvrent, vers les idylles, d'étroites échappées aux clefs des vallées hautes. La désolation irradie. Devant la tour de Peyrebrune, je pleure son sort bondieusard. Faisons abstraction des laideurs. Voyons une masse assez haute sur plan carré, découronnée, émergeant des arbres. Prairies, bosquets, landes déclives sont semés de gros blocs ronds, isolés, parfois en tas ; les dieux celtes, pour se venger, doivent, la nuit, jouer aux quilles contre les titubantes croix.

De la plateforme, coup d'œil superbe. Verdoie la vallée de l'Alrance aux sourires dépaysés. Des monts chauves proches encore ; d'autres lointains, dont on ne sait comment ils ont coiffé leur tête. Des buées les font Barbes-Bleus et, comme une route poudroie, je revis un conte de fée... Voici le Lagast sur les flancs duquel se succèdent à la montée les châtaigniers, les hêtres, les sapins et les landes, « *pays nouveaux* », qu'on voit d'ici très sombres, mais dont j'ai entendu narrer les plus délicieuses fraîcheurs. On réciterait volontiers un poème de Lamartine : un étang à travers les arbres miroite sous un soleil gai. De la fumée monte du val où carrosse la chaussée blanche.

Nous la suivrons, s'il vous plaît, dans un paysage si amène, que, seules, les pentes sénestres, aux chefs landeux et rocheux, rappellent le Lévezou. De Villefranche de Panat, nous remontons vers Saint-Jean. Sous nos pieds, à droite, des vallées se creusent. Route enchantée jadis par un soir nuancé ; mes yeux glissaient dans des ravins, par des fuites de perspectives que peuplaient des fées aériennes roses ou mauves. Puis ce fut, après un tournant, profilée sur un couchant d'or, une tour couleur de légende. Mais le pays va s'attrister pour franchir le faîte.

Je vous retrouve aux Canabières, un jour d'été. Nous traverserons le ruisseau ; nous monterons au Mas-Roucous par une sente sinueuse. Des terrains secs que surveille le dolmen, on voit, s'enfoncer un décor compliqué de croupes et de vals sylvestres. Ce qui domine et unifie est une fort belle montagne, le Lézerat. Son ressaut termine un chaînon venu du Nord et ondulant sur l'horizon. Puis tout s'abat sur une pente raide, rectiligne, au delà des plateaux vagues où meurent des lointains de faïences bleue. Des gibbosités boisées, isolé et impérial, le signal émerge, de couleur comme de ligne, malgré sa faculté étrange de suivre l'heure déclinante dans son penchant sentimental. Après Viala, je l'ai noté bleu, mauve, cyclamen ou rose, le reconnaissant à ses deux versants inégaux. Dans une région de dépressions, c'est un môle isolé, aux pentes landeuses. Des dalles inclinées de gneiss, pareilles à des amorces d'arches, s'enracinent dans l'arène faîtière, au hasard. Voilà les vrais rochers de « *la Mort de l'Aigle* ». Ont-ils servi d'abris précaires aux familles préhistoriques contre les orages du Sud ?

Des Canabières, en coupant des landes ondées, chatoyantes, creusées de combes et d'herbages, nous gagnerons Saint-Jean-le-Froid ; puis encore, fuyant les chemins sur des vagues de solitudes... De la source du Cantarel, on descend la vallée prairiale encadrée de murs bas et d'arbres. Mais il faut connaître le terrain, se méfier des tourbières dont la verte fraîcheur invite...

Le chemin du Mont, parmi des rochers, divague... Là, je connais une causeuse, où si j'avais fait un roman, sans effort imaginatif, j'aurais montré deux fiancés, près de se quitter, la main dans la main, l'âme triste, regardant les teintes du soir poudrer de bleu les toits des Salles. Je les aurais conduits tous deux au vieux pont dont les grosses dalles traversent le ruisseau chanteur ; au bord de la mare plombée, de la Pessière dans les prés. Dans une humble maison champêtre, la fenêtre s'est éclairée... Puis, dans leur promenade grise, nous les aurions suivis jusqu'au Mont où les rocs massifs regardent, en rêvant, la plaine. Sur des rectangles d'ocre rouge peinent encore des laboureurs.

Le sol à nos yeux ondoie. Je vous conjure d'être calme comme la campagne du soir. Imitez ses résignations aux teintes fanées sous les espoirs vagues de l'horizon.

Voici le bois, dit de Monsieur, à qui la brune aime donner des nuances épiscopales. Sur les sentes incertaines, nous nous égarions dans l'ombre; nous faisions des bouquets de houx, cueillions des fougères au pied des chênes. Vous souvient-il du vieux chemin, aux murs moussus ? Un rideau d'arbres en dentelles cachait les gros draps des prés. Qu'il était doux de marcher dans les odeurs humides des cèpes et des feuilles roses. Ici je vous donnais la main, un rocher cabossant la route. Là, nous admirions un gros hêtre, presqu'un ami de la famille, étant celui de votre père, et vous me présentiez à lui. Il bruissait : avais-je l'honneur de lui plaire ? Nous montions parmi des taillis, oripeaux verts de costumier. Nous sortions de cet étalage. Tout à coup s'étendait la lande... ce soir, la lande des adieux...

Je m'aperçois un peu tard que ce livre n'est pas un roman. Ne faisons plus de promenades. On y a trop envie d'être deux.

...EN TERRAINS DIVERS...

Suivant le relief, se distribuent les végétations. Au faîte où l'eau est plus rare, l'humus moins épais, le vent plus âpre, s'étendent des landes et des friches. Les fonds de vallées accueillent les prés, humides, verts et ombragés. Les pentes se couvrent de bois. L'arbre en un mot, règle le paysage.

Voici donc les régions sans arbres : régions de fougères, bruyères, genêts, régions d'herbes jaunâtres, de maigres pâtis, de joncs et de tourbières. Quelquefois un chêne luttant, un hêtre vainqueur, un bouleau vaincu. Mais, en général, sur la table nue, un tapis jeté. Pas un bibelot...

Ce tapis, la lande faîtière, observée sur « les sommets » le fait de haillons précieux. Plus riches sont d'ailleurs, à plus faibles altitudes, les chaînons latéraux, tel celui de Saint-Jean-le-Froid. Dans l'enchevêtrement des faîtes, leurs lignes trouvent des compagnes et dans les vallons, les cornes de bois, les murs champêtres, des adversaires et des bornes.

Le dessin paraît s'éveiller. C'est pour recevoir la couleur. Celle-ci enrichit son hôte ; elle le réchauffe, l'anime. Elle lui transfuse du sang. Sortant des grands repos du vert, la bruyère est rouge !

Le peintre n'aura plus besoin de recourir aux maisons, aux hommes et aux bêtes pour diversifier ses teintes. Cette pauvresse qu'est la lande donne les plus précieuses notes dans l'air que jouent, concert champêtre, les divers terrains du pays : quelques notes traînantes sur un violoncelle en bois de rose.

...LEURS DÉVÈZES...

Les dévèzes sont « pacages » maigres, plus jaunes que verts, plus gris que jaunes, entre des *talus flous de hautes herbes fauves*. L'humus pauvre cache la roche. Au lieu du haillon de brocard, bure délavée et bourrue. Jachères rougies « d'oseille sauvage », jonchées de buissons épineux, de broussailles landeuses, rehaussées de taupinières. Y tremblent le paturon, la houque laineuse aux fuseaux blanchâtres, le dactyle en houppes, le nard raide aux touffes d'épis violâtres. Prospèrent des « braies de loups », ou hellébores, des patiences aux grains roussâtres, des campanules frissonnantes. Comme un papier gris vaut pour l'aquarelle, ce fond neutre et plat pour la plante forte.

...ÉTOILÉES...

En plan, voyez les cardabelles (ne les nommez pas les cardeuses, le nom patois est plus joli). Elles fréquentent les fraux et les falguières ; chardons sans tige, elles étalent sur le sol des capitules jaunes et ronds, des soleils duveteux qui émettent des bractées, polies, rigides comme de minuscules poignards. Les rangs en sont armés en cercle ; les fers à l'intérieur dressés, s'inclinent bientôt et rayonnent. Après cela, de feuilles vertes, de plus en plus compliquées, piquent comme des pertuisanes. Rosaces gothiques, étoiles des prés incultes, hygromètres cloués aux contrevents rustiques, artichauts de famine. Puis, l'hiver, desserties des collerettes sèches, houppes peu caressantes, piquées en dessous de petits trous, pauvres accessoires de toilette jetés au bord du chemin.

…ÉRIGEANT…

J'aime dans les dévèzes les hautes plantes robustes que leur symétrie rend décoratives, presqu'humaines en leurs proportions.

…DES CHARDONS…

Le « cirse laineux » semble vêtir de fils d'araignée son involucre en globe, hérissé d'épines. Les pistils pointant des corolles rendent duveteuses leurs toques florales. Mi-troubadour à beau pourpoints, mi-chevalier bardé de pointes, « *immortel comme une statue* », c'est un fantôme médiéval..

Les chardons chevelus de rose
habillés de pâles velous,
forment un cénacle morose
sur les talus des alentours.

Détestés des blés optimistes,
des choux graves et des melons,
les chardons, superbes artistes,
gardent leurs âmes de chardons…

…DES SÉNEÇONS…

Bord de route de silex blanc. Sur une motte encorbellée, des bruyères ont disposé leurs bouquets orangé fané par grosses taches dans le vert. Des callunes fuient de côté. D'une dentelle verte faite de limbes décomposés, des tiges rouge sang émergent et balancent des ombelles d'un jaune ancien.

...DES MOLÈNES...

Molènes, cierges de Notre-Dame. D'abord, sur le sol, des rosaces glauques d'oreilles de lapins. Dès le mois de mai, la tige s'entoure de feuilles blanches, cotonneuses, s'imbriquant suivant une spirale pour finir en pointe d'asperge. C'est vraiment un cierge de cire fondue et moulurée. Il s'allume en juillet: des fleurs d'un or éteint. Sur les pieds les plus symétriques, la tige, pareille au chandelier de Jérusalem, émet des rameaux symétriques qui, auprès du sol étalés, se relèvent jusqu'à être droits. Les pétales frêles sont déjà tombées ; les calices gardent les petits fruits verts qui formeront aux pédoncules des gaînes brunes et granuleuses. Ce végétal quasi humain s'appelle « bonhomme » ; je dirais plutôt « bonne femme ».

Soyez invités au « *Bal des Molènes* » :

Ces hautes plantes élancées, habillées de velours, poudrées à frimas, fleuries comme des femmes parées pour la fête, ce sont les bouillons blancs de l'officine, les molènes d'or, les molènes épanouies qui dansent dans le vent.

Elles dansent sur la pente inculte, abandonnée. Elles dansent comme des flammes, comme l'exubérance de la terre qui veut jaillir, vivre, et créer, et leur bal se prolonge au loin, sous le ciel où flotte une armée de nuages.

Elles dansent, les molènes.

Mais voilà que les ombres roussottes de leurs sœurs défuntes, parmi le bal, elles aussi, se mettent à danser comme les vives, agitant sur leurs tiges desséchées tout un orchestre de grelots.

Clic, clac, entendez les castagnettes.

Du vent tombe d'un nuage d'encre, dont la frange herminale se dilate au bord d'un trou bleu. Des clameurs de vie s'attestent ; j'entends l'implacable sifflement d'une faux qui broie l'herbe en mesure.

Les molènes dansent, dansent.

Vives ou mortes, les molènes dansent sous le vent.

...LEURS ARBRES...

Voici qu'on s'approche de l'humidité. Le pays se peuple d'êtres sympathiques. D'hommes ? Pensez donc, eût dit Viala, d'arbres. Ah, vivent *mes amis les arbres, mes frères muets de la forêt !*

L'arbre est la vie sur le Lévezou, la vie élevée et contemplative par suréminence, la vie protectrice, puisque sous l'ombrage peuvent s'abriter les plantes fragiles, la vie combattive, puisqu'aux vents les branches, aux pluies les racines doivent résister, et la vie bruyante des oiseaux et des feuilles. *L'ami* du peintre est son modèle cher, qu'il s'offre drapé de frondaisons ou, plus bel encore, effeuillé.

Les conifères sont représentés seulement par quelques fonctionnaires de l'Etat préposés au reboisement...

Sont rois les châtaigniers, les hêtres, les chênes « *puissants... protecteurs de la montagne* ». Les premiers, magnifiquement chantés sur le Ségala, ne se trouvent plus en bois naturels aux abords du Lévezou, tout au plus à l'état de plants isolés et greffés. Viala qui en a peint est allé les voir aux régions plus basses. Les hauts plateaux forment « une île froide vouée aux hêtres », aux bouleaux et aux chênes. Les pentes abritées varient leur flore arborescente.

Ces diverses espèces, non particulières à nos sols, je ne les décrirais pas si j'étais un géographe. Mais, évocateur intégral, je veux préfacer un peintre. Que l'un dise : il y a des chênes. Je dois vous montrer les chênes : leur présence modifie trop profondément nos décors. D'ailleurs, ils ne sauraient être quelconques sous le vent, la pluie et la froid : ce sont des chênes du Lévezou. Encore moins quelconques sous le regard et devant l'âme : ce sont des chênes de Viala.

Voici donc tous les arbres, du menu peuple aux rois, leurs titres de noblesse étant l'orgueil de leur stature, le périmètre de leur ombre, l'étendue de leur royaume, leurs liens féaux avec l'artiste.

L'arbuste est trop souvent un gringalet au corps fluet, à l'âme banale, quelquefois joli dans les haies... Dans ses feuilles obtuses, ouvre l'aubépine ses fleurs blanches pointillées d'anthères. Le prunellier essaye de faire oublier ses noirs broussailleux en hâtant premier ses candeurs florales. L'églantier « *aux charmantes lumières* », étale sa corolle chair au cœur d'or, appointe ses poires orangées.

En décembre, le noisetier suspend des chatons à ses rameaux glauques. Il déposera son fruit dans une cupule de flammes vertes. Le sureau étale en ombelles ses fleurs d'un blanc crémeux, plus tard ses boules noires.

Formant des haies impénétrables ou, dans les sous-bois, des broussailles, le houx est le décorateur des grisailles hivernales, avec ses petites baies rouges, ses feuilles vernissées à dents épineuses...

L'arbre, même ébranché, est beau par ses lignes, j'avais dit comme académie, voire même comme écorché.

L'érable au tronc gris, à la cime ovale, laisse s'envoler ses fruits à double aile de ses frondaisons festonnées d'angles obtus. En octobre, il pleure « *de l'or* ». L'orme se découpe de petites feuilles en fuseau, finement dentées ; après les défaites d'automne son ombre sera jonchée de minuscules boucliers ronds. Il m'évoque des avenues ombragées et sentimentales.

Le sorbier, ami des oiseaux, sur les blancheurs des premiers givres suspend ses pendentifs corail.

Candes de pétales, vert doré de limbes, gloires juvéniles de mai,

> *Les cerisiers ont mis, chants de communiantes,*
> *Leur neige dans l'éclat des feuillages laiteux.*

Dès septembre, parmi les rouilles, les voilà qui « *pleurent du sang* ».

Les frênes à l'écorce crevassée, aux feuillages vite assombris m'ont apparu aux cols du Lévezou, profilant sur les landes leurs ombres frustes et fantasques.

Tronc de Hêtre, aquarelle

Connaissez-vous ces longs vases aux pieds empatés appelés cornets ; figurez-vous qu'ils soient énormes, irréguliers, rugueux d'écorce. Mettez-y des branches « *tentaculaires* », agitant de petites touffes de fleurs jaunâtre. Les tilleuls prospèrent, aristocratiques et officinaux, riches de volumes, d'ombre, de teintes sur leurs troncs, si riches qu'ils s'endorment dans leur aromes apaisants.

Dans les bois humides, le long des ruisseaux, l'aulne pyramide. L'aulne à la sombre frondaison vernie, aux fruits ronds pareils à des pommes de pin minuscules. Sur les eaux qu'il voûte, il se recueille.

Ramant l'air léger de ses milles pagaies vertes, le peuplier « *thyrse flamboyant* » est beau surtout en costume dans l'élan qui le fait jaillir. Son « académie » est ingrate. Viala a écrit sur lui un poème en prose : au bord d'un ruisseau, le jour l'inondant, « *flamme mordorée, le peuplier est triple* » l'ombre, le reflet et lui-même, « *long* ». Le soir avançant, « *bleuâtre, poudré et veuf de son ombre... le peuplier est double* ». La nuit tombe « *plus de reflet, le peuplier est simple* ». La ténèbre est complète : «*le peuplier n'est plus rien* ». « *Mais quel est donc ce bruit, cette respiration cadencée au creux du néant ; quelle est donc, en cette négation de la vie, cette longue mélopée qui monte ?... C'est l'âme, l'âme longue, dorée, verte, vibrante..., l'âme sans nombre du peuplier* ». Oui, toute forme est une pensée, un sentiment. L'âme qui émane de la forme, notre poète l'a aimée. Pour le peuplier, c'était une sympathie naturelle entre deux êtres hautains, brillants, extravagants peut-être.

Les saules, émondés, têtards et petits, sont d'apparence humaine, Chevelus d'osier, souvent éventrés, fantômes « *glabres* » des eaux. Croissant librement, ils étalent leur cime parmi des vapeurs vertes et blanches de feuillages. Les pleureurs, femmes romantiques, laissent tomber leurs falbalas. Eaux fortes nocturnes d'hiver, aquarelles lumineuses d'été...

« Harpes douces du vent, étranges lavandières
Que l'ombre fait mouvoir dans les soirs étoilés »...

Un jour, dans un champ, Viala crût surprendre un cadavre humain, dévoré de mouches. Se voyant déjà accusateur et témoin, il philosophait sur le droit pénal. C'était le « *cadavre... d'un vieux saule écorché, tordu, creux, lamentable, mais dans lequel chantait et s'irradiait tout un monde, des abeilles qui faisaient leur miel* ».

« *Fils de la terre, ami des astres* », le châtaignier est formidable, avec son tronc énorme, son écorce à crevasses, « *tendant aux quatre vents du ciel ses bras indomptables, désignant au creux des espaces, depuis des siècles, les constellations lointaines* ». Ses feuilles pointues, aigues, et ses bogues vertes, épineuses, claires, mettent dans ses masses des détails « piquants », des variations. « *Titan chevelu que nourrit et enchanta le soleil éternel, qu'ennabulèrent de clartés nocturnes la lune et les étoiles, qui eut la voie lactée pour auréole des nuits profondes et pour antre l'azur... Robuste comme une tour... arbre de gloire* », actif à l'instar du chêne, mais d'une activité productrice qui lui vaut d'être plus jeune, plus gai, plus éparpillé et plus altruiste.

Le rouvre, proverbialement robuste, a pu symboliser la terre rouergate. Noueux, il convulse ses branches musclées. Ses feuilles crénelées aux plans divergents, aux formes puissantes, même séchées, s'accrochant à lui, le font chanter sous les vents d'hiver. De loin, les chênes moutonnent en flocons chocolat. Leurs masses bourdonnent, se meuvent en cumuli d'orages, tendent au bout de branches tortes leurs poings contre les tempêtes. *Arbres athlètes*, seuls, ils se contractent, gonflent leurs troncs raccourcis, nouent à force leurs membres pour résister au vent. Et celui-ci dartre, ravine l'écorce. Activité de lutte, non de génération ; activité spontanée, égoïste, de vie irrégulière. Dans les bois, tout se sacrifie à l'élan ; le tronc monte à travers des manchons verts. D'âpre volonté, même sans rameaux, réduit à ses branches, déclaré défunt, l'arbre persiste à vivre. Il se surpasse. Délivré des soucis annuels, dans son bois durcissant, il poursuit une pensée ; pour la réaliser, il fait des gestes magiques ou trahit sous le ciel la peur qui l'obsède.

> « *Il est un arbre mort, là-haut, près des nuages,*
> *Chêne gaulois péri, roi déchu d'autres temps,*
> *Tordant ses bras noueux dans les soirs éclatants,*
> *Cadavre aérien d'une légion d'âges.*
>
> *A le voir se dresser sur l'espace béant,*
> *Titan désespéré conjurant l'étendue,*
> *Presqu'humain dans sa forme étrange et morfondue*
> *On croit le voir pleurer quelque rêve géant* »...

Sur les plateaux les plus ventés, lamentable sous les assauts, le bouleau se penche, frêle et blanc, effeuillé en face du Nord. Suivant le paysage, sa note précieuse chante des gaietés ou, plus souvent, des tristesses. Formes squelettiques sous les pleurs des branches. Des anneaux foncés, bagues, demi-bagues, mouches sur les troncs. Les frondaisons, naissant en de légers verts tendres, lumières incarnées, sautes de pinceaux, mourront un soir dans l'or fauve. Résigné au froid, battu des tempêtes, vivant dans les malheurs, s'y parant encore, féminin par sa grâce fluette, sa chevelure éparse, ses robes légères, tel apparaît le bouleau.

Au delà du prochain dos d'âne bleuit l'aquarelle des bosquets. La pente descend, le long de prairies, jusqu'à des fougeraies et des broussailles, traversées de palmes citrines et saumonnées, obsédées de taches rosâtres. Devant un arbuste vert sombre jaillit un « *bouquet de bouleaux* » très minces ; on dirait des moelles de sureau qui vont se casser. Cela se tord, se nuance de bleus, de roses, de mauves. Sur l'écorce blanchâtre, d'étranges hiéroglyphes composent des phrases — quels vœux ou quelles plaintes ? — incompréhensibles pour nous, qui montent, décoratives, comme sur d'éphémères obélisques vivants. Des panaches d'un gris vert s'effeuillent au premier automne ; n'ayant plus rien à chanter, ils laisseront, sous l'hiver muet, les ramilles s'exprimer par gestes. Aquarelle...

C'est une petite eau-forte, très fine de trait, dans la première manière de Viala. Le ciel à peine grisé ; la brume règne. L'œuvre n'est pas encore au noir. Sur un fond de taillis d'où émergent des chênes et des bouleaux, à droite d'un rocher ophidien, monte un fût droit de hêtre, creusé d'une rainure verticale, obéissant comme une statue archaïque à la « loi de frontalité ». Des touffes de feuilles se posent sur lui, comme des bouquets sur des corsages, au hasard. Un tourbillon s'agite déjà dans la rotation des bras inférieurs ; il se couronne sur la cime de frondaisons embrouillées... Plus tard, dans une aquarelle somptueuse, l'artiste n'aura besoin que d'une base de tronc, détachant sur un fond vert, indécise moire, ses teintes moussues ou bleuâtres, jetant çà et là des ailes ou des guirlandes feuillues. L'ensemble si calme et si frais qu'on a envie non de s'asseoir, adossé à une concavité de la souche — des herbes en sabre hérissent le siège — mais de graver des noms sur l'écorce. Dans la campagne inspiratrice, le hêtre domine, gracieux et fort ensemble, génie contemplatif, fusant droit comme une colonne. Les feuilles, peu denses, aux plans parallèles, peuvent frissonner et laisser muser les jeux de lumière. Le fût a jailli parmi leurs nuages horizontaux, très haut à partir de la large base. Puis les doigts verticaux achèvent en faisceau l'extase arborescente.

...HEUREUX...

Lévezou, paradis des arbres, des arbres nombreux, éloquents, colorés, superbes. Souvent le soleil lui-même pend dans leurs branches comme un fruit d'or. Leurs verts sont gonflés de fraîcheurs de sève... Ce grand chêne tort paraît s'amuser ; il élève, en la faisant tourner au bout de deux branches, comme un coussin, sa frondaison. Plus tard, neiges d'hiver, il voudra « *vous garder dans le ciel sur ses bras* ». Voici les bergers des tortues que simulent des rochers plats. Certains vieillards tristes, vieux hêtres, vieux rouvres, suivent le ruisseau en quête d'idylles. *« Je viens de voir un arbre qui saluait comme s'il passait quelqu'un de son monde »...*

« En hiver revenu, voici les arbres dans toute leur beauté. L'été, l'arbre est noyé sous ses feuilles, mais, l'hiver, apparaît son infinie broderie ; nuances de soies, de plumes, de fourrures, de velours et de lainages... Voici... un groupe d'arbres effeuillés... au coin du chaume, au bas d'une pente douce de bruyère : c'est le summum du rythme chromique, cela a l'éclat d'un joyau céleste, hors la mode, les temps et les arts, c'est éternellement merveilleux. Il y a au centre un chêne énorme mutilé de branches, lourd de forme, se détachant dans ses parties supérieures en velours sombre, vigoureux, terre de sienne naturelle, pointé de bleu minéral sur le filigrane léger des branchiolles environnantes, chanson violette sur l'accompagnement lointain d'une colline cendrée de cadmium. Autour du chêne, sur la droite, de jeunes hêtres bleuâtres et un bouleau terriblement blanc, tout cela taché de paquets de feuilles rouges : sur la gauche, un hêtre tortillard et mal venu jaillit du centre d'un ballot de houx, choux vert bleu sombre, pointé de perles écarlates. Emmi cette palette gesticule un monde infini de buissonnaille, orchestre sourd parmi lequel passe de temps en temps une grande branche admirablement placée pour faire valoir la légèreté des menus réseaux et la solidité du chêne. La base du groupe baigne dans le désordre admirable des fougères, pétries de sienne brûlée. Mais ce qui fait le charme inoubliable du motif, c'est le chêne qui, sombre en haut, sur le fond clair du ciel, devient clair à mesure que sa base entre dans la haie : là, les dartres de velours (tête de canard) s'arrêtent tout à coup, en trois ou quatre taches figées, et la face du tronc devient d'un vert amande inimitablement lumineux où quelques lichens d'argent éclatent comme un travail de joaillerie ».

...OU DAMNÉS...

Lévezou enfer des arbres ! Non l'enfer qui tue, l'enfer de Paris, mais l'enfer qui conserve, qui fait vivre pour nourrir ses souffrances... Allons sur les landes voir les exilés hors des bois et des vallons frais.

Le génie païen se montre impuissant à les exprimer; les hamadryades, sous ce climat, seraient mortes d'épouvante froide. Il faut des damnés sous les troncs. Forêts de harpie en proie aux corbeaux. Ces êtres douloureux souffrent de fuir la mort enlisante. J'en ai vu passer dans les soirs de brume, tâchant de nager, d'émerger à tout prix des flots du néant. Je pense à ces arbres comme aux défunts, seuls, dans leur fosse, quand il fait du vent, de la pluie, du froid. Vers de Beaudelaire qui heurte mon âme dans un glas funèbre : « Les morts, les pauvres morts ont de grandes douleurs ». Mais ils ont une bière, un toit de terreau. Ici ce sont des esprits déterrés jusque dans les rameaux, du sol montant dans l'air par les canaux de la sève. Leur souplesse et leur force ligneuses les empêchent de se casser d'un seul coup, d'échapper ainsi à leur souffrance. La nuit, les démons des points cardinaux sautent sur les branches, les secouent, s'y pendent, arrachent les feuilles. Angoisse des troncs qui ont peur de craquer. Les chênes, les hêtres dominent et se révoltent : les premiers, cambrés, boxent les orages ; les seconds dédaignent et laissent passer. Les bouleaux se courbent, leurs branches figées dans le lit du vent, panaches fouettés sur l'horizon ; ils pleurent et tremblent de feuilles palpitantes, de rameaux secoués, de gouttes projetées. Après le brouillard et la tempête, la neige prend plaisir à varier le supplice ; l'arbre secoue le faix des ramilles blanches, elle favorise une brume qui l'engloutit. « *L'été* » lui-même vient le « *faire saigner, dragon vermeil transpercé de rayons* ».

Ils vivent cependant, les pauvres êtres, « *ramifiant la vie en l'énigme des cieux* » ; ils vivent même quand ils sont secs. Surtout les gros troncs, chênes, châtaigniers, les saules tétards.

Viala restera le génial graveur et « peintre de l'arbre mort ».

« *Gestes d'arbres* » au bord d'une mare. Un vieux tronc cavé et tordu regarde la flaque brillante par un trou à jour qui paraît un œil ; il la désigne d'une branche à index accusateur, tandis que d'une autre il montre le ciel. D'une affreuse bouche ligneuse, édentée, il l'invective: « C'est à toi, onde génitrice, que j'ai dû de germer, de vivre, de souffrir. » Blasphème du fils à sa mère, de la créature au créateur. Un autre arbre, les deux poings aux hanches, la face crispée dans une grimace, se tord sous le soleil et le défie.

Ceux qui ont ignoré les pays de ces spectres, croiraient que ceux-ci ont jailli, tout contorsionnés, d'un cauchemar. Nous en avons vu, et des desséchés, et des morts réduits à leurs troncs cavés. Tel semblait sortir d'un thorax crevé ses poumons, tel autre prenait l'aspect d'un bucrâne ou d'une tête d'éléphant, barissant, la trompe dressée, sous les orages. Et voici des chênes mutilés ; « *ils ont, par endroits, des éclats d'ossements blanchis où la gamme des argents fauves, des violets et des bleus glauques se groupe ou se disperse en coulures le long de leurs fûts ; ils portent d'énormes loupes arrondies, hérissées de moignons, criblées de verrues et d'orbites s'ouvrant sur des creux pleins d'ombre. Ils ont une tête fantastique à leur sommet, avec des bouches hurlantes, des yeux confus et des bras quelquefois qui jaillissent avortés et cassés, implorant les étoiles du fond de leur tristesse irrêvée... Oh ! qui dira le mystère de ces vies confuses figées dans notre espace humain ? qui dira le secret de ces grands silenciaires, obstinés à nous faire des signes que nous ne comprendrons jamais ?* »

Certes, notre artiste sait donner la vie à l'arbre vivant, joyeux de tons et de lignes ; il fait frissonner les plus verts feuillages, il rend à la perfection la polychromie des troncs ; il égaye des printemps, enchante des automnes. Mais ses purs chefs-d'œuvre, dans lesquels il a mis, outre son génie, son cœur sympathisant avec toutes choses, sont les portraits de ces morts dont nul ne sentait l'espérance sourde ou l'obscur regret...

Le spleen et la détresse qui rôdent les landes, convergent au pied du grand arbre ; serrés en faisceau, ils engaînent le tronc ; ils y grimpent ; ils projettent au bout des branches, au bord de bras vêtus d'écorce, des supplications ou des malédictions. Une voix sort du bois caverneux, traduisant au ciel la plainte de la terre :

...DÉBRIS DE FORÊTS...

« Autrefois, je dormais dans la paix des sous bois aux rocs vêtus de mousses, aux fougères m'éventant de leurs grandes ailes. J'étais un parvis de salle hypostyle, et, pour m'abriter, les troncs soutenaient des velums mouvants, festonnés, ondés, mais impénétrables. Le ciel ignorait ma chair desséchée couverte d'un triple feuillage.

« Quand survenait l'hiver, que les vents glacés se frayaient un passage sous la plus haute frondaison, celle-ci descendait, feuille à feuille, et s'étendait sur moi, en rose d'automne, plus dense et plus chaude.

« Un jour, sous la hache, l'un des plus beaux fûts est tombé. Puis un autre, d'autres encore. J'ai vu pendre, par une déchirure, la menace du ciel. Me frappe l'averse directe, au lieu de la goutte de pluie qui avait erré sur les dentelles du berceau, qui s'était adoucie de glissements frais, d'offrandes de limbe à limbe, pareilles à des offrandes d'eau bénite d'une main à une autre dans le saint lieu. Le noir de ma nuit, reculé aux étoiles, n'est plus une ombre vivante de frissons et de nids.

« Le haillon vert troué est arraché ; ma nudité frissonne. Je suis restée vouée aux vents, aux chars de combats de l'espace, aux invasions des torrents empanachés d'écumes. Sur moi se préparent, comme sur des champs de manœuvre nus, les assauts cosmiques contre mes spoliateurs.

Gestes d'Arbres, eau-forte

« Que m'importe l'homme vermine ! Quand sa race eût exterminé celle de mes aînés, les arbres, je l'ai chassée, par l'épouvante, du cimetière, jonché de troncs et de bois secs, où étaient dépouillés des cadavres. Je reste la lande, la terre de la peur. Je défends mes filles, les bruyères, que j'ai enfantées, douloureuses, dans les cendres de ma vieillesse.

J'ai froid, l'eau me ravage, le vent me bat. J'ai la souvenance, qui m'attriste encore, de forêts superbes dont rien ne subsiste que de pauvres êtres, de lamentables Jérémies gardant les décombres de la plus divine cité. O ma Jérusalem sylvestre, aux larges toits verts, aux piliers sans nombre... »

...LEURS BOIS...

Si l'on met à part le Lévezou sud, tout démontrerait qu'une forêt couvrit jadis le plateau, abritant dolmens et cultes sylvestres.

Aux premiers siècles de notre ère, la dévastation commença. Elle se poursuivit au cours des âges, malgré les invasions barbares. Les édits royaux l'endiguèrent ; les religieux s'y opposèrent sur leurs domaines. Vint la Révolution ; la Terreur pour les arbres, déracinés comme les traditions, victimes de l'anarchie et de l'avidité paysanne. Depuis lors, rien n'a changé, sauf aux tout derniers temps, par suite des efforts heureux, quoique hérétiques, de sociétés privées.

Pour moi qui ne veux voir dans cette contrée qu'un studio d'artiste, je ne regretterai de la forêt défunte que le panorama infini où, de croupes en croupes, de vallées en vallées, ondulait la surface mobile des feuillages... Vision d'abord exaltante qui abstrait non seulement de l'homme, mais de la terre matérielle, au-dessus d'une mer de nuée vivante, vision enfin monotone, par lassitude d'ondoiements verts. Le pays varie sa richesse. Les prés font la fortune des paysans ; les landes celle de l'artiste.

On trouve des bois un peu partout, mais en général sur les pentes exposées au Nord-Ouest. Ceux de Vezins disposent leurs futaies en bordure aux prés glissant vers le Viaur. Là j'ai fréquenté l'élite des chênes, des tilleuls, des hêtres, aux troncs libérés à partir des pieds des mesquineries et des « buissonnailles ». Leur cathédrale dresse ses piliers nus: on a enlevé les ornements trop souvent baroques, bannières de printemps, reposoirs d'automne.

Sur la forêt de Trie, je vous narrerai d'exquises légendes : les branches encadrent de leurs frises vertes des échappées roses ; landes en parvis après des portiques.

Des bois réguliers, en grands carreaux verts, égayent le penchant nord-ouest du Lévezou. Bouloc se profile sur un fond riant qui s'altèrera de roses fanés, de grisailles... Toutes les vallées, près de Salles, accueillent de délicieux bosquets.

...AUX FAÇADES DE TEMPLES...

« *Des bois, au fond des prés* », flambent « *leurs vertes flammes* ». Vus de loin, de haut, ils semblent des lames taillées dans de l'émeraude, ou en automne, dans de la topaze brûlée. Des jetons verts posés sur l'échiquier des prairies, des losanges de velours cousus sur du drap. Sur un long dos d'âne rampe une chenille ; sur une croupe, un dôme se recouvre de plaques de cuivre vert-de-grisé. Contre le sol calme, s'activent des reliefs saillants, des volumes nets. Parmi les tons doux des prés et des landes s'empâte une franche couleur...

Nous nous approchons. Les contours ont perdu leurs angles. Leur surface cesse d'être continue. On va la réduire aux frondaisons découpées et aux feuilles. Voici la façade, longue, d'un monument vif. Ce n'est pas du gothique, mais du grec périptère. Sur les piliers droits, un fantôme de corniche antique. Derrière la colonnade, se figure un mur, par une très simple illusion d'optique. Sur le toit de feuilles, le soleil voltige, laissant au passage clartés de caresse.

On va aborder : l'irrégulier prévaut dans la forme ; l'inégalité des arbres voisins se montre esthétique, comme, en tout cas, l'inégalité. Le bois défile : les parties lointaines étagent leurs plans. S'éveillent des idées charmantes, ajourées, enguirlandées… J'ai connu des bosquets en ligne, derrière des avant-gardes d'arbres en tirailleurs et d'escouades dispersées. Là tout est varié, fantaisiste, les plans successifs et, dans chaque plan, les masses qui le stabilisent et, dans chaque masse, les individus.

D'où vient que sur mes notes, des phrases lugubres pleurent ? Etait-ce qu'octobre avançant virait les tons au tragique ? Des hydres grises se tordaient ; la terre saignait sous ses feuilles mortes ; j'évoquais encore la forêt dantesque où les harpies déchiraient… Sur les pentes neigeuses, les bois semblent disparaître, réduits aux hachures des troncs. Comparer cette annulation de la foule sylvestre à la résistance solitaire des chênes. On voit la terrasse des feuillages, désagrégée en hiver, découvrir son armature rouillée de branches : le vent est près d'emporter ce malheureux paquet de gaze brune…

Une croupe landeuse, tel un torse gisant ; des croissants de bruyères, renflées comme des traces de côtes, séparées par de blessures blanches d'arène : on dirait une empreinte lumineuse de main. Derrière le dos d'âne, autour de troncs robustes, frissonne un nuage sombre, qui semble ondoyer, bourdonner et vivre, qui barre tout l'horizon. En émergent très haut les bouquets nus, convulsionnaires, des hautes branches. Sous la frondaison vaporeuse, entre des piliers de cryptes romanes, se troue de l'ombre épaisse, se devinent des recueillements, des mystères, des poèmes et encore des eaux-fortes, comme celle-ci. C'est « *l'entrée du bois* » religieux, derrière les glèbes exposées au ciel et au travail humain…

L'artiste doit grouper et hiérarchiser les dominantes, en dressant des arbres originaux, en laissant fuir un filet d'eau, en flattant un roc faisant le gros dos, d'après ce qu'il manque de mouvement ou d'inertie ; suivre un fil mélodique aussi subtil que la continuité festonnée des feuillages ; réserver d'infinis lointains, lointains dans la réalité ou par le prestige du vague.

Série pittoresque : orées ou clairières de Viala, dans leur plénitude pieuse de narthex. Le ciel se voit encore comme sur les landes, mais la proximité de la retraite ombragée se devine à plus de fraîcheur, à plus de tranquillité dans le vent qui passe. Vers le zénith céleste, vers les astres fils de la lumière, se tendent les bras des rameaux. Dans cette foule hétéroclyte, des arbustes aux plus grands hêtres, depuis les premiers plans détaillés dans leur vie jusqu'aux fonds perdus de brume, un sentiment commun harmonise le geste, réagit contre l'inertie du roc. Ce sentiment est une adoration : « *Encens panthéiste* ». Il y a dans ce cadre de vie végétale, un rythme vital et respiratoire de même fréquence qu'un rythme encenseur. Autour d'une carcasse, dont la putréfaction a saturé les sèves de force germinative, règne le puissant végétal, qui fait chanter dans son royaume un « Te Deum Pana laudamus ». L'esprit de Viala, ayant su le dogme du cycle vital, cherche pour son culte des recueillements. Il court entourer sa prière de la prière harmonieuse des arbres. Il entre dans le bois comme dans un temple.

...TEMPLES ÉTERNELS...

Moi aussi, dès les premiers jours, j'en ai connu l'ombre. Lors, point ne pensais à prendre des notes. Chères promenades. Ce n'était pas pour nous la seule nature, les témoins cités par les élégiaques monotonement ; c'étaient les amis de l'artiste feu, qui nous bénissaient. C'était son royaume esthétique, plus beau, plus durable, même sur terre, que ceux de la terre, que nous parcourions. Le bois nous était forêt de symboles et chaque symbole souvenir défunt...

Je suis dans le palais des esprits qui me racontent. Accroupis sur les blocs, allongés à plat ventre sur les branches penchées, suspendus aux rameaux ou sortant d'un gour leurs gros yeux d'eau, ils avaient vu, combien de fois, cet étrange spectacle : un homme maigre, barbu, aux regards d'escarboucles, « *fauve contemplatif et écœuré* » fuyant la bêtise des foules, installé devant un chevalet, lançait des notes dans l'air, et, dans le même rythme posait des touches. Toutes les âmes sympathiques dispersées, latentes, dans le cœur des choses, soudain, à sa voix, se rappelaient être, être de très vieilles sœurs. Des reconnaissances, des joies de retour et des embrassades s'animaient autour de l'ouvrage. Viala, semblable à ces « cabrétaïres » qui font danser les noces paysannes. redoublait d'entrain, fixait sur sa toile les mille mariages célébrés... Puis il se levait, s'en allait, courbé, à grands pas rustiques. Tout le petit monde s'éparpillait ; chacun reprenait sa place, sur le roc, sur la branche, au rameau en pendeloque, au niveau de l'eau, mais sans se quitter, en s'adressant de loin des rires et des baisers. L'homme était parti, le bienfaiteur triste, encore acclamé par un monde inférieur auquel, pour quelques heures, il avait montré sa chère unité. Depuis lors, des divorces ont été prononcés. La vie a changé l'aspect des paysages et le magicien harmonieux n'est plus. Du beau jour lointain il ne subsiste, dans l'âme des choses, qu'un souvenir vague, comme, au cœur des hommes, celui de l'âge d'or. Il suffit toutefois, précieux privilège, de voir la peinture qui en est restée, vrai tableau d'histoire de ce temps heureux, de s'en pénétrer et de rendre au monde envahi par l'inconscience l'unité heureuse de l'esprit humain...

On trouve aux sous-bois une harmonie simple et philosophique. Au lieu d'une vastitude exposée au ciel, s'intimise un intérieur entre deux surfaces souples, l'une de fougères et de broussailles, l'autre de penchées de feuilles, de passages de rameaux, de pendentifs, d'ogives, de stalactiques mauresques.

Les troncs érigent des aplombs robustes. Des horizontales verdoyantes frissonnent à la lumière dont elles paraissent, surtout au printemps, les phosphorescences matérialisées. L'ensemble réalise l'harmonie cruciale de la banderolle flottant à un mat. Les branches maîtresses, moins droites que les fûts, moins vagues que les feuilles, contrefichent. Les perspectives des allées ferment le site au point de fuite. L'intimité verte repose.

« Il y a une mutualité de respirations, d'essors et de retraites dans la forêt... tout cela va vers la vie, vers l'azur, vers l'invincible et puissant appel... tout cela monte et chante ». Ce désir harmonieux est l'exécution par les divers êtres d'un ordre divin. C'est de lui obéir excellemment que doivent les bois d'être sacrés dans leurs formes : car si on les dit pareils à des temples, c'est qu'ils furent temples avant tous les temples.

J'ai noté sur eux tant de pieuses choses. Le tapis rouillé des feuilles tordues m'a rappelé le papier, froissé très soigneusement, qui formait le sol, couleur lie de vin, des crèches naïves.

...TEMPLES FLEURIS...

« O fleurs suaves de nos bois, aux pâles teints, aux senteurs douces », fleurs virginales sous les cloîtres sylvestres, fleurs vouées aux recueillements pâles. A mi-mars les violettes, comme des vierges chrétiennes, sortent des catacombes. Puis c'est la scille à la fleur mauve, humble étoile. L'anémone sylvie, nimbe banc pentalobe. La pervenche ouvre ses yeux bleus innocents. Le sceau de Salomon ombrage de ses palmes à la chute élégante ses carillons candides pour mâtines fleuries. La jonquille ostensoir d'or. Et la jacinthe enfin, goupillon d'améthyste.

Au bois de Costemalle, Mai fleurit le parterre des jacinthes, dont les feuilles pointues, vernies d'un beau vert, formaient tapis au ras de la pente. Les tiges surgissent, dressant des thyrses du plus joli mauve. Les pétales s'hexuplent en rosace gaufrée. Les six étamines de couleur pareille sont petites fioles aux bouchons violets. De loin, sur le divan mousse, s'incline un coussin vert, ocellé de points mauves, bordé d'un filet lilas, souple et léger. Je rêve une montagne en miniature sous la ligne d'un horizon en deuil. Jacinthes, chrysanthèmes enfants pour Toussaint printanière...

...BOIS GOTHIQUES...

Mon esprit se rapporte à ses souvenirs lithurgiques. Les mousses, bien peignées, à coup de petites touches, sur les troncs gris des hêtres font de la peinture sur bois, pignochée. Avec les lichens, elles composent des moires ou engaînent l'argent de fourreaux de sinople... Les chênes se soucient moins de régler leurs lignes, je les vouerai au roman... Mais les hêtraies sont ogivales, chacun le sait. Si les Grecs ont donné aux colonnes ioniques les proportions d'un corps féminin, les gothiques ont allongé leurs colonnettes indéfiniment, comme des âmes.

Chaque tronc paraît une âme qui monte, qui perd son extase dans un paradis de feuilles où les anges sont les oiseaux... En hiver, sous la neige, prient des fantômes émaciés et blancs. Au cœur de l'été, luxuriant de vie matérielle, la poussée de l'esprit, encore victorieuse, envahit les vaisseaux. La sève sous le bois est un jet d'eau dans l'air.

Un repos teinté de chlorophylle, sur « *les mousses aux vertes franges, velours tombé du ciel des anges* », descend. Les rais de soleil glissent obliquement comme sur les vieux tableaux de l'Annonciation, portent aux sous-bois des vœux d'évangile aux reflets d'émeraude, font briller sur les houx des gouttes de lumière. La multiple nef me matérialise ses vitraux lointains colorés de vert pâle, verrières subtiles où les branches meneaux découpent des larmes et des lancéoles...

...BOIS CELTIQUES...

Des ombres druidiques rôdent, le culte nouveau n'ayant pu chasser tous les revenants. Tels rochers furent des dolmens ; aujourd'hui,
hors d'usage, ils sont recouverts de housses moussues :

« *Au pied d'un vieil arbre celtique, une baguette énigmatique* »
me fait crier « *A moi les fées* ». L'ambiance païenne envahit. Ont
aposthasié les jacinthes,

> *les jacinthes au pur dictame*
> *dont la corolle en oriflamme*
> *aux gnomes sert de chapeau blanc !*

Quand le soleil brille après une averse, les nymphes mouillées
étendent leurs voiles blancs phosphorescents. Ce long champignon
me rappelle une « tanagra » sous son thoria, cet autre, plus gros,
plus trapu, un grotesque de terre cuite. Le ruisseau voisin baigne des
naïades aux cheveux de joncs. Dans la salle hypostyle tendue de
gaze verte, des fioles de cristal sont remplies d'angéliques, d'absinthes, de liqueurs rares pour festins néo-olympiens. En vain, pour
bénir le « haut lieu », les genèvriers moines sur la pente adverse
prient-ils en procession... Sont-ce des âmes de fougères qui vont
s'envoler, leurs ailes déployées ? Non, l'essor retombe, ce n'était
que le départ d'un frisson... J'entends une flûte jouer sa cadence.
« Le Grand Pan » est ressucité.

...BOIS FANTAISISTES...

Ayant rôdé les « Paysages » je m'arrête dans « la clairière : Au
déduit de la haie sombre blanchit un gros cailloux de quartz ; je
pense aux facéties d'un gnome me montrant son derrière... La lisière
des noisetiers bleuis par le soir se veloute d'un s'lence humide. Les
cylindres blancs des premiers hêtres se tachent sous la feuille de dar-

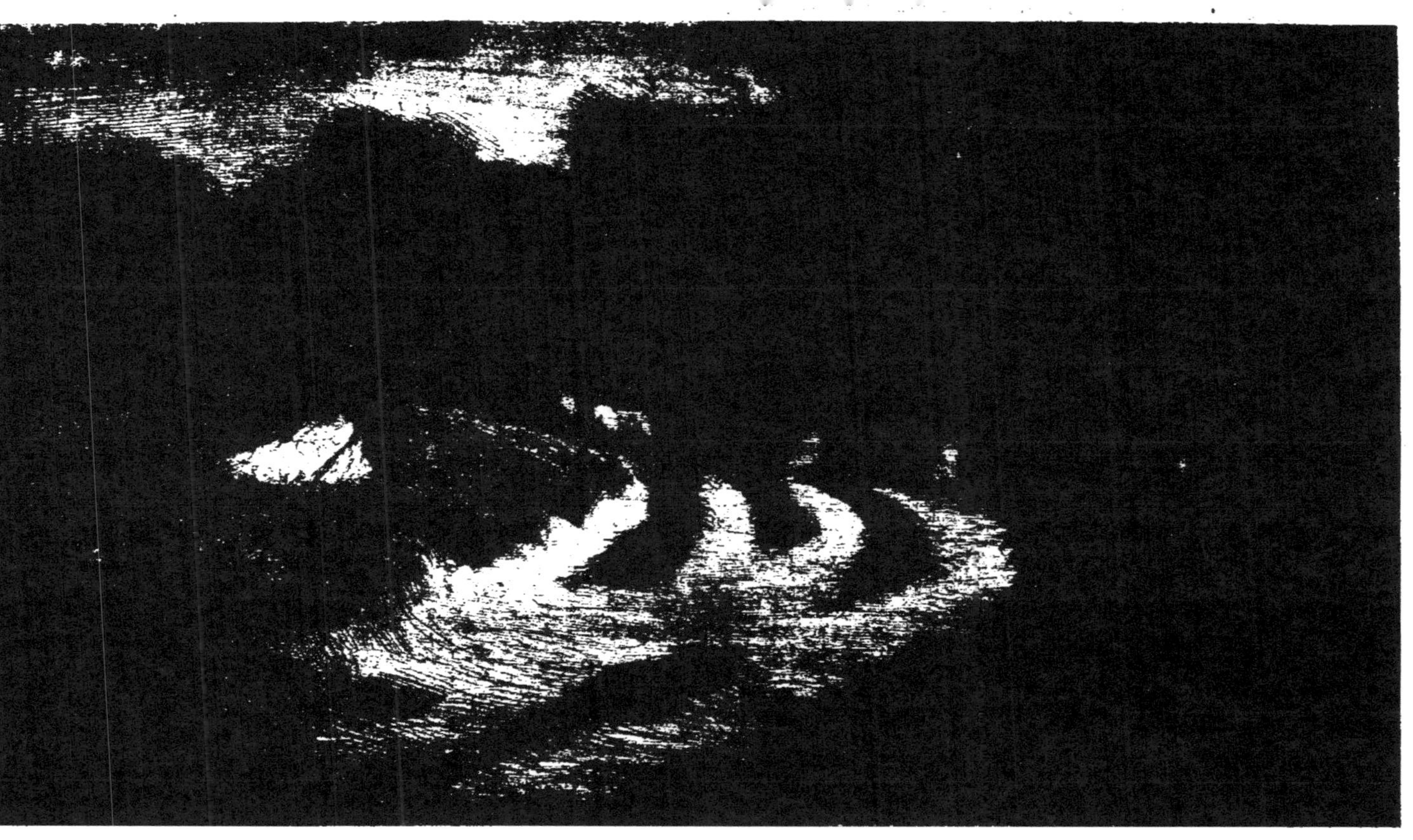

L'Entrée du Bois, eau-forte

tres de velours... Des genêts, repus de soleil, se délassent, odorants, dans l'ombre qui grandit. Au milieu de tout ce vert, une fourmilière géante met un cône d'ocre claire. Des granits se vautrent, énormes et fatidiques, dans les fougères mûres. Un chêne, emphatiquement allonge un long bras noir sur une mare infime. On dirait qu'il tient une poële : cette nuit, il y frira la lune ». Ensuite je me suis assis dans le plus joli salon crevette — un sous-bois où les feuilles mortes arborent ces tons surannés — sur un divan de mousse. Quelle suggestion de calme parfait émane-t-il de cette aquarelle pour que je m'endorme, bercé par son souvenir vieux rose !

...LEURS BOCAGES,...

On a coupé des arbres, on a laissé des troncs se moisir et s'enfouir ; on a incendié les arbustes, les genêts, les fougères; des murs ont été bâtis, des haies plantées, des gazons semés. Avec quelques restes de bois, on a composé le bocage. Le passé ayant pardonné, à côté des landes qui étalent l'horreur des décombres, la terre prairiale, adoucie par l'eau, conviée à la paix humaine, a accepté la vie nouvelle...

...SOURCES ET RUISSELETS,...

...Sur le conseil de la source « *pure, glacée, égale, laissant, été comme hiver, fuir son ruban de clarté... toujours gaie, fuyante, pleine de mouvements et de reflets* ». Oyez chanter les filets secrets, modestes rigoles aux bords en banquette ou épanchements vagues se dégradant du bleu au vert par les mouchetures du gazon sur l'eau. « *Dans la cuvette des prés... bleuâtre, telle une grande assiette d'une demi-lieue de large, serpente une anguille qui est le ruisseau, traînant à travers l'herbe profonde de l'émeraude animée qui s'étire et se sauve* ».

Pour modeste que soit le cours d'eau, son influence est aussi puissante sur le décor que sur la baguette flexible du sourcier... A deux pas des Salles, dans un cirque, coule le Cantarel ; il ne se voit guère mais il fait du bruit. Son lit détermine l'inflexion des pentes. Les mots esthétiques me faisant défaut, je suis obligé pour montrer combien cette ligne a de dignité, de chercher au loin des termes abstrus, tels que potentiel, symétrie, limite et même entropie ! car ce sont des forces physiques, obéissant aux lois abstraites, qui, pour composer des paysages, ont sculpté le sol. L'eau a attiré, aligné les arbres pour que leur rideau soit le plan axial, élément très stable par lequel s'équilibre le décor. Les frondaisons qui le balayent, le ruisseau qui en est la trace (le ruisseau qui « *parle tout bas* » dans l' « *axe* » de la prairie), transposent l'harmonie des formes en celles des murmures indéfinis. Dans l'intimité du vallon qu'elle a créé s'écoule l'onde joyeuse, mère toujours jeune dans un cercle d'enfants.

Rappelez-vous notre promenade parmi les vallées du haut Vioulou. Comme l'univers y enclôt et y apaise. La dépression douce descend, oscille et se fixe dans le chant de l'eau. On n'est pas inquiet, les rives sont si vertes, le feuillage miré si proche, si hardi est le vol des libellules. Si la gorge abrupte est la tombe, le vallon moelleux est le lit.

...MARES...

Dans notre ancien décor, non loin du Cantarel, une mare s'étale, « *glace de plomb liquide* », d'un blanc gris. C'est l'étrange rivale, muette, immobile, horizontale et ronde, sans avenir spatial, du ruisseau bruyant, agile sur la pente, promis à la mer elle-même ; c'est de l'eau échappée au destin, de surface exigue et de profondeur faible, mais pleine dans sa forme, riche dans son symbole, concrétisant sous les penchants un plan d'horizon, le soulignant indiscrètement, erigeant des arbres pour mieux le marquer par opposition. Nous voilà sauvés des obliques et des fuyantes, fixés à l'arrêt.

J'ai connu d'autres mares, taches cernées aux couleurs changeantes, niveaux affirmant — avec quel éclat quand le ciel y brille — la stabilité d'un point du terrain. Là, le vieux sage triste ne peut dire : « Tout passe ». Le symbole humain manque à sa mission. On s'en inquiète ; on ne peut croire au repos, pourtant manifeste ; on imagine des monstres, voire des fantômes, pour les y mouvoir. Combien de légendes n'y a-t-on pas noyées ? Comme devant la fosse de « L'Enterrement d'Ornans », on ressent l'infini du creux. L'eau qui emplit le trou rend plus mortel l'engloutissement.

Cent fois représentés par lui, ces étangs ont permis au peintre de creuser naturellement le sol, non pas dans l'ombre, mais sous la lumière, d'attirer les yeux avec optimisme vers le repos dont on voit briller la plaque tombale... Une pente descend d'un horizon lilas de bruyères à des teintes de vieilles tapisseries. Sous deux chênes tordus, fouettés par les vents de feuillages vert jaune, dort et meurt une flaque d'eau. On la devine près de livrer sa vasque aux boues, aux sables et aux pierrailles. Elle est doublement triste d'être immobile et de tarir... La mare, dans l'œuvre de Viala, c'est l'immobilité bouddhique opposée au romantisme de l'arbre sec ; le trou brillant de strates blanches sous la croix de Malte, le roc celtique et le penchant émaillé d'ombelle ; sous les frises de frondaisons la nappe verte où vont s'abîmer, dans le vertige des teintes calmes, les bruns âpres des troncs surplombants ; c'est le symbole de la fatalité physique dans le cachot d'un monde où la fatalité organique est « *la faim* » ; c'est l'onde où vont se jeter la Muse du « *noyé* », « *l'oiseau* » lointain victime d'un mirage et « *le chien errant* » dont la nature prendra la chair. La pensée du poète a été hantée par ces yeux tragiques des landes, des prairies ou des bois, par ces « *viviers des monts, creusés comme des coupes au haut des prés...* ;*

glaces timides où se mirent, humbles, les renoncules d'eau, les joncs et les prêles, et les ulmaires luxuriants et les menthes sauvages ».

Ses yeux réfléchis dans les eaux « *pleines de calme et pleines d'infini* » y ont laissé d'étranges hypnoses. Par un jour nostalgique, j'ai voulu les subir. Près du Cambon, au haut d'une pente, se courbe un chemin devant un bosquet. Dans la concavité d'un versant de landes, au milieu de broussailles, une mare se creuse interrompant la ligne. Objectif d'une énorme lunette braqué sur le zénith... A quelques pas de là, au bord du sentier, une autre croupit. Décor troublant. Je pense à un conseil de sages qui, ayant réfléchi sur un grave problème, la solution trouvée, méditent, immobiles et silencieux... Rectangulaire, peu spacieux, l'étang rêve métaphysique. Sa teinte noire exprime seule. Je ne dis pas vert sombre. Noir. J'y soupçonne des algues « *plantes vivantes, pensives, du fond de leur gouffre convulsées vers l'orée zénithale* ». La rêverie est d'introspection sous la voûte basse de feuillages. Ophélies paraissent les herbes qui trempent leurs cheveux dans l'eau. Des sureaux laissent pendre, découragés, leurs ombelles de baies noires. Des aulnes, d'un geste apaisé et rythmique, abaissent et relèvent leurs rameaux, comme des mains étalées, invitant au calme douleurs et angoisses. Derrière la mare, se groupent des hêtres dont le chef se détache, haut et rond, comme un pilier. Il jaillit et, dans ses branchages, murmure d'une certitude sereine. Le décor a acquis la sagesse, mais dans une harmonie décevante pour l'homme. Croisant les hauts fûts gris, stagnent des strates feuillues, monotones. Des bêtes ensorcellées dorment sous une eau d'encre : mort individuelle. Des arbres se nourrissent du liquide organique : régénération après la mort. Le tableau s'encadre mystiquement entre la nappe et les branchages : cycle panthéiste. Enfin si au bord du vivier, après incantation à Hécate, une fée, à la pleine lune, cueille la fleur de digitale ; les philthres de la magie noire.

...COMBES ET TOURBIÈRES...

Régions plates, mi-terre, mi-eau, tourbières, sphaignes à couleurs d'automne, « emboulidous » à fouler très vite, à grand pas moulés dans un bruit de soupapes, « fondrières tremblantes » fréquentées par Fabre « d'où suintaient les eaux irisées ». Verts crus des plantes aquatiques, épaisseur riche des herbages, clartés fugitives, miroitements glauques ou céruléens entre les mottes grasses. Les fleurs se hantent de teintes pour tableaux de Chabas, fleurs ondines, violettes sans odeur ni couleur, renoncules d'eau aux jaunes mourants, épilobes roses, blanches parnassies, élégantes dans leurs collerettes de feuilles velues, lythrelles groupées en fuseaux. Comme

> *« extravagants papillons de nuit...*
> *« Les pâles iris dans le clair de lune*
> *Songe de soleil, clartés de minuit...*
> *Blancheurs phosphorant la clarté des tombes...*
> *Etranges éclats tombés dans la nuit*
> *Magiques lueurs d'ailes de colombes...*

...PARTERRES FLEURIS...

La lande se vêt de plantes robustes, envahissantes. — Je pense aux fleurs brèves qui ont surtout la grâce de faner, aux fleurs qui forment des diaprures. — Les bosquets recèlent de pareilles fleurs. — Je pense aux fleurs nées devant le soleil qui sous ses rayons colorient la terre. Petits êtres frais de cœur et d'arôme, couleurs parfumées, couleurs animées, couleurs faites à demi femme, vous par qui tout peintre est un amoureux !...

M. Eugène Loup, le délicat portraitiste, aime évoquer une heure où l'artiste défunt fit fleurir à ses yeux, par la magie du verbe, un printemps du Lévezou. Mais les mots impromptus ont eu la destinée des fleurs, sauf hélas ! l'espoir de renaître. Parmi les poésies, j'ai glané des images, distillé pour ma joie l'élixir polychrome. J'écris donc sur un mode lyrique, mode qui convient à Viala : exhalez vos essences jadis incantées par les paroles feues : « *fleurs des bois, fleurs des eaux, fleurs des mares limpides.* » « *Fleurs premières... cris sauvages, naïves clartés,* »... « *vanités frustes* », « *pâles nénuphars, revenants des eaux* », renoncules « *au beau sommeil* », « *crocus nimbés de folles lumières* », « *lys asphodèles aux douces pâleurs* », « *polygalas bleus* », « *orchis diaboliques* », « *coquelicot prolétaire* », « *paquerettes pâles* », « *lamiers étoilés* », « *jusquiames étranges pareilles à des dragons épineux* », *marguerites au cœur nimbé de porcelaine*». « *Un groupe d'amaryllis... laisse entrevoir de l'âme soudain étouffée par le trèfle nombreux* ». Puis la musique s'adoucit.

> « *Sur le pré, neige en plate bande,*
> *Les narcisses à l'infini,*
> *Par le vert d'été rembruni*
> *Dansent leur blanche sarabande...* »

Ce bouquet simple, improvisé, j'irai le mettre sur la tombe du pauvre mort qui aima les fleurs...

D'abord, paraissent les perce-neige, bravant l'hiver, narcisses ébauchées ne tendant pas de cupules aux rosées trop froides. Voici les paquerettes en collerettes, fleurs enfants au cœur d'or et aux pudeurs rosées. Cependant, près des bois, hâtent les primevères les évasements jaunes de leurs calices glauques. Après les boutons d'or plus gros et plus chaudement métalliques que sont les calthas des marais, après leur riche byzantinisme, les renoncules plus gracieuses se parent comme des ciselures gothiques, lancéolées de fleurs, flamboyantes de feuilles. Au seuil de mai, les calamines sèment leurs mauves pâles veinés en camaïeu. Les orchis, ces bouffons, somptueux de parures, dressent leurs thyrses mauves. Que sont sous les herbes ces regards bleu clair qui, quoique petits, veulent être vus: ô les myosotis !...

Mais, de touffes vert sombre, comme dans les légendes, naissent des narcisses, « enfants de chœur » blancs. Une main de femme, gantée jusqu'au coude, les doigts dégagés, serrés en fuseau, tient précieusement la fleur blanche obtuse, à l'âme de grâce penchée, à la coupe jaune, frangée d'orangé, qui semble, malgré sa couleur, un œil ouvert. Des bals, à trois pouces au-dessus du sol, de folies candides avec des pierrots. Entrent en danse leurs sœurs jaunes, les belles jonquilles aux larges cornets pareils aux chapeaux de ces personnages. Fantaisies masquées d'avril et de mai.

Les danseurs s'aristocratisent. Ce n'est plus la coupe aigue, médiévale, des corolles. Se gaufrent les fraises de la Renaissance. La Marguerite des marguerites. Voici la plénitude chaude de l'été où le blanc paraît un effort conjugé des teintes. De grandes hampes liliales se balancent, très haut, au-dessus des herbes. De leurs boules vertes — écailles et poils — les centaurées sortent des mains amaigries, violettes, et des yeux aux fins tentacules. Les scabieuses mettent leurs petits bérets. Les millepertuis allument leurs étoiles d'or, raidissent leurs étamines en moustaches de chats. Petits dans les herbes, cachant leurs lèvres violettes ouvertes à la rosée, les serpolets. Les jusquiames ouvrent dans leurs grandes feuilles taillées à la diable, de creux et de pointe, leurs fleurs veloutées aux fines nervures, aux pâleurs brunâtres concentrées en noir dans leur cœur mauvais. Les sauges, aux langues fourchues, replient leurs pattes à la manière héraldique.

Voici venir la « *mourante saison* ». Déjà se sont fanées même les floraisons tardives. Seules, depuis la primavera, les pensées poursuivent leur petit rêve blanc et or. Les campanules retournent encore leurs robes mauves à la Watteau. Cependant, par les prés humides, s'allument des fuseaux violets, les colchiques d'automne, les veuves, les veilleuses, comme des cierges sur les tombeaux des autres fleurs...

J'ai aimé pourtraire les plantes sur des miniatures. Allons admirer les parterres. Hélas, dans les prairies, c'est parmi les teintes, la glorification anarchiste du chromo.

Sur ces polychromies Viala a composé plutôt des vers que des tableaux. Son génie large aimait les touches larges.

Il s'est adressé aux fleurs nombreuses susceptibles de faire foule. Le printemps en tisse de précieuses moires. « *L'or des ravenelles* » échauffe les verts; les végétaux prolétaires se groupent aux points propices, en masse, pour crier plus fort. Les originaux restent à l'écart. Cela produit un effet de dégradé, de moucheté... Du pollen, du safran saupoudré par le vent. Des abeilles d'or butineuses. Des nébuleuses au ciel prairial. Les céraistes et les saxifrages manifestent timidement, avec de petits drapeaux blancs. Les calthas et les renoncules, ploutocratie des lieux humides, sablent les champagnes frappés et écumants des ruisseaux. Les fleurs artistes ou bizarres, qui portent haut de larges fronts, refusent d'entrer dans la foule. Elles se piquent et tachètent.

Parmi cette féerie, le pinceau de l'artiste est un papillon volant sur les fleurs. Rien ne subsiste des corolles précises. Peut-être, au premier plan, une tige dressée, un chardon, un genêt, une molène. Puis, dans un fouillis impressionniste, c'est de la vie qui papillote à travers les couleurs du prisme. La fleur, n'est-ce pas une teinte solaire, isolée par le jeu des gouttes de rosée et matérialisée au bout d'un pédoncule ?

...PRAIRIES...

Ondule la prairie, paysage de berceuse, houle verte où se noient des beautés florales. Parfois des nuances lavées frissonnent sous la nappe glauque comme le corps d'une baigneuse. Les herbes feues, décomposées, ont adouci de chairs ocreuses les angles de la roche squelettique. Les vivantes les vêtent d'étoffes souples.

Nous avons tous vu les vagues champêtres, vagues roses, vagues glauques, sœurs humanisées des vagues marines. Las ! les plus jolies ont une vie brève, une portée faible, agitant à peine les hautes touffes, les cénacles verts des humbles talus. Elles intègrent les dandinements sur le même rythme (rythme d'acolytes encensant l'autel) des têtes grenues, vouées aux zéphyres. La brize, dont les pédoncules agitent des épis en cœur, a pris à la brise sa légèreté. Et voici, plus fin, quoique biscornu, le « jouet des vents ». Pour faire ruisseler l'argent le soleil s'unit au vent...

Je m'approche, espérant entendre des conversations que je suppose animées : les perruques s'agitent fort. Ce sont de petites personnes, gentilles, peu originales, réunies dans un salon, où, dans du céladon, on cause. Qui, globuleuse opulemment, presse ses fleurs en épis denses ; sur celle-là, les étamines, dont tremblent les anthères noires, font voleter des mouchetures de voilettes. Toute l'âme du pré heureux, sans ambition, un peu servile, cette démocratie qu'est l'herbe, s'amuse à croiser des potins, des bruns, des jaunes, et des mauves qui font un murmure vert. De peur de les troubler, je m'éloigne très doucement... Surface de houle, c'est la terre encore, mais c'est l'air déjà. Elle offre au sommeil deux zones, la zone vivante au milieu des chaumes et la zone morte, entre les racines ; du vert et de l'ocre. Le chuchotement des plantes me rappelle celui qui accompagne les trop longs enterrements. Je ne disserterai pas de la somnolence des verts. Sur la chère terrasse, je me suis assoupi du repos onduleux des brises dans l'herbe.

Viendra juin, le « *faneur des rythmes* ». « *Tondu comme un crâne d'esclave* » le pré descendra au vert ras et l'odeur des foins à côté des fermes se fera sans doute de rêves fauchés. Après la délicate moire aérienne, après les zébrures des fenaisons, est fini le prairial des peintres.

...MOISSONS...

Sur le canevas poracé les saisons brodent. Messidor brode de l'or :
broderie épaisse de laine grattée, emmêlée de crins. Cette société
bourgeoise et égalitaire étouffe les songes des bleuets limpides, colorés, brillants, des coquelicots, rouges anarchistes.

> *Le coquelicot, dans l'avoine*
> *Chante un refrain séditieux...*
> *D'accords justes il est très chiche*
> *Et, si sa rime n'est pas riche*
> *Ah ! soyez certains qu'il s'en fiche*
> *Et de bien autre chose encor !*

...BIGARRURES...

Comme il y a des champs de luzerne, de sainfoin, de « *trèfle
mûr* », de « *sombres maïs* », de pommes de terre, comme il y a des
prés de toutes nuances, plus ou moins tondus, plus ou moins flo-
raux, plus ou moins secs, vous voyez l'habit d'arlequin. Le couturier
carnavalesque a atténué la polychromie, l'a cantonnée dans des
verts, facilement indigents ou criards. La prairie a reçu de l'homme
engrais et vulgarité. Elle est le site rêvé pour l'imagerie d'Epinal.

...ET RELIEFS...

Par rapport au plan nu, le décor dresse des reliefs, tend sa surface inerte sur une armature aux saillies robustes. Le voilà sauvé.
La lande traînait ses lignes rasantes, le bois répétait ses montantes.
Le bocage les mêle, les unes et les autres, solides et denses. Les
premiers paysages, philosophes, expliquaient inlassablement leurs
systèmes. Le dernier, dilettante, élégant d'éclectisme, se plaît à opposer ceux-ci.

Les pierres encombrantes, ramassées sans cesse dans les champs, se sont empilées sur leurs bords. Il en est résulté des murs bas et informes, de dalles à joints vifs, éparpillant leurs décombres à leur base. La plante y a prospéré au pied et aux interstices. Des mousses, des orpins. Les plus jolies fleurs sont les cymbalaires aux tiges tombantes d'une ligne souple, aux feuilles festonnées, aux corolles mauves posant aux coins de leurs lèvres deux gouttes d'or. On les appelle des ruines, tant leur grâce enfantine sympathise avec les proches vieillesses. C'est qu'ils sont vite des ruines, ces murs écaillant leurs schistes dartrés, cassés, ébréchés avant leur pose. Ils n'auront pas connu les régularités des appareils et sans doute ont-ils oublié la main qui les a élevés, dont le geste, sans l'aide d'outils, fut si discret, si simple, si instinctif. Les modèles se trouvent dans le paysage: tranchées micacées ou blocs erratiques.

Pour le démarquer, la nature attaque l'ouvrage de l'homme. En quelques années, elle l'a fait sien. Les ruines précoces arborent des teintes étrangement vieilles, aux rides séniles, quadrillées. Les ocres, les verts et les bistres s'allongent, s'empâtent. Le promeneur passe : il a vu du terne. Le peintre s'arrête, heureux de noter la polychromie. Sur cette aquarelle, au pied d'arbres tachetés, ondule un énorme reptile. Je vois une chaîne multiple entraîner un tapis roulant de mousse ; entre la résille des joints, les couleurs se métallisent et s'oxydent sur le vieux mur.

On gravit un pré déclive. L'herbe s'épaissit, plus verte. Puis un mur surgit, soutenant les terres du pré supérieur. Voilà un motif. Tantôt c'est un ratelier de dalles posées debout, riant de toutes ses incisives, sous moustaches d'herbes et de buissons noirs, tantôt un judas inversé par où les êtres souterrains regardent le ciel le long des barres noires de vide. L'humus s'est glissé entre les moellons ; les fleurs rudérales en font leur profit. Je vois un rameau joyeux de verdure : pensez, il croyait n'être jamais qu'une racine, condamné à vivre au sein de la terre. Le voilà à l'air et à la lumière, capable de feuilles, de fleurs et de fruits. Là haut, le grand arbre, dont il est issu, lui fait signe de la tête. Diverses fougères ont accroché en ex-voto leurs palmes, leurs coupes, leurs minuscules bannières. C'est un coin de vie et d'harmonie simple.

Et les haies vives ! Entre les saisons du vert tendre et du noir elles aiment varier les couleurs de leurs baies : leurs « *buissons ont des larmes noires, violettes, bleues* ». La gelée d'hiver les fleurit encore.

...PAYSAGE HUMAIN...

Une immense trame de clôtures a été posée sur le tapis vert. Quand de grands espaces occupent les mailles, voici que des arbres, de petits bosquets rehaussent leur monotonie. Dans la citadelle d'un rocher solide se sont réfugiées des plantes sauvages. Un chêne s'y dresse comme un étendard protecteur. Humble pied-à-terre pour l'artiste errant. De mousse et de frondaison, c'est, au centre du pré, un pompon plus foncé au haut d'un béret de drap vert pâle.

En un point de chaque carreau, se concentre et verdoie une vie. Toute figure régulière réclame son centre. Figurez-vous les noyaux des cellules polygonales qui constituent un tissu végétal. Sur cette coupe histologique, énormément grossie, on peut soupçonner la vie organique du bocage. Celui-ci est un être collectif, un « *damier de cultures* », un vitrail dont les plombs sont les murs et les haies.

Jusqu'au pli de terrain vallonné et tranquille, l'ombrage a vue sur l'ombrage. On échoue au fond du val, suivant l'instinct, comme le décor suivant la pente. Ceux qui ont élevé des clôtures, posé des bornes, laché le spectre botté du code rural, au lieu de morceler la terre n'ont fait que trahir son unité. Les lignes et les couleurs en témoignent, en plein accord. Les ruisseaux s'en font un panache.

L'intimité des retraites agrestes résume l'immensité sociale d'un
tel paysage. L'homme, de sang rustique, s'y trouve chez lui. Les
harmonies du coloris s'harmonisent avec celles des clochettes, avec
les chansons du pâtre idéal. On les a importées toutes civilisées ;
on les enseigne avec les « humanités ». S'évoquent des charmes de

Ruisseau du Rouergue, eau-forte

bucoliques, de cueillettes de fleurs, de sommeils sous les feuilles
parmi les hautes herbes, de rêveries et d'idylles ourdies à l'ombre
des vieux murs. Nous aimons y réciter des vers de Virgile, y tenter
des réminiscences de d'Urfé ou de Racan. Un double atavisme nous
émeut, paysan et gréco-latin. Nous éprouvons de confiance une
« *classique félicité* ». Comme les classiques n'ont guère compris
la nature, nous voilà, à notre insu, sans poésie, dans la suggestion
d'une couleur, de simples pédants littéraires.

Il flotte à mes yeux sur ces visions vertes les cendres des plantes

sauvages. Chaque pré est la tombe d'une bruyère ou d'un hallier.
Sa teinte donne froid sur les rouges ensevelis. Notre triomphe agro-
nomique a attristé la nature dont le sourire frais n'est que résigné.
Parmi les taches lavées, brunes, jaunes, poracées, se filent de minces
lignes violettes, traces des murs et des haies, traces des ondulations
de la terre, nervures qui se multiplient, se chevauchent, se heurtent, se
pressent peu à peu sur l'aquarelle, en montant vers l'horizon de « *la
Plaine* », grâce à elles baignée de mauve, hantée du spectre coloriste
de la lande.

...ET LES RÉGIONS IMPRÉCISES...

Nous sommes descendus de la brande faîtière, d'un pays d'espaces uns, de vastes horizons, d'où l'on voit s'enfoncer toutes
choses. C'est un bonheur des yeux de se heurter à un rideau arbores-
cent. Le bois s'accroche à une pente.

Nous quittons ce temple celtique ; murmure l'âme virgilienne.
Le bosquet est au haut de la côte comme une chapelle sur la colline, au seuil du vaste monastère des landes. Mais combien de pro-
fanes resteront à l'orée, entre le pied des arbres et le contour de
l'ombre, par besoin de sentir la quiétude sacrée, sans oublier le
calme épicurien des prairies.

...LEUR FAUNE...

Pendant que les conquérants descendent vers les vallées hospita-
lières, les vaincus se retirent dans les solitudes où résister et vivre
encore. Les vaincus — bêtes fauves, déclarées nuisibles, ou de
bonne capture ou de meurtre licite, disparaissant peu à peu.

Je fais d'un paragraphe sacrifié un coin d'arche de Noë. On
trouve dans le Lévezou des poissons, goujons, vérons, des truites superbes, des crapauds, des lézards et des serpents, des pluviers,

des vanneaux, des sarcelles, des gros rats, des blaireaux, des belet-
tes, des putois, des renards, des sangliers et des hommes.

Il court dans ma mémoire, pourtant peu cynégétique, un lièvre
pareil à « *une fourchette qui se sauve* ».

L'alouette se dresse sur ce casque gaulois pétrifié ; son « *chant
imprécis, aérien* » se fait entendre, très haut, au printemps, sur les
landes et les blés verts. Le linot adulte, sous son complet gris met
un gilet feu ; ses nids dans les genêtières, nids de laine et de brindilles, sont à merveille faits et cachés. Sa chanson salue le printemps
et reprend nostalgiquement à l'automne. La « cabrette », bécassine
mâle, crisse de ses ailes au ciel des marais.

Les corbeaux ont volé sur le génie du poète ; « *dans leur tourbillon d'ombre* » ils prennent « les *couchants* ». Sous la nuit fê-
tarde de « *Chanson noire* », comme des noceurs enivrés, ils titubent
sur l'asphalte rayé de l'eau forte.

Tous ces oiseaux sont bien connus des rustiques qui, enfants,
ont volé leurs nids, qui, hommes, les ont pourchassés, qui, sur les
conseils des bons vieux, ont interprété leurs ramages comme de naïves
leçons. Je n'entre pas dans des détails que l'illusion et la piété
aux souvenirs d'une jeunesse bocagère ont pu nimber chez le
poète d'une délicieuse fraîcheur. Mais ce poète tant aimé, j'ai été
peiné de le voir, suivant les anciens préjugés, anathémiser un hibou
et le clouer au pilori comme au portail d'une grange. Je ne veux ni
invoquer Athéné, ni esquisser la psychologie de la bête, ni surtout
m'autoriser du Larousse qui proclame son utilité. Je tâcherai, suivant un guide généreux, d'échapper à notre morale anthropocentri-
que. Voici une eau forte de Viala, portant en légende au crayon,
« *O faim, honte de la nature* ». Planche dure, dans son trait, dans
sa « couleur », dans son esprit, la facture même ayant pris l'âpreté
de la loi. Un arbre sinistre se dresse en un coin ; une mare creuse
donne le vertige ; l'arrière plan se serre, sans atmosphère interpo-
sée; le plein air devient un cachot, le cachot de *la faim*. Sous la

branche décharnée, je ne sais quel oiseau rapace, aux yeux brillants dans la nuit, se laisse tomber sur sa proie.

Pauvre affamé des ténèbres, toi dont le soir entend aboyer les mauvais oracles, quel que soit ton nom de bête, laisse moi te transmettre une rare et précieuse absolution de l'homme :

> *La faim, la noire faim, qui créa ton pauvre être*
> *Tout un cycle funèbre en un monde cruel*
> *Le voilà ton forfait, ton tyran et ton maître...*

Parmi les rapaces diurnes, « aoucelas » redoutés des poules, voici le milan blanc aux ailes noires, au vol ample et lent, « *l'épervier roussot, ardent, guettant les morts prochaines* », moins agile, mais rusé et longanime ; le faucon seigneurial vêtu de plumes métalliques.

Rôdent les bois quelques renards. Les sangliers, rares autrefois, sont devenus assez nombreux dans les épaisseurs des taillis, depuis qu'ont disparu les loups, les loups affamés, homicides et diaboliques, qui venaient, jadis, jusqu'aux maisons, hurler pendant les nuits de neige. Des colporteurs rouergats vendaient leurs dents à Paris même, comme hochets...

Blessé par les crocs des chiens et par les fourches, « *le loup* » de Viala fuit « *l'échéance mortelle* » « *vers l'ombre* », « *vers l'inconnu* » ; il symbolise non le stoïcisme, mais la crainte instinctive du trépas. Après une course affolée, poursuivi par la douleur, « *la mort* » et « *les cohortes suspendues* » des corbeaux, « *il tombe* » soudain, « *masse inerte* »...

> *Pauvre corps de martyr... Je viens chercher ton crime*
> *Sur ton tiède cadavre en la nuit qui descend.*
> *Je ne vois que le sceau de la douleur sublime,*
> *Je ne vois que de l'ombre, hélas, et que du sang.*

Dans cette absolution, l'artiste communiait dans la « pitié » des choses, tirant du panthéisme l'éthique universelle. Shopenhauer lui-même se trouvant dépassé, que nous sommes loin des morales rustiques ! Hors des philosophies, c'est un grand cœur qui parle, dont l'amour descendra aux « *pauvres ailes vertes, arrachées aux corsets d'ardentes demoiselles* » et aux « *hannetons morts* » sur « *les gazons humides* ».

Le coq des bruyères se plaint à « *un pauvre pigeon* »... « *J'ai voulu revoir les sillons qu'elle foula de sa bottine écarlate, ma perdrix aimée, les genêts qu'elle frôla de son aile rousse, de ses flancs bleus rayés d'onyx, les sources où elle menait boire notre petite bande à l'abri des buissons protecteurs* ». Un chasseur, de deux coups de feu, a mis fin à la confidence.

Un procès criminel : Viala, le coupable, se juge lui-même. Il a tué... un corbeau, un désagréable corbeau, aux criailleries provocantes. Comme il s'est approché pour ramasser l'oiseau tombé, celui-ci a proféré « *un reproche, une insulte, l'insulte de celui qui meurt à celui qui tue* ». Le meurtrier a eu peur, il s'est enfui, il est revenu voir sa victime que la nature avait reprise, pour la protéger dans la mort.

L'ennemi de toute la faune, c'est notre race. Toutes les bêtes de la terre peuvent redire cette phrase qu'exhale l'épervier mourant. « *Tout, tout, mais pas les hommes* ». Mais au-dessus de la douleur, de l'amour et de la haine ! Nous sommes sur le Lévezou, une « *après-midi de décembre, accalmie lumineuse et froide de l'hiver... Tout à coup, sur ma tête, au creux du zénith, retentirent des cris et des battements d'ailes. Je levai les yeux et vis une longue file d'oies sauvages ramant des pennes vers le sud : des cris en tombaient tumultueux et d'une sonorité étrange de cloche marine, parmi lesquels un plus grave et plus fort, unique, rappelant le timbre d'un cor puissant, revenait par intervalle, sans doute l'appel réitéré du chef de la troupe que l'on pouvait deviner parmi les plus gros des oiseaux. Cela passait assez près de moi. Je distinguais les mailles grises au dessous des ventres, je voyais les cous rigides s'allonger bizarres, couleuvrins, j'entendais l'air gémir en cadence sous l'effort nombreux ; parfois la première bête de la cavarane cédait la place à quelque autre, sans interrompre un instant la rectitude dé leur trajectoire... Combien de temps ai-je contemplé les détails de ce monde fantastique, en voie d'émigration, propageant sa volonté dans le néant glacé de la montagne. Il est des minutes où le temps comme le nombre et la matière n'a pas de taille. Quelques secondes, j'ai vu dans l'air passer le dieu Pan des printemps polaires avec sa robustesse formidable, vertigineuse, son irrésistible effort vers la vie.»* Je crois à l' « *effort vers la vie* » était l'article principal du credo de notre penseur, credo récité sur les cimes.

...ET LEURS IDÉES...

En ce temps, jeune, brûlant de fougue, épris d'idées sauvages, Viala parcourait la montagne dont il aimait la ligne abstraite et haute. Une autre ligne, basse, celle des abîmes, le hantait péniblement. Pris entre l'exaltation austère et le découragement, il s'attardait encore quelque peu à l'adolescence métaphysique, aux régions et aux sentiments extrêmes.

Puis, l'âge pesant et la jeune fièvre s'apaisant, les marches devinrent moins longues. Les sites outranciers s'éloignèrent à l'horizon de l'âme, d'une âme pénétrée de contingences, ciselée, burinée par les soucis vitaux. La pensée entravée par la réalité perdit sa libre allure de chasseresse. Dès lors, il hanta les plateaux, les plateaux dont le nom seul évoque un équilibre, les plateaux de landes, de bois et de bocages. Avec son génie personnel Viala rentra donc dans la norme, comme un homme grand dans la foule...

Dans la foule des terriens vivants ou morts...

La Gloire (ou *Chanson Noire*), eau-forte

...L'HISTOIRE DE L'HOMME...

L'homme est ancien ; les dolmens le proclament ; de les porter, le sol paraît celtique.

...GAULOISE...

Au temps des Ruthènes, les légions romaines campaient au Sud du Tarn. Puis, sous « *les aigles de César* », elles se répandirent en construisant des routes. En ce temps Peyrebrune était cité importante; les traditions la montrent descendant de son éperon jusqu'au dessous d'Alrance, en éternel éveil par les bruits des marteaux de dix-neuf forgerons.

A Montjaux des prêtresses adoraient Jupiter. Mais déjà saint Martial envoyait ses disciples. L'évêque Saint Léonce mourait non loin de là ; un cloître se fondait autour des sarcophages qui, creusés dans le grès, subsistent aujourd'hui.

. L'invasion des barbares battait le pied du mont. Fragments épiques. Sur le saillant de Rouviaguet, s'éleva jadis la ville de Lévèze. Les Goths la ravagèrent, puis les Sarrazins. Un jour, les habitants, lassés de souffrir, la quittèrent en masse et, conduits par Taxile, fils d'un ancien captal, franchirent le Trinqual ; s'étant installés sur un contrefort plus abrupt de la montagne, ils y bâtirent la ville qui fut Levezonium ou petit Levezium (l'actuel Castelnau). Dès le haut Moyen-Age, Levezou fut un fief qui couvrit la région. Sur la montagne rose brille encore le blason de la race féale : d'azur à un lion montant couronné d'or, armé, allumé et lampassé de gueules.

...FÉODALE...

Fidèle à son goût pour les altitudes, le Moyen-Age dressa des abbayes et des châteaux. La contrée devint la proie d'une belle noblesse, orgueilleuse et sauvage, digne du sol que survolaient ses oiseaux « cassadors ». Au XIVe siècle, les cimes opposaient leurs manoirs, entre lesquels passaient des chasses élégantes. Marot croqua, en ces vers, les aigles griffus, héraldiques :

> « Lévezou, d'Estaing, Vezins
> « Haults barons et mauvoysins,
> « Forts châteaux et beau renom,
> « Sévérac torture et pille,
> « Castelnau sur tous grapille... »

L'église féodale, monacale et armée, se tailla une part léonine. Les ordres religieux fondèrent des abbayes, dont subsistent les églises romanes. Cette période d'art marque l'apogée du Midi : la vie y règne, active, brillante et destructive. Les hospitaliers ont aux Canabières leur commanderie. A Saint-Jean-le-Froid, qui en dépend, le « seigneur du lieu p... au bénitier ». A la Selve on emmure dans l'église au moins deux victimes dont on a trouvé les squelettes, l'un debout, l'autre assis, auprès de deux coques d'œufs.

Les siècles sont de fer. L'équilibre précaire du monde médiéval est déjà détruit. Nous sommes près de l'Albigeois où a sévi Simon de Montfort. Les Rouergats sont mentionnés parmi les croisés. Nos régions n'en durent pas moins compter des hérétiques. Deux siècles plus tard, en fin du grand schisme, n'est-il pas piquant de voir de simples paysans, réfugiés dans les gorges du Viaur, s'entêter dans l'antipapisme ?

La guerre de Cent Ans a jeté sur nos landes ses hordes soldatesques. Non loin de Peyrebrune, le Prince noir aurait enfoui un trésor, dont un papier à la tour de Londres confirmerait l'existence. Quelques amateurs ont fouillé ; point n'ont trouvé le veau d'or.

Blottis sous les manoirs, serrés contre les couvents, les serfs pâtissent. Dans les espaces nus, le brigandage règne. Aussi fait-on le guet aux clochers et aux tours. La trompe sonne l'alarme : qui est valide, se bat ; qui ne l'est pas se cache à l'ombre du donjon ou dans celle du cloître. Les vilains à leur tour abandonnent les villages et, rôdant les chemins, détroussent les passants. A Castelnau, au XIV siècle, on punit sévèrement ceux qui se trouvent hors de leurs maisons, le soleil couché. Alors Jean de Tours, alias Monteil, explique comment le bruit de la trompette annonçant la relève du guet, l'aspect des bergers armés de couteaux, celui des processions suivies de gens d'armes, les questions inquiètes qu'on fait dans les villes aux voyageurs, le grand nombre de fauves, de brigands, de sorciers, l'atrocité pillarde des guerres seigneuriales, tout fait de la région un pays de la peur...

Au XVI° siècle, la terre héroïque est sanctifiée par François d'Estaing. Elle reste cependant vouée aux batailles, aux vastes carnages qui n'en changent pas la couleur.

> *« Qu'elle a saigné, la glèbe et qu'elle saigne encore*
> *Depuis les temps gaulois aux antiques courroux. »* ....

Ces flux de plaies humaines, elle se plaît à les rappeler. Sur le chemin d'Alrance à Arvieu, se dresse encore la croix du Meurtre. Commémorerait-elle la défaite infligée à Bonnivet, en 1586, par les huguenots de las Ribbes ? A Villefranche de Panat, ce dernier fit massacrer les prêtres un jour de foire. A Saint-Beauzely, le seigneur, protestant, chassé par ses vassaux et rentré de force, envoya les captifs à Saint-Léon ; là, « par les chemins, il les fit mourir, dont plus ne parla » ; les hommes d'armes qu'il laissa dans la place, surpris par les habitants, furent passés au fil de l'épée.

La paix sur les ruines. Au seuil du « grand siècle », les guerres civiles trouvent encore des échos. En 1624, les gens de Canabières ont une échauffourée avec des voleurs et des hérétiques qui voulaient ravir leurs troupeaux. Jean Massol, prêtre, tue un brigand, en fait quatre autres prisonniers. Les prélats guerriers n'étant plus à la mode, il est, pour un an, suspendu de ses fonctions.

Les seigneurs continuent à dominer la terre ; on garde encore leur mauvais souvenir. Les vieux parlent du droit de cuissage, lequel, aurait persisté, au sens propre, jusqu'en fin de l'ancien régime... A cette époque, le seigneur de Castelnau fait démolir l'oratoire du cimetière; les grosses pierres, soutenant les piliers, devaient, sur le plateau de Lévèze, servir à la construction des fourches. Ces monuments spéciaux triangulaient, sur les points élevés, la terre douloureuse. Leur trame, compliquant celle des châteaux forts, doublait le réseau des inquiétudes serves... Des pendus obsédaient les abîmes du Viaur. Le plateau de Lévèze n'eut pas cette vision, au moins dans le projet susdit. Vint la Révolution, les blocs restèrent là ; on les vola. Aujourd'hui il ne reste que des tas de pierres sous des broussailles...

Au changement qui allait se produire, les paysans rouergats ne pensaient que gagner, ayant fort peu à perdre, tant le sol était pauvre, la vie misérable. Sont témoins les rapports des curés à l'évêque : « La plupart des habitants, écrit le curé de Coudols, vendent ou engagent leurs biens ; les pauvres honteux souffrent beaucoup. Le peu qu'on tire des bestiaux sur la montagne et de quelques fruits dans le vallon est presque absorbé par les impôts ». D'autres déclarent : « Le sort de nos paysans est de souffrir la faim, de vivre de châtaignes et de bouillie sans pain ». « Il leur reste à manger peu et mourir de faim ». Il y a à Coudols 22 mendiants sur cent habitants.

...RÉVOLUTIONNAIRE...

Sur le pauvre pays, la nouvelle tourmente allait semer des ruines, mais, d'abord, quelques germes des richesses futures. Les biens ecclésiastiques, vendus à vil prix, furent achetés par les ex-fermiers des commanderies et des abbayes, par les paysans voisins quelque peu aisés. M. Bouloc évoque en son roman, « les pagès en sabots dansant la carmagnole sous les sullys de la place de l'église ».

Les religieux de Saint-Léons possédaient le chef du Monseigné ; celui-ci demeure indivis entre leurs quatre anciens fermiers qui ont partagé le domaine. Ce puech a d'ailleurs son histoire : un télégraphe optique y a fonctionné ; Delambre et Méchain y ont fait station, en triangulant le méridien. Il figure, avec son nom exact, sur les relevés, les calculs, les cartes, conjointement avec le Puech de Guiral, le Pal, les « Pyr. » du Lévezou, la croix de Saint-François, Saint-Jean et maints autres lieux. En ce temps, les montagnes ont cherché à se voir.

Dans les landes plus basses, c'est la chasse à l'homme. Sur les persécutions, les vieux rapportent des traditions vagues, peu historiques. A Caplongue, un ecclésiastique, caché par des fermiers, découvert et trahi par une vieille femme, fut tué à coups de fourche dans le foin. A Saint-Beauzély, l'abbé Boutonnet, curé par intérim, voyant tout à coup déboucher une horde rouge, se coiffa d'un bonnet phrygien qu'il avait toujours dans sa poche, revêtit un camias laïque et se mêla à la troupe, laquelle, venue de Millau, se rendait à pied à Trémouilles, pour y brûler le château.

Traqués jusqu'aux montagnes, les ministres du culte s'acharnaient à remplir leur mission. L'un d'eux, réfugié au Roucous, officiait même dans les bois. Toute la région, révoltée, aidait ses pasteurs dans la lutte. Il y eut de féroces conflits à propos de cloches d'églises. Les maires, timidement, invoquaient l'utilisation des campanes en temps d'orage. A Canet et Pont-de-Salars, des femmes posèrent à la porte des commissaires réquisiteurs des paniers pleins d'immondices et, aux plaintes des habitants incommodés par l'odeur, répondirent que c'étaient là les cloches qu'elles donneraient. A Mauriac, un paysan, armé d'un fort gourdin, se posta bravement et non point vainement à l'entrée du clocher. La résistance, près d'Arvieu, se fit plus active et armée, véritable chouannerie qu'il fut malaisé de réduire. On peut lire les noms, prénoms et professions de ceux qui, en l'an II, le 2 nivôse, furent exécutés à Rodez, pour avoir pris part au meurtre des patriotes près de Caplongue et porté la hache sur des arbres de la liberté : des bergers et des gens du peuple...

La tourmente a passé. Le pays a reçu les semences qui germent aujourd'hui. Cy nous bornerons notre histoire.

...DRAMATIQUE ET SUGGESTIVE...

Si vous cherchez le calme, n'allez pas sur la lande au clair des étoiles. Il y a eu trop de vie, trop de morts dans ce désert. Vous serez soumis à un champ magnétique dont certains percevraient, émanant des bruyères, des effluves brillants. L'homme passé, son sillon demeure. Le paysage est changé pour l'âme. La scène n'est plus vide. J'évoque le drame ancien.

Spectacle tragique. Il y a eu cinq âges de fer, historiques : conquête de César, invasions des barbares, guerres de Cent Ans et de Religion, Révolution. Quand l'ennemi s'éloigne avec les frontières, les frères s'entretuent à plaisir. Nous avons vu le bourg paisible, lieu à vocation de sanatorium, prendre, dans les mains des évêques, une âme douce, vite décomposée. Ses pâles annales vont aux petits faits. Les actions tragiques sont importées. Autour des siestes collégiales, tout le Rouergue s'agite. Rodez étend ses conflits intérieurs, Millau propage ses nouveautés, le Ségala réagit. Les éléments vifs se cherchent et se battent sur nos montagnes.

C'est ainsi que le sol inculte a rempli autrefois sa véritable mission. Il a été le théâtre soit de larges batailles en terrain découvert, soit de guérillas dans le bocage, soit d'embuscades dans les bois, soit de sièges sur les pentes. Partout l'on devine un terrain propice au carnage : l'idée que, de fait, dans le cours des siècles, il y a eu là des gestes, des gloires et des morts, satisfait douloureusement la logique. La terre lévezine, mère de mégalithes, aimait être arrosée de sang humain. La cime nue, sans ornement, devant des horizons vastes, sous des cieux indéfinis, se déroule comme un poème épique devant les hommes et les Dieux. La région entière, grande, simple et ancienne, libre des complications modernes, est entrée dans l'épopée.

Or Viala eut le génie épique.

Sur « le *Clavier d'Ossian* » oubliez cette mer ténébreuse entourant « la Terre des Morts », ces colonnes basaltiques évoquant la caverne de Fingal. Ne regardez que ces rochers, au premier plan: vous êtes sur le Lévezou. Le borde aveugle, la barbe et les cheveux aux vents, joue sur ces touches énormes, de ses bras velus à droite et à gauche projetés. Dans les nuées, fait rage une chevauchée barbare où l'on voit des chevaux courir, des torses se pencher sur les garrots, des bras se lever vers le ciel dans des clameurs de victoire...

N'est-ce pas la montagne rouergate qui a été promue Golgotha, sur cet « *Abandon* » renanien, tragédie de divinité et de lumière ?

N'est-ce pas la gorge caussenarde qui s'horrifie sur cette troisième eau -forte où pendent les squelettes des « *Camisards* » ?

Dans un de ses plus beaux poëmes, transfusant de la vie aux vieux symboles, Viala cloue son Prométhée... sur le Lévezou... Le Titan, repoussé par les hommes, avant de quitter la Terre, *sema ses ossements sur la pourpre des monts.*

> *Puis de son grand ennui, manteau plein de silence,*
> *Aux marges de l'azur, il drapa les sommets*
> *Elevant entre nous et le mystère immense*
> *Cet herminal rideau pour le clore à jamais.*
>
> *Enfin, se souvenant du mur infranchissable*
> *A sa flamme opposé par notre entendement*
> *Humain, il la jeta, comme un fardeau de sable,*
> *En débris de clartés, au fond du firmament.*
>
> *Et quand il eût atteint le ciel inaccessible*
> *D'où, pour nos pauvres yeux, tombe le jour vermeil*
> *Pour le rendre immortel, l'artiste immarcessible*
> *Planta son cœur de flamme au centre du soleil.*

Songez que le poète fut aussi brûlant, aussi sauvage, qu'il eût des « *yeux de feu* » devant lesquels le vulgaire ferma ses « *yeux de chair* », que, lassé de lutter contre « *la bêtise* », il gagna d'abord la montagne et de là, mort pour nous, l'*abîme des planètes*...

Viala aima le souvenir des druides qui cueillirent « *le gui sacré* », des « *druidesses blanches* » armées de leurs « *faucilles d'or* », du « *brenn... jeune et fier du poids de ses bras nus* ». De toute son âme celtique il détesta la *Turba* romaine.

Il chanta la rudesse médiévale, adoucie par les rêves de la galanterie. Lors

> *...si le troubadour aima la châtelaine,*
> *C'est que le luth avait divinisé la nuit.*

Le Clavier d'Ossian, eau-forte

Dans le « *Bucrâne de la Lyre* », auquel j'emprunte ces deux vers, l'histoire légendaire du Lévezou nous est symboliquement exposée. Voici d'abord le taureau, libre.

Sur ses fanons de bronze où s'affalaient les vaches,
En fils d'argent flottaient les baves du plaisir
Et sur les thyms amers, les joncs et les bourraches,
Terrible, il se ruait de vivre et de jouir...
Un jour on le châtra pour le traîner aux champs ;
Il n'eût plus de fureur, plus d'amour, et stupide,
Il remorqua le soc à ses cornes pendus
Et ce qui lui restait de sa force splendide,
Dans le sillon tracé fut lentement rendu.

L'animal « *fut tué pour quelque sacrifice* », et « *sa tête* » « *plantée avec les étendards* ». « *Le temps passa* » sur « *le crâne... roulé par les ans* », heurté par « *le soc* ». « *Un troubadour celtique* » l'ayant trouvé « *aux marges des moissons* » y adapta sept cordes, et en fit un luth.

Le bucrâne chanta la chanson du printemps.

Puis, il « *veilla le barde trépassé* », « *jusqu'au jour où passant un guerrier fantasque, à la tombe le prit pour en former un casque* ». Que ne devint-elle pas, « *la noble épave* », dans ses réincarnations successives :

Tantôt hanap, empli de vin dans les orgies,
Tantôt vasque à la source abreuvant le berger.

Maintenant nul ne se souvient d'elle sauf « *quelques rares fous amoureux de la nuit* ». Les oiseaux de passage s'arrêtent pour boire l'eau du ciel dans ses orbites : elle mêle son « *âme à leur voyage heureux* ». Aujourd'hui, instrument suranné, pauvre relique, l'homme veule te laisse te...

> *...confondre au granit sur les croupes des monts.*
> *Pour ses mains aujourd'hui, tes cornes sont trop grandes*
> *Et trop grave est ton creux pour ses faibles poumons ..*
> *Il faut à nos amours des lyres moins païennes.*

Après les épopées des temps primitifs et aristocratiques, le monde s'abandonne à sa plébéienne laideur. Calliope se retire dans l'empire des formes, la société des fauves et l'âme de l'artiste... Viala a ranimé, aux chaleurs de la sienne, le Lévezou somnolent. Celui-ci, désormais, n'est plus « *la terre sans légendes* ». Un « *barde a chanté ses vertus* ».

La Place du Village, eau-forte

...SES MONUMENTS...

...DOLMENS...

Des longs siècles celtiques il ne reste que peu de choses. C'est pourtant l'Aveyron qui, des départements de France, est le plus riche en dolmens. On en connaît près de cinq cents. D'après Cartailhac lui-même, les mégalithes gneissiques du Lévezou sont parmi les plus intéressants du Midi.

Divers ouvrages en mentionnent : les noms d'un même monument sont différents de l'un à l'autre et les listes, bien qu'incomplètes, difficiles à combiner. La région compterait, au minimum, une douzaine de « pierres levées ».

On en a détruit un bien plus grand nombre. Les survivantes ne doivent qu'à leur ambiance inculte le respect des paysans. Non loin de Trémouilles, dans un champ, on a déterré vingt tombes anciennes, couvrant d'une large dalle chacune un squelette entier. Mais le laboureur a débarrassé le sol de ces pierres ; les enfants ont joué avec les os... Près du Monseigné, « le champ des tombes » aurait été la sépulture de chefs gaulois, auxquels la montagne doit son nom local de « Pic des 7 frères ». D'anciens propriétaires ont dispersé les blocs en vue de constructions ; le terrain est cultivé ; seuls, les noms se souviennent... Sur le plateau de Lévèze, la charrue aurait retourné de petits dolmens ou « roucous » enfouis par les siècles ou dès l'origine sous tumuli. Quoique ces récits soient suspects, leur diversité d'origine permet tout au moins de conclure qu'il y eut sans doute des tombeaux. Mais furent-ils mégalithiques ?

Parmi les friches et les chardons, un dolmen authentique se dresse à trois cents mètres du hameau de Rouviaguet, dont un buisson noir le cache. Trois dalles d'aplomb portent une table carrée de deux mètres. Les faces externes sont vaguement plates, le toit gazonné. L'ensemble petit, à l'échelle humaine. De loin on croit voir, dessinée sur le fond noir des broussailles, la lettre grecque π. Des fouilles rudimentaires auraient donné des os et des objets de métal. Au bout d'une allée qui part du dolmen, en voici un second, au couvert renversé, dont les dalles plantées, encore intactes, se contrefortent de tas de cailloux.

Auprès du Mas Roucous, un mégalithe plus massif, obusier ou grenouille géante, s'accroupit dans un pré parmi des genêts et des bouillons blancs. Des lichens vert clair dartrent sa surface. Une des dalles debout étant tombée, la table s'incline. Braquée vers le ciel. elle assiste à la chute du Lévezou méridional.

Dans sa poésie « *Le Dolmen* », Viala dégage l'esthétique de ce lourd monument primitif. Mieux qu'un simple rocher, celui-ci stabilise le terrain, accrochant les fuyantes comme un crampon. Il respire la force d'un ours gisant. En « *la mort hivernale* » il se dit « *immortel* ». *Gisant dans les genêts comme une immense armure a des reflets de fer* ». Sa matière est superbe, de « *granite rongé...*

taché de squames blanches ». Dans la chute, le deuil, l'engour-
dissement, plus beau sous les jours gris qu'aux saisons des verts et
des rouilles, il est la vie latente, le symbole préhistorique de l'âpre
hymen noué entre l'homme et le roc. De la cendre ancestrale est
encore mêlée à l' « ocre » qu'il protège et « *peut-être, l'été, quand
la bruyère est rose... les prêtres anciens... lui parlent dans sa
fleur* ».

...ROUTES ROMAINES...

Lorsque furent passés les temps immobiles, arrivèrent les peuples
aux rapides progrès. Les Gaulois ont laissé des « pierres », les Ro-
mains des voies. De leur route qui joignait Segodunum à Condate-
mag les travaux d'érudits rouergats ont déterminé le tracé.

Sur le plateau de Crespiaguet les dalles ont « servi à construire
des murs... les eaux et la charrue ont désagrégé le cailloutis... C'est
une ligne de verdure et de pierres qui court... » Elle rôde parmi les
landes de Curan, presque rectiligne, fuyant l'homme et les cultures,
faisant saillir ses durs pavés de l'arène désagrégée par les pluies.
Une pierre posée de champ, en bordure, prélude à un alignement de
quelques mètres. De gros carreaux déchaussés jonchent la terre;
entre eux poussent des graminées jaunes, voire des touffes de genêts.
La voie traverse le Vioulou au Ga de Millau où on peut reconnaître
« les amorces d'une arche » et détailler sur une coupe les strates
constituant l'assiette de la chaussée. On monte sur le Lévezou
à travers le bois de Voltach, suivant un déblai comblé par
les feuilles mortes. Ayant dévalé de la crête à Monteilla, la route
forme ensuite une « coulée de ronces et de broussailles jusqu'au
ruisseau de Comberoumal », où nous l'abandonnerons. Comme ses
pareilles, elle se tend le plus possible entre les deux points qu'elle
lie, empruntant les lignes de faîte, coupant à angle droit les vallées
sans se soucier des fortes pentes. Précisions, discussions sont affaires

d'érudits. Il me plaît seulement d'évoquer sur la lande, à propos du « cami romieu », dans la même impression de carrure et de force, les légionnaires qui l'ont tracé.

Sous les royautés franques, les belles voies antiques, laissées à l'abandon, deviennent des carrières aux pierres déjà taillées, faciles à extraire. La nôtre cependant reste suivie, jusqu'au XVI⁰ siècle, par les troupes et les muletiers.

...ET MODERNES...

Le Moyen-Age construit des « chemins royaux » qu'il n'entretient pas et qu'il perd de vue. On connaît si mal par exemple le tracé de la voie Millau-Bonnecombe qu'on doit acquitter un sieur Boris, accusé d'en avoir labouré la chaussée.

Au XVII⁰ siècle, par le col du Roucous et la haute vallée du Viaur, on trace la grand'route de Millau à Tonneins, dont la mise en service cause le déclin des tronçons raccordés à Salles, reliant à Rodez « la ville du confluent ». Le bourg des évêques suit la décadence. Désormais la grande artère détourne tout le roulage. Dès avant la Révolution y circulent les malles postes ; des brigands attaquent l'une d'elles, qui contient l'argent du fisc, massacrent les gendarmes de l'escorte et emportent le trésor. Plus tard, aux endroits mal famés, on bâtit des barraques de cantonniers ; Viarouge a ses remises et ses auberges. Défilent des soldats, des prisonniers russes de Crimée. Par larges troupeaux transitent les bestiaux du Limousin. Bientôt une voie ferrée se construit plus à l'est ; la région passagère créée sous les Palanges suit dans l'isolement celle du Lévezou. Elle garde pourtant sa belle voie et l'espoir de revivre grâce aux progrès de l'automobilisme. La chaussée convexe, bien entretenue, évoque la limousine passant vite et par ses carreaux hasardant un regard distrait. Fuites et instabilités. Je ne vois cette route blanche que mourant d'un tournant déclive, près d'une borne prometteuse de kilomètres de vitesse.

Délaissée depuis deux cents ans, la région de Salles voit dégénérer ses chemins. Au XVIII⁰ siècle, Boulainvilliers écrit : « Les routes sont entièrement gâtées et à peine praticables aux courriers et gens à cheval, tant s'en faut que les charrettes puissent être d'usage dans ce pays ». Cent ans après même misère. Point ne m'indigne donc après Jules Ferry du texte d'une affiche ainsi conçue : « Monsieur Calvet, ayant signalé à S. E. M. le ministre de l'Intérieur le retard qu'éprouve dans les arrondissements de Millau et de Saint Afrique l'achèvement des chemins... de moyenne communication, S. E. a daigné mettre à la disposition de l'honorable 'député la somme de 7.000 francs. Le don de cette somme est un acte de libéralité de S. E. M. le ministre envers M. Calvet Rognat. » Son origine officiellement bonapartiste n'a pas porté bonheur à la route de Salles-Curan. Je ne sais si depuis l'Empire on l'a jamais entretenue. Et cependant ! demandes d'allocations, acceptations de subventions, et projets de réfections occupent dans la région toutes les sessions municipales. Comme l'enfer, le réseau routier n'est guère pavé que de bonnes intentions. Les chaussées sont défoncées, hérissées de cailloux. Le gneiss se brise à la charge, s'effrite à la pluie. Parfois quelques silex, peut-être des calcaires, juste de quoi varier la couleur de la chaussée. Des gris, des jaunes sales, des noirâtres, des blancs. La surface irrégulière, cabossée et crevée offre aux scarabées rôdeurs de petites Suisses d'asphalte. Du gazon de bordure, chétif et sec, des arbres puérils, affolés d'être nés, s'enfuient échevelés.

Au delà du fossé, les talus du déblai, étoilés de cardeuses, préfacent l'étendue désertique qui jadis ondulait sans but. Aujourd'hui il y a une route, grêle, régulière et terne, mais dirigée. L'ingénieur qui l'a tracée, dans le souci constant de ne pas dépasser une pente limite, n'a guère soupçonné quel effet esthétique produirait l'application des principes utilitaires. De couper la croupe, d'écharper la pente, de suivre le val, tantôt soulignant les directions mères, tantôt les traçant sur le sol inerte, la voie épouse et anime le terrain. Le site le plus fermé évoque de nouveaux infinis, ceux de la terre, des passants, des flux vivants canalisés.

Il y a beaucoup de routes dans l'œuvre de Viala. On n'y voit cheminer que son âme inquiète ou qu'un rôdeur pareil à lui. La possibilité du passage d'un tel homme, c'est l'ombre du destin projetée.

« *Il y avait une route* », a déclaré un âne que l'auteur des « *Paysages* » rencontre dans un pré, un âne famélique, à bout de marches, aveugle et parqué. Qu'il l'a regrette, sa route « *la route blanche, sanglante, meurtrière, interminable* ». « *Mais* », nous dit-il, « *j'avais l'espoir qu'au bout il devait y avoir du meilleur. Je marchais pour cet espoir et je marchais parce qu'il y avait une route. Oh qui sait où je serais si j'avais pu atteindre le bout de la route!* » Poignante traduction de nos soifs d'idéal, de notre force d'illusion. Complainte douloureuse de ce qui va et passe. Que de fois j'ai, romantiquement, récité cette prose à voix haute, devant l'ambiance triste, sur ces chemins minables où, après le poète, j'ai souffert bien souvent. J'y songe d'une âme sereine; dans les paysages, s'en vont les routes infinies, semant leur bande morose de tant d'impressions, de tant de symboles qu'elles participent à l'âme du pauvre passant inconnu.

...CHEMINS...

Entr'elles se coulent les chemins, de toute matière et de tout âge. J'en ai connu « *grands sillons de sable clair dans la lande brûlée* » lugubres de leurs vides, de leur cendre. Quelques dalles plantées, hautes comme des bornes, les jalonnent pendant les mois de neige, comme des tombes vivantes dans un cimetière enseveli. Rien ne vaut le vieux chemin creux « *mi ruisseau, mi sente* », Quasimodo routier du bocage, amoureux d'Esmeraldas florales, souriant en corolles à son passage tors. O les fleurs des chemins, petites choses frêles

qu'en un petit espace blottissent de grandes peurs, les peurs de la
cueillette et de l'écoulement avec tout ce qui passe sur la chaussée.
Lychnis de garance, orchis et violettes ; buglosses saphyrs étouffés
de vert ; orties blanches et bleu de lin ; hélianthèmes froissées au
vent, blotties dans l'ombre du vieux mur.

Suivons le chemin. Il se tord dans les campagnes, sans souci des

Le Chemin du Frau, eau-forte

règles, suivant les vieilles habitudes des usagers. Il aborde de front les
rampes, saute les torrents, les seuils de rochers ; puis, lassé du même
paysage, tourne tout à coup, abandonne un monde, et, boîtant, chu-
tant, se relevant vite, cahin-caha, entre dans un autre — bois au lieu
de landes, prés au lieu de bois, faîte au lieu de pente, combe au lieu
de friche — et, pour s'adapter, change de visage, d'habit, ne gardant
que le même corps, frusté et cabossé, receleur du même instinct vaga-
bond qui, souvent, le fait, aux abords des routes, s'arrêter avant la
rencontre odieuse et s'évanouir.

La bande incertaine se creuse, se voile, se lamine entre deux blocs, se dilate en un vague enclos, se résout en faisceaux de sentes où s'enchâssent des îlots d'herbe. De gros blocs solides crèvent le sol ; l'arène les contourne, souple, moulée par la marche, d'une nuance beige que moirent les eaux. L'humus et ses plantes sculptent les talus, sous des encorbellements de chevelus noirâtres. Ailleurs règnent les murs aux faces rugueuses, aucun effet plat ne venant nier la force de l'appareil fruste. Le chemin paraît dans le terrain vague un trait creusé par le burin, nerveux et brutal, d'un graveur pareil.

Par symétrie à leur énergie, torse et rude, que faut-il dresser sur lui ? Plutôt qu'une ligne de bouleaux légers, qu'une haie de houx agressifs et souples, faits d'une énergie aussi rude et torse, vieux comme la voie, les chênes rouvres. Plantés sur le haut des soutènements, en voilà qui croisent leurs arcades brutes dans le même esprit roman et guerrier. Leurs souches accrochent, autant qu'elles les déchaussent, les pierres du vieux mur. Des muscles du sol et de l'arbre l'aspect est pareil. L'harmonie de la forme est complète dans le paysage clos. La lumière se glisse entre les frondaisons ; gaie comme un écureuil, elle saute d'un caillou à un autre, en caresse les dos nus, luisants des pluies récentes. L'alternance des teintes est presque périodique

> *Suivant les longs sentiers irisés de clartés,*
> *Serpents squamés au loin de taches monochromes,*
> *Sillonnant les prés clairs, les moissons et les chaumes*
> *Longs rubans argentés.*

Le vieux chemin, mieux que la route, ranime le décor inerte. Les passages, les arrivées, les départs, toutes les vanités du voyage sont racontés avec l'accent local, par de vieux chemineaux résignés à l'instable, pourvu que l'horizon reste familier. M. Auguste Fabre qui les a tant suivis avec « l'ami Viala » les peint comme des « mendiants sauvages..., déchirés par les haies, meurtris par leur bissac plein de cailloux aigus ». Ils n'ont pas l'âme cosmopolite des grandes routes. Ils rôdent le pays comme les « jougaïres » d'antan. Ils sont mélancoliques d'être dans le paysage plutôt que d'y passer, en étrangers. Viala me paraît leur frère, comme eux original, fort et anguleux, misanthrope amoureux des sites polychromes, des longues rêveries fouettées par la marche.

...CROIX...

« Le Bon Dieu, disent les vieillards, n'est jamais passé sur ces sentes ». Pour qui donc tant de gens ont-ils planté des croix depuis Saint-Martial jusqu'à « la Péline », morte depuis peu à Salles ? Quand on vient de Millau, sitôt la Muse franchie, on voit le Lévezou se joncher de calvaires ; chaque tournant de route a dressé son symbole chrétien.

Le mot « symbole » appelle un commentaire... Ce qui a déterminé la foule de pensées, de sentiments, d'images, avec celle des saints pressée depuis des siècles au pied du vieux gibet, c'est. avec le souvenir du divin supplicié, la richesse mystique de la forme cruciale. Si même celle-ci n'avait porté le Christ, ami de toutes les souffrances, l'homme n'en aurait pas dressé de plus belles à être enlacées par des suppliantes. Les grands désespérés antiques l'ont cherchée ; leur société l'avait réservée aux esclaves. Aujourd'hui cette croix jaillit de mille étreintes. D'abord, droite et rigide, la barre verticale convie à porter sur un plan supérieur l'esprit des douleurs. Lors, il ne faut pas que les yeux mouillés souffrent du vertige. La montée se coupe ; l'âme est parvenue aux résignations ; les bras horizontaux, égaux, en équilibre, la soutiennent à sa hauteur. Le T plafonne ainsi, esquisse de charpente, séparant de l'espace et de ses chocs directs un intérieur de mysticisme. Soucieuse de ne pas arrêter au point mort la pensée ascendante, ni à ces plénitudes la méditation, une fois celles-ci rassurées et calmées, la verticale se poursuit, assez longtemps pour amorcer l'envol, assez peu pour ne pas détruire l'harmonieuse stabilité. D'ailleurs, un corps humain s'évoque, dont chaque membre anime, pour son rôle spécial, la branche où il se cloue. Tant d'âme s'est figée dans le noble symbole, esquissé par les cultes orientaux, mis en plénitude par le fait du Calvaire que deux barres de bois croisées sur un paysage ou sur un drame humain, en christianisent l'âme...

Il est une croix celtique sur la route landeuse des Salles à Saint Jean-le-Froid. De loin, inclinée, manchote, elle ressemble étrangement à un moine debout, long et maigre, priant, les avant-bras liés sous les manches de bure, le froc tombant raide, le capuchon sur la tête, depuis plus de mille ans gardant sa thébaïde âprement nue. Viala a fréquenté, dessiné et décrit ce solitaire : « *Enfant, je l'appelai* « *le menhir* » *selon mon grand-père qui le regardait comme un monument préhistorique où les premiers chrétiens auraient gravé la croix en creux et sculpté des semblants de bras, dont un seul reste, très court ; mais, depuis, j'ai su que c'était une croix celtique plantée par les disciples de la Rome chrétienne... Un jour de mon adolescence... au retour d'une chasse avec mes oncles... je le trouvai si beau d'ensanglantement sur les lignes simples du plateau que, la captivité universitaire étant venue, j'en élaborai des gouaches tragiques avec du bleu, du rouge et du jaune... Combien de fois suis-je venu le revoir en son triomphe d'éternité, le bloc colossal penché sur l'aire, à l'instar d'un géant qui chemine,... borne injustifiée au milieu du désert.* »

Pour moi, je me suis demandé si cette croix énigmatique n'était pas, quand même, un menhir sculpté. Quelques traits en creux esquisseraient un visage, deux trous simulant les yeux, un T renversé, le nez et la bouche. La forme cintrée du sommet et quelques marques, dénaturées par les croix, confirmeraient l'hypothèse. Nous aurions affaire à la « Terre Mère, divinité de la vie et de la mort » dont parle ainsi M. Grenier : « De la matrice féconde de la déesse-terre sort la race des hommes, des animaux et des plantes. La terre est la mère de tout ce qui vit et tout ce qui vit revient finalement se confondre en elle. C'est elle qui, après avoir enfanté tous les êtres, accueille et protège leur dernier sommeil. Mère de la vie, elle est aussi la protectrice des morts ». Dans son « panthéisme mystique » Viala aurait-il retrouvé la foi perdue de nos ancêtres ?...

La croix des Canabières représente la foi, antithétique, du Moyen-Age chrétien. Des fleurons terminent ses branches, d'autres font saillie aux angles concaves. Dominant une Pietà fruste, aux torses trop longs, Dieu le Père ouvre ses bras ; aux bouts du croisillon, deux anges présentent les instruments de la Passion. La face postérieure montre un crucifié au mur de l'abside. Les figures sont hautes de moins de trois pouces. L'ensemble étant taillé de grès, les détails se sont érosés, résous en masses saillantes. Devant l'aquarelle de Viala, je pense à de vieux ossements.

Les autres croix n'ont pas d'âge. Les plus belles, de pierre, conviennent mieux aux landes, à leurs gneiss et à leurs chênes. Leur solide carrure se dresse sur un sol puissant de musculature ; dans le soir tombant, l'ombre en reste assez large pour ne pas disparaître trop tôt dans la nuit.

Les croix de bois remplacent leurs sœurs de « granite », sans en avoir la robustesse. Carrées et nerveuses, elles restent belles. Une des plus grandes domine un plateau désert, forme grèle, seule vivante, qui m'a ému d'insécurité.

Le signal de Saint François a reçu ma visite un jour de pluie. Figurez-vous une colline abrupte, pareille à un tas de sable de cent cinquante mètres, inclinant vers le Connes une pente en trapèze, un tapis de landes, aux tons renaissants. Sur la droite, un calvaire domine l'arête faîtière, hérissée de rocs comme une échine maigre. Au-dessus d'un bois de hêtre, dans un bouquet d'arbres, où s'affine un bouleau blanc, des dalles s'empilent jusqu'aux frondaisons. Une table plus large porte deux croix de bois inégales, dont l'une érige un Christ de laideur supportable. Parmi les méats entre les blocs ronds, j'ai cherché en vain l'abri naturel, où couchait l'évêque. Où est la flaque d'eau qui ne s'assèche jamais, guérissant les malingres au dire des dévots, se saturant d'urée d'après les incrédules ?... Mais j'ai combiné les roses des chênes, les rouilles et ors des vieilles fougères, le céladon des feuilles, le vert sombre des mousses. Quelle enluminure ! Je rêve les cheminements, pieusement lents, du prélat au milieu des pauvres. Sur des tons roussâtres se détachent mal ceux de la soutane, des haillons, des pourpoints, des armures ; teintes landeuses en procession... Le visage rasé, les grands yeux ascétiques et la couronne monacale du bienheureux... Viala appelle ce tas de gneiss le *dolmen de Saint François*. Des druides y seraient-ils montés, des siècles avant notre évêque ? Par besoin esthétique de continuité, j'aime cette hypothèse assez gratuite. L'humaine piété change moins souvent d'autel que d'objets...

Les croix des chemins, au nom si poétique, subissent de bizarres contagions de laideur. La pierre aux fortes masses, le bois aux nerfs de fibres, cèdent la place au fer, non pas au fer forgé des ferronniers gothiques, mais aux fontes moulées dont le nom seul suggère des impressions pâteuses. O les croix dérisoires, grêles et évidées de pâte métallique, dressées sur le panthéisme vivace des landes comme une religion déchue et trafiquée.

Viala peignit des calvaires pour ce simple motif que le sol en portait. Il les aimait d'ailleurs, tout d'abord en artiste. Ces signes petits, restreints dans les sites, leur ajoutent toujours un effet vertical, une masse, un point d'orgue, une prière humaine, une stabilité solide mais dressée. C'est le signe additif posé sur le paysage. Mais symboliquement, que signifient ces croix ? De quels yeux peut les voir un artiste qui a rejeté la foi chrétienne ? Sont-ce des illusions pétrifiées ? Un lettré délicat, M. Paul Ramadier, dans une étude remarquable sur les poëmes de Viala, écrit dès la première page : « Ses immensités rocheuses, on les sent vides de toute divinité et quand trois pierres en croix surgissent au premier plan, on ne peut qu'y trouver un ironique défi au Dieu qui n'a pu féconder, même par sa mort, la mort immortelle de la nature ». Affirmation bien contestable. Qu'aux yeux de Viala la lande soit vide, stérile le sacrifice du Golgotha, c'est certain. Mais les calvaires lévezins ne sont pas dans l'œuvre du peintre autant d'ironiques défis...

Dans l'eau forte « *Sagesse* » un lointain indécis tombe vers des vallées. Mais, au premier plan, seul volume sauvé du vague, s'érige une croix sur un mur ruiné. A ses pieds, le penseur a prononcé le mot dont il a fait son titre. Comme il n'est pas chrétien, on peut parler de doux scepticisme, de nostalgie, de tout sentiment nuancé, non de « l'ironique défi » incompatible avec la « *Sagesse* ».

Si une interprétation de formes vous paraît chose suspecte, croyez en au moins des citations. Négation de la foi déiste, sursauts de révolte contre l'illusion, voilà du Viala. Dans sa poésie *Couchant*, il se lamente sur un « *vieux* » qui va pourrir en christianisme, il prend à parti le dogme ancien

> « *Et la stérile croix de pierre, qui, là-bas,*
> *Sous les arbres vivants, comme un spectre s'élève.*

Mais il faut connaître les variations sentimentales de ce tourmenté. N'évoque-t-il pas les anges sur les jeunes enfants ? ne regarde-t-il pas, au jour des Rogations, avec une envie nostalgique, passer « *la sainte théorie ?* » Il respecte aussi bien la « *petite croix qu'ont plantée les hommes sur la colline parce qu'ils avaient connu la nuit* ». Enfin, c'est en ces termes qu'il chante son pays :

> *Terres où luit encore à de brèves distances*
> *La croix de grès sculptée aux bornes des chemins,*
> *Terres douces d'amour, de paix et de croyances*
> *Où la souffrance a conservé les cœurs humains.*

« Ainsi ce révolté, ce négateur, ce passionné de destruction, cet anarchiste forcené » a été en même temps, ou un autre jour, un traditionnaliste, un artiste épris de sa nature. A côté des dolmens, sa nature comportait des croix.

...CONSTRUCTIONS MÉDIÉVALES...

Le Lévezou chrétien, avec ses cisterciens et ses hospitaliers, construisit des églises près de ses monastères. Quand vint l'âge gothique, il restait peu de chose à bâtir, une nef contre le chœur, une chapelle, une fenêtre. D'ailleurs, l'architecture ne pouvait être guère que monastique — romane — sur une campagne dépourvue d'activité communale, c'est-à-dire gothique. Des castels s'érigèrent, des ponts furent jetés ; une vie opulente achevait de bâtir. Elle disparut après la mort guerrière du Moyen-Age. Le sol restait aux mains des abbayes rurales, des seigneurs montagnards, de la masse serve. Or les privilégiés, se ruinant lentement, évitaient de construire, étant fort bien pourvus de couvents et de manoirs.

A côté des fermes sans âge ni style, on voit sur les plateaux des églises et des châteaux médiévaux, voire renaissants. Le classicisme n'a pas sévi. Viala, sans être gêné par des souvenirs d'enfance, a pu maudire « le *temple olympien* », le juger

> *...un monde antinature*
> *Mathématiquement ciselé dans les airs,*
> *Un cauchemar ayant souillé d'architecture*
> *Les bois et les halliers des antiques déserts.*

D'ailleurs, si même il s'agit de constructions médiévales, notre artiste, généralement plus soucieux de pittoresque que d'archéologie, n'aime les monuments que pour leur harmonie avec les paysages qui les encadrent.

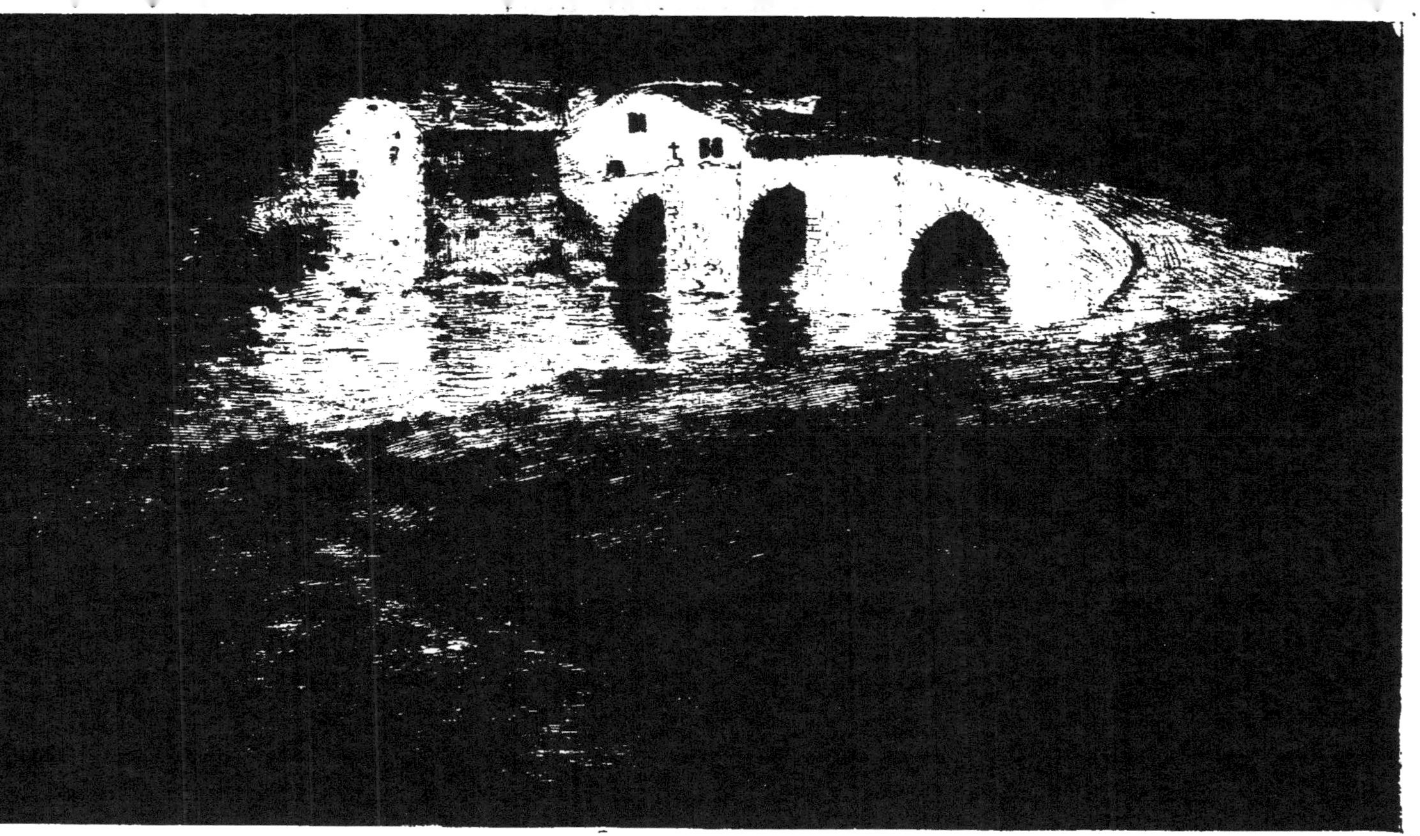

Le Soleil dans l'abîme, eau-forte

...PONTS,...

C'est pour leur rôle plastique et symbolique qu'il s'est plu à figurer les vieux ponts, dont j'imagine ainsi le canon. Le dos bombé, pour que le saut paraisse plus fort et plus souple. Trois arches ogivales réalisent l'équilibre le plus sage d'après les lois, semblables, de la science et de l'art. L'imparité de leur nombre assure à l'une d'elles la position centrale, augmente ainsi le vide et les actions statiques sous le faîte du pont. Le flot le plus rapide ne heurte pas de pile, mais s'écoule entre deux comme en faction debout. Par l'emploi de l'arc brisé, le creux inerte se restreint. L'œil goûte la logique que l'esprit reconnaît. L'occultiste apprécie la puissance du chiffre 3. Les avant-becs aigus entaillent la chaussée et font pointer le parapet. Comme du haut d'une proue, une croix domine.

Le pont ainsi jeté, robuste, agressif, oppose sa masse pesante à l'onde moirée et insaisissable, alterne les pleins actifs de ses piles et les creux béants de ses arches traversées de flux de fuyantes. Le jeu de la lumière complique le contraste dans lequel se symbolise la lutte du courant contre l'écueil humain. Sur cette eau forte, des festons noirs chevauchent de l'argent et paraissent interrompre la chanson du torrent ; sur celle-là, au creux de gorges, sur un fond grivelé, le pont, blanc de soleil — ses arches peuplées d'ombre — met en valeur sa stabilité ; ailleurs, il se marie à l'eau dans la clarté: il s'y dissout ; il s'abandonne au bonheur de sa fuite, retenu seulement par les masses fixées de ses trois arches obscures comme par des clous noirs une banderolle lamée.

Toute cette inertie pour qu'en ce point stable, l'homme et le flot puissent s'enfuir, chacun sous sa fatalité. Notre artiste a aimé dans la forme plastique, mystique et rationnelle du pont ogival, le cadre des mirages et des chimères, le support d'une mélancolie double. Accoudé au parapet, il a regardé les « eaux, arches de nos symboles », s'enfuir.

...ÉGLISES...

Pour les égarés sur la lande, quelle joie de voir tout à coup l'ancien clocher aigu pointer des lignes mornes, briser l'harmonie lente, pousser un cri d'enfant parmi ces psalmodies lugubres de vieillards. Sur les terres sans âge, le monument roman n'est-il pas en pleine jeunesse.

Une âme d'enfant qu'il est doux d'avoir !

Eglises lévezines, merveilles inconnues, blanche procession hiératique.

Fantômes. Auprès des Canabières, une chapelle ensevelie. A Saint-Jean-le-Froid, au milieu de rochers, sur un tertre herbu d'enfouissements, deux pans de mur démantelés bordent une aire de débris. De loin on croirait voir un arc de triomphe gothique, silhouetté noir sur le bleu du ciel. A la place d'une bâtisse des hospitaliers, s'éleva cet humble oratoire où aimait officier d'Estang pour y « jouir ensuite de la sainte liberté des forêts », qui joignaient « ce lieu... pour y saluer son église cathédrale et l'image de la Sainte Vierge qui... paraît... quoique éloignée de cinq ou six lieues françaises ». Au XVIIIe siècle on utilise encore la chapelle ; sous la Révolution, elle reste debout, couverte d'un toit de genêts. Les géodésiens l'observent. Ses ruines suivent aujourd'hui l'écroulement de leur décor.

Sous le plateau de Lévèze, contre la falaise calcaire encorbellée, se dresse une étrange bâtisse. Assise sur un étroit parvis elle domine les pentes de la Muze. Entre le mur de façade et le roc, sont calées deux parois latérales dont l'une, comme en souvenir du passé, se crève d'une porte mauresque, esthétique d'éboulement. Telle est « l'église des Fadarelles », abri précaire des bergers. Mais d'où lui vient son nom, des fées ou des pesteux ? En temps d'épidémie on reléguait ceux-ci dans ces déserts de pierre. Ils ont leur cimetière sur le plateau où des tuiles, disposées en bordure, marquaient l'emplacement des tombeaux. Jusqu'à leurs tristes fins condamnés aux délires on les appelait « fatch », fous. Mais les « petites folles » me paraissent plutôt désigner les trèves ou fées qui hantaient l'édifice en ruines. Entre ces deux versions, comme les textes manquent, choisisse le seul rêve. Chacune d'elles s'harmonise avec l'étrangeté fantastique du décor et de l'église, s'il est vrai que ce fût là une église...

Par l'apparition, trop rapide, de la chapelle romane de Salzac, s'achève le cortège des ruines. Toutes ont plus ou moins subi le baiser lent de la nature, par les herbes, les ronces et les lierres, les ruissellements d'eau et les frôlements de vents. Ce baiser ressemble à celui de la mort. Il anéantit d'abord l'âme lithurgique, puis l'âme chrétienne. Dans un silence panthéiste il caresse et il pénètre ; il exalte l'esprit déicide, détruit la forme, rend à la terre les « *vieilles pierres trépassées* ».

Mais voici l'église intacte en mission au cœur du village, « *l'église ancienne qui se cache dans un repli de patrie désuète* ». Elle écoute chants et musique, respire l'encens et sent la présence intime de Dieu. Elle vit pour ses enfants et, si cela lui plaît, pour les archéologues. Il faut l'approcher comme un monument, mais surtout, comme un être vivant .

Tous ces édifices contiennent des parties romanes. C'est sur les robustes voûtes d'arête de sa crypte à trois nefs que repose Saint Michel de Castelnau. Le berceau y règne, ainsi qu'aux Canabières, à Comberoumal et à Estalane. L'arc de cloître voûte Sainte Marie de Castelnau. Il y a un cul de four à l'abside du Pujol, une coupole sur trompes à son transept. Le style gothique vient compléter çà et là. Au Faux l'intérieur est seul ogival, à Aures, la nef, primitive, à côté du chœur plus ancien.

Bouloc décore la porte de son cimetière de deux colonnes romanes portant chapiteaux à palmettes, restes d'un monument démoli qui se dressait au fond de l'enclos.

L'Eglise des Canabières aurait emprunté deux de ses piliers à un temple. Le sanctuaire, abîmé par le XVIIIe siècle, a abrité, pendant leurs somptueux offices, les chevaliers hospitaliers vêtus de blanc.

Au hameau de Saint-Georges, hantée par le murmure du Viaur, l'église est déserte, le vieux prêtre étant mort. Farouche, fortifiée, triplement isolée par le torrent qui l'encercle, par le rocher qui la supporte, par les murs massifs du cimetière qui l'entoure. Au tympan de la porte, un Christ bénisseur tout auréolé, vêtu de draperies à petits plis, est assisté de deux anges. Une poussée de vie barbare anime de gestes déments l'émail byzantin pétrifié.

A Castelnau, en 1117, les moines de Saint-Victor rebâtirent Saint-Michel, leur abbatiale, devenue paroissiale de nos jours. Sous les dalles, devant l'autel, gisent des squelettes seigneuriaux. Le fondateur Hingobard se fait fouler aux pieds, à l'entrée. Un marteau jacobin a défiguré les chapiteaux naïfs, au même temps iconoclaste où des particuliers acquéraient le cloître. Celui-ci, devenu le presbytère, possède dans une salle gothique curieusement voûtée une cheminée armoriée. Les murs ont de solides assises où des pierres de taille alternent avec des moellons de gneiss. Ceux de Notre-Dame de la Pitié se contrefortent d'une série d'arcades aveugles. Des corbeaux historiés font saillie sous le toit. Cette église fortifiée, n'abritant plus que peu d'offices, faillit devenir un lavoir.

A Montjaux la coupole octogonale du transept se coiffe d'un lanterneau. Au Faux se détache une sorte de donjon. De la route du Caussanel, vers l'est, au-dessus des feuillages, on voit le clocher de Canet: clocher « à peigne », quatre murs, les deux plus larges ouverts de baies romanes. Les cloches sonnent dans le courant d'air. Un toit obtus, en forme de tas de sable, coiffe la tour. Sous un clocher analogue, la chapelle d'Aures, croquée par Viala, compose pittoresquement ses murs et ses toits ensoleillés. Au Pujol, orgueilleux de ses quatre campagnes, le campanile se dresse, en harmonie avec les tours flanquantes.

Mais voici l'humble modèle, aux Canabières, à Estalane; très simplement, au haut de quatre murs, une pyramide à faces incurvées, concaves qui en exagèrent l'acuité, un chapeau tyrolien excessivement pointu.

La ferme de Comberoumal est l'écrin rustique d'une délicieuse abbaye. Dès l'entrée s'aperçoit une porte gothique donnant sur une salle de travail; dans une cour centrale, une triple arcature, débris d'un péristyle roman, s'ouvre sur un intérieur lancéolé. Là se réunissaient les moines. Tout cela transformé ou détruit. On sent une odeur de fiente. Sur le lit de fumier je n'ose pas parler des mosaïques mortes. Les douze cellules occupaient une salle du premier étage, très longue, à douze baies, le tout sous un comble sauf la chambre, voûtée d'ogives, du prieur. L'église romane éclaire de longues fenêtres son chœur polygonal. Le style est très pur, les matériaux de choix, le ciment résistant comme du romain. Sous les merveilleux ombrages de châtaigniers et de noyers, on évoque douloureusement des vies mystiques. J'ai voulu voir la blanche orante terminer le pieux cortège. Mais que son expression a changé, que son œil s'est troublé depuis cent ans passés qu'elle n'assiste plus aux offices.

La beauté des églises est faite de leur vie autant que de leur style. Quelquefois isolées, plus souvent noyées dans la masse des maisons, elles sont les seuls points où les pensées humaines quittent le sol. A leur cœur s'assemblent les oraisons semées sur le champ paroissial ; le faisceau de prières, large comme le parvis, peut monter assez haut pour contempler les terres de ceux qui l'ont lié et égrener sur elles les bénédictions. Son empire devient une réalité, une personne. La nef est le centre de la vie sociale. La paroisse équivaut à la cité hellène dont Taine écrivait : « La patrie morale n'a rien de gigantesque, d'abstrait et de vague ; les sens peuvent l'embrasser ; elle se confond avec la patrie physique ; toutes deux sont fixées dans l'esprit du citoyen par des contours précis. » Chez nous, la paroisse est la patrie. Son centre a l'énergie d'un pôle. Le vaste désert lévezin paraît en proportions humaines un univers vivant de systèmes solaires.

Concrétisons sur le terrain ces vues abstraites. « D'une acropole on voit avec les yeux l'acropole du voisin. » Et de chaque clocher, le clocher le plus proche, s'élevant du parvis, et centrant la paroisse. Le voilà, le symbole du faisceau d'oraisons. Viala n'a pas été, au moins pour son pays, un peintre archéologue. Les églises amies, toujours mal dégagées, étouffées par des ruelles, lui refusaient d'un coup motifs et points de vue... Sur « *la place du village* » un rayon indécis, près d'une vieille maison, éclaire une façade, creuse un portail gothique. Un accent circonflexe s'appointe dans le ciel brumeux. Ce clocher aigu, typique, l'artiste le préfère seul, peu de formes ayant dans leur simplicité une telle force d'évocation humaine. La flèche est si discrète, couvre si peu d'azur, mais décèle si bien l'agglomérat. A côté des œuvres relevant d'un passé défunt, facilitant ou bénissant le passage, cet humble triangle dans la nue instable figure ce qui reste ; il symbolise le culte du Dieu transcendant, l'élan des prières, l'eurythmie balbutiée par les cloches. Il peut s'isoler dans l'espace, exaltant son âme mélodieuse, si un dos de terrain sert de « cache » à sa base, si, sur le vaisseau embrumé, la « *fumée de minuit* » tord une écharpe blanche. Le clocher de Viala est d'ordinaire en pointe, il part dans les rasantes du décor, puis il fuse. Il donne aux ondes panthéistes la nostalgie du zénith divin. Le clocher à peigne, plus particulier, n'a pas cet essor et n'invente rien. L'autre se multiplie; sur les couvertures du « *Cri de la Terre* », il revient sans cesse égayer un site agreste...

« *Le vieux clocher n'a qu'un œil, un seul... sous son chapeau de mousse sombre, au milieu de son faciès gris, sans nez ni bouche* » qui « *ne rit ni ne pleure* » mais qui « *a une âme, une âme faite du vide où s'entrecroisent les vieux chevrons... où nichent les oreillards* »

*crépusculaires et les rats guetteurs de larves, tout un monde qui note
les glas dans les archives de l'oubli. »*

« *L'église ancienne* » est « *haute et noire, fortifiée de machicoulis et de créneaux, navrante de désuétude et de misère, mais prestigieuse, auréolée d'amour, de pensée, de grandeur, de souvenir, de
souffrance, de joie sereine et de tradition* »...

« *Et voilà que l'Angelus, du haut du clocher, tombe abondam-
ment sonore sur toutes ces choses, pierres et gens, comme une exhortation étrange, un rappel à l'inquiétude absente, une poussée du
temps ennemi qui passe, rapide, bousculant tout vers l'abîme.* »

A ces citations des « *Paysages* » on reconnaît le panthéiste. On
le compare un peu à ces vieilles églises qui, autrefois chrétiennes,
sont devenues des ruines, non des néants, mais des existences différentes. Sur elles et sur celui qui écrivit ces lignes, « *l'Angelus* » a
donné « *sa dernière note* », *la Nature* a repris « *ses droits* ».

...MANOIRS...

Le dernier dimanche d'août, on se rend en pèlerinage à la tour
de Peyrebrune. Là-haut, dans un rectangle, déblayé de ses décombres, des planches appuyées sur des piles de schistes servent de
bancs. Sur un autel de granit, frustement taillé, comme il seyait, la
messe doit être belle sous une tonnelle de rameaux de chênes. La
tour surplombante, carrée, cachant bien haut la stucture d'un py-
lone métallique peut être prise pour un clocher. J'en sais d'ailleurs
peu de choses, m'étant heurté au silence de son seigneur archiviste.
Elle subsiste seule d'un manoir.

Un pauvre escalier de bois, déjà démoli, tourne dans sa carcasse vide. Des arcs en accolade ; les piédroits d'une cheminée
gothique sur le mur nu... Plein air. Plate-forme sur machicoulis.
Mon regard escalade des poutrelles en T. Des soleils, des étoiles
roses servent de cache-joints mystiques à cet embryon de Tour

Eiffel. Une madone en terre cuite penche sur le monde béni un nouveau-né cramoisi. En bas, le chemin de croix se tord, cherchant pour les processions un chemin viable, préparant les pèlerins aux zigzags du retour... Le démon des ruines griffe le village. Toits effondrés, pignons branlants. Le donjon de gneiss, aux angles de grés, à été fignolé par un sous Viollet-le-Duc.

Les yeux fermés, j'évoque la vision de Viala. Qu'elle devait être belle, la « *noble tour* » découronnée sur le « *vide* » de ses « *caves enchantées* », laissant traîner son « *ombre* » « *parmi les landes* » comme « *de sombres hardes guerrières* ».

> « *Son sommet, pavoisé de buissons et d'épines,*
> *Figure de géant au lourd frontal de pierres,*
> *Edenté de créneaux et veuf de coulevrines,*
> *Semble avec deux grands yeux, antiques meurtrières,*
> *Chercher sur l'horizon quelque ennemi lointain !* »

Devant le poète, l'édifice se voue au néant ; car c'est déjà « *le temps, le choc lourd des années qui heurte* » son « *vieux mur et demande* » sa « *fin* ».

Lui ayant mis une tiare de carton-pâte et de tôle, un homme, *ennemi* très proche, a promu la ruine pseudo-clocher. Qu'importe, dès lors, l'histoire extérieure au génie plastique ! Qu'importent les échanges de Hugues de Rodez et le démantèlement de Richelieu ! Les siècles sans archives ne me sont pas sans rêves. Je n'ai pas lu des parchemins dans des cendres. J'ai revu le passé vivant, admiré l'eau-forte où Viala, nécroman, force les chevaliers à sortir de la terre, à briser la torpeur de leurs membres raidis, à revivre les âges héroïques. Un seul fait — et navrant — vaut d'être retenu: une usurpation récente, à prétexte religieux, à résultat antiartistique.

Manoirs..., *fantômes du Moyen Age* vers lesquels « *les corbeaux... volent* ». Celui des Canabières, aujourd'hui assagi, a figé les siens, sous le toit, en ligne... A Montjaux, règnent deux vieillards

La Tour de Peyrebrune, eau-forte

sauvages, tels le Job et le Magnus, des « Burgraves ». Le plus jeune cabosse sa chair rouge-noir. Ses fenêtres grillées forment vantail de haume. Ses grosses tours l'encornent comme un casque. Il se tient, dédaigneux, au bord de la route. L'autre, maigre, ridé à tous ses joints de pierre, démantelé, cadavre de rapace, se perche sur un cône dénudé, gris de cendre, menace le village de son ombre nocturne d'instrument tortionnaire et de son souvenir des brigands féodaux.

M. Mercié, propriétaire et romancier de Castelnau, nous en parle en ces termes : « Construit à la fin du Xe siècle », ce ne fut, « au début qu'un donjon carré, aux murs de deux mètres d'épaisseur, bâtis en gros blocs de grès, sur des assises de rochers étagés en gradins... Vrai nid d'aigle du moyen-âge... L'assaillant devait à chaque pas tenter une escalade nouvelle... avant de parvenir à l'enceinte même du donjon... que protégeait encore la ceinture des murs du village... La partie centrale fut accotée de deux ailes au quinzième siècle et, vers 1750, un avant corps lui fut adjoint... Actuellement, le château a perdu son cachet féodal ; il lui reste une enceinte de murs et, du côté du midi, un escalier dans le rocher... très romantique au clair de lune ». Berceau de la maison de Lévezou, le vieux manoir passa aux d'Arpajon en 1270. Arnaud de Lévezou, cardinal, légat du pape, ambassadeur d'Henri Ier, y naquit. « ...Lors de la première croisade », le seigneur put « entraîner en Terre Sainte deux mille hommes d'armes équipés à ses frais. Pendant la guerre de Cent Ans, le Prince Noir mena plusieurs combats autour » du village. Duguesclin y séjourna en allant à Châteauneuf-de-Randon. Le nid d'aigles d'antan, très apaisé, ressemble sous ses grands arbres, à un hôtel rural du XVIIIe siècle.

Au château de Vezins, un mur talus épais, ouvert d'un arc brisé, cache une cour exquise de l'aube renaissante ; des jardins délicieux surplombent des futaies très mollement glissant vers un vallon sans eau de jardin à l'anglaise. Je m'arrête assez peu dans ce joli séjour, n'y voulant pas commettre d'usurpation. La terre qui jadis, par le droit féodal, appartint toute entière aux seigneurs de Vezins, dont ils gardent encore comme propriétés les plus belles parties, leur consent sur les autres un droit d'usufruit artistique. Car le comte actuel, élève de Viala, pourtraite ce coin des Palanges où son maître ne fit que passer.

Le château de Larguiès, il y a un demi siècle, hanté et délabré, aujourd'hui restauré, très blanc, un peu étrange, avec toutes ses pointes, cheminées et hourdis, paraît bâti pour féeries enfantines, dans un délicieux vallon.

Sur sa presqu'île qu'enlace le Viaur, celui de Camboulas compose le mélodrame qu'il ne peut manquer d'encadrer un jour. L'isthme se défend par des rocs et aussi par une muraille qui, même ruinée, paraît formidable. Sur la terre inégale de bosses naturelles et de charges de pierres, des pans de mur, de toutes hauteurs, affectent des poses diverses, droits, couchés, se tordant, escaladant les pentes. Le gneiss fondamental, damasquiné d'argent, se lèpre de lichens orange et de mousses vertes; il tire sur sa peau des draperies de lierre... A cette tour carrée j'ai cherché en vain une porte; c'était un prisme plein. Dans une partie basse, encombrée de broussailles, un plan paraît sculpté par les ruines nivelées. Dans le chemin de rondes, encore pourvu de meurtrières, un potager s'est établi... Là, sur les pentes de rocher, roulaient les blocs énormes jetés sur les assaillants. Je pourrais sans fin y bercer des pensées tristes, sur la vanité de l'œuvre humaine, sur l'attente longanime de la nature, sur sa sérénité à nos yeux destructrice, aux siens réparatrice de nos dégâts architecturaux. Je pourrais invoquer, afin de contester sa victoire absolue, l'évasion des pensées, des souvenirs, des rêves hors du néant, imaginer que l'homme a, inconsciemment, conspiré à l'effort du monde vers la forme, offert le monument pour qu'il devienne ruine et complète le site. Au génie romantique, les amas de décombres ont fait leurs confidences; l'artiste en a extrait des sagesses navrantes.

...MAISONS...

Le Moyen-Age est clos. Le Lévezou, jonché de castels et d'églises, va les figer dans l'immobilité de sa structure, avant de les soumettre à un enlisement monstrueux dans le roc. Mais voici que des êtres, livrés à son empire, voués à sa culture, ont maintenu leur vie sur sa surface hostile. Ils n'étaient pas les fruits de sociétés instables, d'âges religieux et guerriers amis des cimes désertes. Ils étaient les forçats pourvoyeurs des faims humaines. Ils demandaient des terrains et, leurs lots limités, s'y installaient, s'y accrochaient, avec quelle âpreté. La maison représente leur accrochage pétrifié.

Les familles rurales ont habité d'abord des huttes de genêts, rares aujourd'hui, dont l'ombre semble faite d'éperons à pointe, de rapières, de capes aux plis raides et de chapeaux cassés.

La pierre étant commune, facile à employer, les constructions rurales l'ont utilisée de bonne heure. Quelques portails gothiques, moulures, modillons, attestent le grand âge des plus riches d'entre elles, donnent à soupçonner la vétusté des autres. Hélas, tout s'en est allé « *les pierres et les vieux bois dans les malles des antiquaires... Notre pauvre pays du Lévezou, écrivait Viala dès 1907, n'est aujourd'hui qu'une ruine. Il n'y a rien. Les cheminées gothiques y foisonnent cependant, mais toutes en débris.* »

La beauté n'a pas toujours de style. Celle de nos maisons est faite de leur vie ou de leur mort.

Les murs sont de gneiss, les toits de micaschistes. On peut avoir ainsi en gros cubes carrés un appareil robuste, plus ordinairement des moellons bruts d'assises. Les pluies ayant rongé le mortier, les pierres les plus anciennes paraissent posées à joints vifs. Sinon un réticule gris enserre des mailles lépreuses. L'encadrement des baies est fait de grès taillé. Les fenêtres petites. L'escalier externe, collé au mur, « *tortueux et ivre* », monte dalle à dalle jusqu'à l'entrée du taudis humain. Sous l'étroite terrasse qui précède « *le seuil, le pauvre seuil étagé de granit* » la porte de l'étable s'ouvre au menu bétail. En appentis, à deux égouts, le toit a des formes bizarres, des pentes gauchies, des bords mal réglés, des raccords ineptes. Dans ce pays de neige, la pente s'exagère. Le schiste, trop épais, aux cassures écailleuses, aux contours vagues, donne une couverture, lourde comme la tuile, mais rugueuse et barbare. Toute ferme abrite cette maison type derrière une cour fermée d'un haut mur.

Outre les matériaux, ce qui reste immuable, c'est la forme trapue. Le gneiss se désagrège vite; le vent est fort, la pluie drue. L'oustal s'accommode mal d'une hauteur de deux étages, le fermier de leur coût. On a de l'espace horizontal. D'autre part, des forces aériennes, jouant comme une pression, tendent à tout écraser. Pour des raisons pratiques et climatériques, l'esthétique des bâtisses répond à celle du sol. La maison, pour racheter la saillie qu'elle commet, la règle suivant l'horizontale; la pierre allonge ses rubans gris; la « tuile de Curan » s'écrase sur les escaliers, engloutit le toit. Le mas retourne à la terre, par tassement. Avant de mourir, sa vie se révolte; la verticale qui a tenu longtemps, en silence, avant de se briser, s'affirme tout à coup, noire, blessée, béante. La lézarde fait craquer le vieux mur. La couverture s'est écroulée, un pignon s'aiguise. Après ce sursaut ruiniforme, le nivellement. Les décombres, envahies par l'herbe, se changent en talus, parodient les croupes voisines dont la maison, d'aplomb et vivante, s'inspirait déjà.

La couleur ambiante déferle, monte sur la muraille, s'empâte sur le toit. Le gris, un gris brutal, presque chaud, qui veut vivre ; non le gris poussiéreux, non l'enfumage à plat des villes. « *Des tons de harengs saurs, de marmottes, de rats* ». Gris ? Chaos de teintes lavées par la pluie. Les efflorescences des roches, les dartres des parmélies, les cabochons des bryons compliquent la trame des pierres, rousses et ocres, le réseau des joints d'ombre ou des mortiers bués. Le triomphe des ors granulés et fauves corrode les toits, « *les toits humbles et bas, dartrés de mousses jaunes, noyés d'âpres lichens, manteaux de mendiants* ». Entre ceux-ci et les masses végétales, herbes ou orties, d'un vert touffu et humide se posent des tons neutres mais solides, de brun, de terre de sienne, touchés d'héliotrope. Vous devinez que je contemple une aquarelle de Viala... Il me faudrait parler encore de ces voiles violâtres et creusées par le vent que paraissent les battements, de ce mur bordé de lichens jaunâtres.

Les vieilles demeures dressent sur panneaux les couleurs somptueuses et mendiantes de l'horizon. De leur vétusté se fait leur noblesse à laquelle les plantes des murailles, émaux et fourrures, peignent un blason. La lumière y folâtre dans des miroitements. Chose invraisemblable, un mouvement s'esquisse et, pour peu qu'un chemin pailleté s'éloigne de la porte, on croit voir la maison, « *énorme couleuvre lovée dont luiraient au soleil les écailles* », dérouler ses anneaux et ramper sur la lande. Mais la plus belle gloire, béatifiante, se perçoit des sommets: le pauvre logis, châsse de foi robuste, reflète de l'argent dans la buée solaire; la pierre sordide qui écrase la toiture vêt une âme blanche, une beauté de nimbe.

...MOULINES...

La maison humanise l'âme des plateaux. Dans les vallons, ronronnent les moulines d'eau vive, féminines, gracieuses, jolies vieilles égrenant des chapelets de gouttes d'eau.

Devant « *le moulin déchu qui pleure près de l'eau jaune où s'infusent les feuilles mûres* », Viala évoque d'autres moulins, le moulin « *étalant des splendeurs de cascades dans les membres d'une grande roue orgueilleuse* » les « *moulins heureux qui riaient et chantaient* », les moulins « *triomphants au milieu du vert, harmonieux et coquets sous leur mousse bienséante, tels les chefs-d'œuvre des maîtres vénérés* » les moulins « *émergeant des eaux comme des hôtels saxons exploitant de modestes Niagaras* » ceux « *qui portaient leur chapeau sur l'oreille, dont les huis regardaient avec bonne humeur passer les gens et qui ronflaient d'abondance; d'autres qui semblaient édifiés par un romantique, avec des cheveux de peupliers, une barbe de roseaux, une bouche noire avalant la rivière et montrant de longues dents où s'arrêtaient d'obscures épaves* ».

...BERGERIES...

Sur les plateaux déserts dont elles aggravent la solitude s'écrasent des jasses ou bergeries, pareilles à des bassets rampants. Près de l'une d'elles, des sarcophages. Seraient-ils les maquettes de ces gisants énormes qui paraissent bâtis pour être des logis transitoires entre ceux des vivants et ceux des trépassés, pour habituer les hommes au cercueil et à l'emprise de la terre ? Allongées sur les croupes et parfois soulevées par des griffes de roc, ces châsses monstrueuses semblent disposées pour une liturgie, où prient les genèvriers, où les bouleaux agitent leurs goupillons vert-pâle lourds de gouttes de pluie.

...VILLAGES...

Sur le sol imperméable, les villages sont disséminés, comme les sources; peu de bourgs importants. Le peuplement est faible: mas dispersés, « *hameaux rares* ». La perspective, résultante du relief, aggrave cette impression. Aux limites des terrains géologiques on trouve les « *hameaux timidement groupés près des fontaines* », sinon dans les vallées, sur les penchants exposés au midi. Si, pour des raisons historiques, les maisons se sont assemblées, en un point de péage, ou au pied d'un manoir, dans un col ou sur un sommet, ces raisons périmées, la vie humaine se retire. C'est par sa position qu'existe le village, par elle, d'autre part, qu'il se montre ou se dérobe. Si la nature l'a caché près de l'eau, elle lui a assuré une longévité humble; si elle l'a exalté sur le faîte, elle a promis la mort à sa fière aventure. Les nuages qui frôlent les croupes semblent arraser les bâtisses. Sur ces reliefs en creux les groupements humains sont « *tapis comme des lièvres au creux des combes* ».

La nature est l'âpre dominatrice. Mais, devant son domaine l'homme se maintenant, elle n'a pas acquis la possession paisible, la sérénité des déserts absolus, des montagnes glacées, des champs incontestés. Elle révèle une puissance sourde, tenace sans violence, celle du roc qui pèse, de la goutte qui creuse. Les villages se blottissent dans les replis déclives entre les sommets de tempêtes et les gorges d'inondations. Devant leur sort précaire, j'ai pu juger trompeuse l'impression de calme émanant de la lande.

Au pied de son piton féodal, Montjaux forme un amphithéâtre où des rues parallèles tracent sur un sol rouge des courbes de niveaux... Sous ses noyers et ses chênes, le hameau de Concoules vous regarde passer de ses fenêtres noires en façades vulgaires, hallucinantes d'hostilité. Viala symbolise ainsi, dans une eau-forte, la haine éternelle du sédentaire contre le nomade, du paysan contre le chemineau, du « philistin » contre l'artiste...

Quand on a isolé l'église et le château — et leurs annales — les hameaux n'offrent plus que des maisons sans ornements et des pierres sans archives.

L'histoire de ces groupements reste identique à elle-même. L'homme s'est concentré en quelques lieux favorables, y a aimé, pullulé, labouré et construit. Les étangs populaires ont croupi ou tari. Aucune source ne vient les alimenter. Ni industrie, ni commerce. Rien n'a rénové les vieilles choses. Aussi le village respire-t-il en harmonie avec la nature qui l'entoure, être vivant, thalle grouillant sur la terre. Depuis longtemps, l'unité est acquise. Le château, l'église et les maisons, jadis constructions rivales, composent le décor harmonieusement. Entre la tour féodale, basse, massive et le clocher, haut, léger, les oustals sont beaux par leur franche diversité plébéienne. Le plus souvent l'église seule se dégage. Un ensemble complet, pyramidal, s'installe dans le paysage pour y vivre de la vie des choses. Au pied du Lévezou, avec son clocher, Bouloc semble coqueter d'une humeur prospère.

Mais quand on y pénètre, on assiste aux ravages d'un cancer minéral. Si l'harmonie s'est faite avec le vieux terroir ce n'est que par l'adoption de sa tendance à la chute. « *Des pierres qu'effritent les ondées, des murs croulants qu'étranglent les heures neuves, des chambres, espaces inquiets, sans plancher ni toiture, entre le ciel et l'aire envahie par les débris. O ces orbites creuses et béantes où nagent de l'ombre et peut-être des souvenirs. Là des arbustes, des belladonnes, des jusquiames... cohabitent en un désordre intense au hasard de ces ruines. On dirait un cimetière d'âmes* ». De loin, ces hameaux paraissaient des corps vivants, rien ne différenciant les très anciens cadavres, tant les gris étaient semblables, tant on remarquait peu des absences de toits aux couleurs de murailles, tant les décombres se cachaient à l'abri des maisons habitées. Mais voici que les vieilles rues révèlent leur décomposition, pourries dans leur roc sous la fange, bossuées de pavés insulaires, sillonnées de rigoles sales et divaguantes. Les tas de fumiers laissent suinter leurs décoctions brunes. Les pieds traînés dans les immondices font des projections d'ambre liquide. « *Une boue malsaine claquemure les bâtisses et les gerbiers* ». Tout semble se putréfier. Les venelles sans arbres, tortueuses, grouillantes, ont l'âme moins des rues que des égouts absents.

Sur la couenne d'un porc, Viala a pu trouver des teintes magnifiques. Il en a noté d'autres parmi ces immondices, dans les nappes stagnantes aux couleurs irisées, dans les bourbiers où se malaxent des bitumes et des blancs, dans les tas pailletant leurs bruns de cadmiums sales. Au milieu de teintes neutres, il a semé guerre et discorde, sans même avoir besoin d'appeler en renfort les vermillons, les laques, les ocres d'un géranium à un balcon, d'une couverture criarde étendue, d'une planche humide de hêtre, d'une vitre aux rideaux rouges. A toutes les hauteurs, le coloris palpite. L'aquarelle transmute en précieuses nuances les ignobles déchets.

Il règne « *une préciosité d'archaïsme, une patine d'immuable* ». L'eau forte est satisfaite des clairs obscurs tragiques de ruelles, de porches, de raidillons ou de trous. Sans doute peut-on parler d'agonie en beauté: entre le jour brutal et la nuit sans images, entre l'été desséché et l'hiver sous la neige, les transitions, que nous appelons des agonies, « *décomposition des choses, transformisme des poussières d'hier* », prennent, par quel miracle, les teintes les plus chaudes. La lande est une double éternité de crépuscule et d'automne. Son âme envahit le village inquiet. Les toits sous les lichens se colorent comme les genêts; les teintes de la bruyère, du carmin au vert, croupissent sur le sol. C'est un étrange mimétisme. La teinte précédant, la plante suivra, un jour.

A une époque où l'homme se voit contester par les philosophes son titre de centre, de mesure et de fin, la conception misanthrope de Viala prend une portée philosophique. Quelle serait notre valeur si nous étions des roseaux pensants à l'ombre de chênes penseurs ?

L'âme du pays natal — âme exprimée par sa forme — a inspiré à notre artiste un système, farouche et inhumain, source puissante d'originalité, son panthéisme...

La ruine de nos œuvres est dans la volonté de la terre. L'homme est vieux et à bout de force: l'inertie de la nature fige ce qu'il a fait et arrête ce qu'il va faire. S'il construit malgré elle, c'est pour vouer à la laideur du néant. Ses efforts montants sont maudits à l'origine. Le labeur ancestral écorche la glèbe, sème sur sa face; suivant le génie de l'ambiance, les gestes ne s'élèvent pas; ils planent ou ils descendent. Dans tout le pays hanté, autour des ruines ou des genèses de ruines, « *c'est comme le recueillement de tout un âge oublié, le renoncement à la vie* ».

Le Champ, eau-forte

... SA VIE...

...INDUSTRIES DÉFUNTES...

Le Lévezou ne contient pas de gisements métalliques connus qui soient de quelque importance. Les métaux semblent avoir été exploités pendant le Moyen-Age, en particulier le vif argent à Montjaux.

Il reste des traces pittoresques de l'industrie locale du cuivre, aujourd'hui bien morte. En 1617, noble Augustin Romain, bourgeois de Rodez, consentit à Pierre et à Jean Boyer, père et fils, maîtres chaudronniers au faubourg Saint Cyrice, un bail à ferme « de sa maison, martinet et outils à battre le cuivre, assis sur la rivière du Viaurou, paroisse des Deux Aygues ». J'ai visité la ruine encombrée de sureaux; les murs portaient encore des poutres, la vieille cheminée son enchevêtrure noircie. « *Ah ! martinets d'autrefois où le métal ardent, l'or du pauvre, venait subir le travail qui devait*

*le rendre utilisable au petit monde, que vous étiez jolis sous la fron-
daison des grands arbres dont la coupe réglée vous sustentait sans
nuire à personne... En un angle s'étalait le four ancien, gothique,
avec son accolade et sa voûte aplatie. Les voûtes supportaient une
balance gigantesque où l'on pesait le métal et, dans le centre, tel un
bélier gallo-romain, s'agitait, mû par l'eau chantante, le grand marteau sans âge et sans forme frappant la pastille étincelante... O martinets d'antan, qu'êtes-vous devenus ?* » Ils ont péri, les martinets
au joli nom, victimes de la grande industrie lointaine. Mais avec eux
sont morts les beaux artisanats, « *les moulins à huile de noix ou
de faînes, les briquetteries, les petites usines de tissage, les tanne-
ries archaïques... Adieu tous ces petits métiers qui faisaient vivre
la province* ». Camboulas ne fabrique plus cette sargue dont l'industrie fondée au XVIIIe siècle occupa jusqu'à 160 ouvriers; mais on
sacrifia le souci du fini à l'esprit de lucre; la Révolution ne vint
que précipiter la décadence. Monteil déplore la ruine de ces fabri-
ques qui employaient « les pauvres des environs » et habillaient les
autres. « Ces étoffes fabriquées avec du chanvre, de la bourre de
bœuf et de la laine se donnent à si bon marché que pour moins de
six francs un homme... peut se vêtir de pied en cap. »

...AGRICULTURE...

L'agriculture seule nourrit les habitants.

Son histoire commence avec le défrichement de la forêt celtique;
les essais de culture, souvent abandonnés, provoquent l'invasion des
landes. Le sol est léger, facile à remuer, mais pauvre et décevant.
Las de le retourner sans profit, inquiétés par les hordes, les seigneurs,
les routiers, le fisc, des générations de serfs doivent résister au désespoir, à la famine et à la peste. Souvent, le mort fume la terre qu'il
a en vain cultivée. En 1709, on mange des racines; celle d'aspho-
dèle, séchée et moulue, jointe à un quart d'orge, donne une farine

dont on fait du pain. Au XVIIIᵉ siècle, les curés, consultés par l'évêque, constatent combien vain est le travail de l'homme sur les terres en friches « sujettes au gel », « noires » et « de peu de valeur ». Aujourd'hui, l'inculture, réduite au minimum, semble inexpugnable. Mais, contre ses retours offensifs, la guerre se poursuit par le fer et par le feu.

Nous n'avons pas affaire à une glèbe esclave dont la lutte avec l'homme soit un corps à corps érotique, truculent, bestial, dans les manières de Rubens ou de Zola. Ici la terre est libre. L'arène stérile attend sur les crêtes l'heure de son retour aux champs. Après les moissons, chardons et molènes redressent la tête, comme des bannis rentrés de force. On disait que le blé dégénérait en herbe. Il ne s'agit plus de chanter des géorgiques. Pour peindre la terre misanthrope en proie aux rustres sans idylles, il faut un tragique sombre, comme Viala.

De l'homme à la foi et aux nerfs robustes, contre le sol haut, misérable et rude, sous le ciel hostile et tempétueux, l'artiste magnifie « *l'Effort* ». Voici les acteurs du drame. Et d'abord, la terre, exaltée au sein des nuages. S'allongent deux croupes rondes qu'une légère ride discrimine assez mal. L'horizon proche, chauve, convexe; un culmen de ligne faîtière. Un rocher indistinct dit que le sol est dur, le gneiss à la surface, le terreau léger. Ces grandes taches sombres sont des bruyères accrochées qui, entre leurs crêpés, laissent sécher l'arène balafrée par les eaux. Sur le champ de labour, au premier plan à droite, la broussaille, dans un coin d'ombre, s'embusque comme un diable noir. Au bord d'un velum gris, un ciel d'orage amasse des balles de ténèbres. Ce sont, à l'horizon, des vapeurs fantastiques, rampant comme des monstres, roulant comme des blocs, tourbillonnant en trombes, pour traîner, écraser, enlever les semences. Dans un trou de lumière qui éclaire ces rages, planent de grands corbeaux, leurs incarnations, qui mangeront le grain respecté par le vent. La lande et le nuage cernent le laboureur dans un espace bas et étroit qui se resserre... Or, l'homme continue à creuser. A-t-il quelques alliés contre tant d'ennemis ? Sur le faîte, trouant la plage d'éclaircie, se dresse une croix de pierre. Quoique petite, simple, encore lointaine, elle fait le pendant au groupe travailleurs. Le paysan peut la voir en poussant sa charrue. Il l'a peut-être invoquée. Est-ce une aide effective ou d'autosuggestion ? Le graveur panthéiste ne nous laisse aucun doute: dans le nimbe blafard du symbole chrétien, nimbe un peu décalé, presque désaffecté, les vrais auréolés du ciel sont les corbeaux... Les bœufs, voilà des alliés plus sûrs ! Leurs cornes sont robustes et détachées en noir, leur chanfreins éclairés, leurs larges masses d'ombre rehaussées des saillies plus blanches de leurs os, leurs yeux de nuit paisible comme leur volonté. Ce qui est tenacité et puissance se muscle sur cette bête double qui égratigne l'air et piétine la terre. Derrière elle, de l'araire, se détachent les seuls manchons; l'avant-bras droit de l'homme, rustiquement taillé, semble se prolonger par l'un d'eux jusqu'au sol. Renversé en arrière pour enfoncer les lames, tenant dans la main gauche son aiguillon dressé, le laboureur progresse avec la majesté du geste héréditaire. Sur sa face et ses bras, la lueur pâle coule, comme une sueur. Sa bouche blasphème, ses traits sont crispés, ses paupières mi-closes ; le visage fuit sous l'averse ou, plus probablement, se bute contre la nuit. Sans chercher les motifs, admirons le travail de la force vitale, « *l'effort* » qui participe à l'aveuglement des lois naturelles.

Devant pareil labeur, la terre s'est résignée à paraître « la bonne mère ». Les cultures se sont étendues, diversifiées. L'homme a même essayé de conquérir landes et bois, en y menant ses bêtes paître les herbes ou chercher les glands. Mais vastes encore les déserts sans clarines. Piètrement utiles les forêts. Chacun fait sa récolte, même en terrain d'autrui, pour les flambées d'hiver, ramassant des brindilles, arrachant des rameaux, quelquefois abattant des arbres. Des vieilles pacifiques préfèrent recueillir les cèpes de septembre et qui cherche après elles trouve de beaux chapeaux vénéneux.

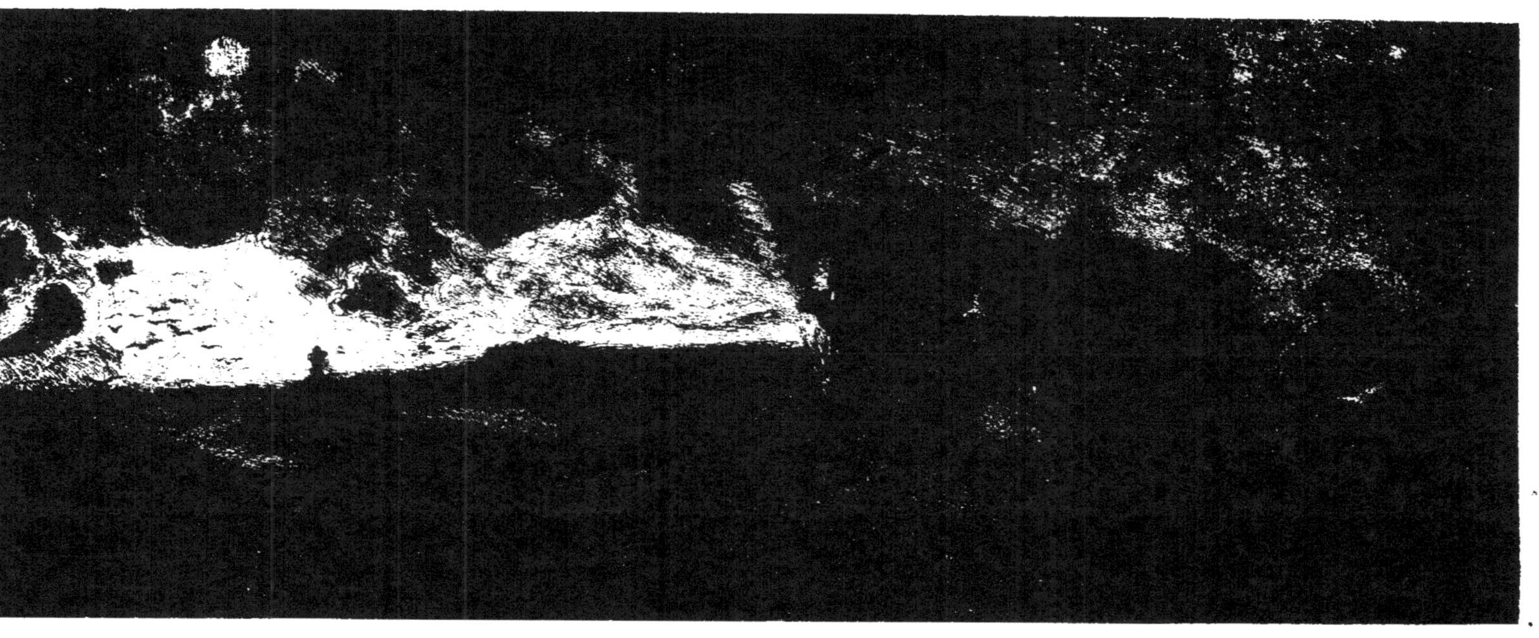

L'Effort, eau-forte

Des cultures sont mortes, dont celle du chanvre. D'autres ont prospéré. L'emploi des engrais et l'amendement a vaincu les répugnances du vieux Ségala. Chaque mas cultive un champ de blé.

...ÉLEVAGE...

Le pays doit au pâturage sa plus grande prospérité et quelques virgiliennes douceurs. Nous allons sans plus nous soucier de ce « vrai trésor du Pérou » faire une simple promenade au milieu des bêtes esclaves.

...DE VOLAILLES...

Chaussons de gros souliers, pataugeons emmi les venelles. Ces coqs et ces gélines, se serrant sous la pluie ou le vol du rapace, font un bouquet superbe de plumes et de crêtes, pourpre. vert électrique, gris perle, jaune d'or, ambre, noir et havane. Les oies traînent leurs ventres et criant après les passants « *claudiquent* » stupidement près des mares. Des troupeaux de dindons promènent des orgueils de têtes reptiliennes. En mémoire des insultes dont l'un d'eux m'accabla certain jour, j'aurais peut-être écrit: « le Cénacle des Dindes » si Viala n'avait à merveille présenté celui des canards.

Hélas! il me faut résumer. Le décor est étroit, fermé, stagnant à souhait : une mare. Entrent messieurs « *les canards* » eux-mêmes ! « *bêtes édifiantes, oiseaux sensés, les gris honnêtement vêtus, à l'instar des gens du monde, sachant ce qui se porte l'après-midi; de veloutés, artistes épris de la couleur qui capte les beaux yeux de l'aimée; de blancs affiliés.. aux somptueux mystères de la Rose-Croix* ». Les uns conversent, les autres disent des vers, « *où l'obscurité se targue du rôle au voile du temple inféré par le gardien des rites* ». D'autres enfin se congratulent « *Voilà le maître... forte taille, œil cerclé d'écarlate, plumage mordoré de frais,... vieux...*

entamé » mais « *portant beau* ». Le bonze palmipède harangue ses disciples, parle latin, fait de la morale, étale ses prétentions; il conclut hardiment par son propre panégyrique. Comme une Philaminte manque à ce Trissotin, il nous fait adorer « *cette cane idéale qu'est la duchesse de la Vase.* » Tout à coup... sur la mare, il voit un canard étranger: il « *reprend son air dur et hautain:* « *Qui êtes-vous, jeune homme ?* » *Des voix s'élèvent. On se rue, on brutalise l'intrus qui rend les coups comme il peut... avec des mots crus déchirant les délicatesses, des engueulades vraiment ordurières à l'adresse même du vieux maître... Puis soudain, il prend son vol, secoue un instant ses ailes humides sur le cénacle ébahi et disparaît dans l'azur: c'était un canard sauvage, un sale, un mal élevé, un infect canard sauvage* »...

...BREBIS...

Des brebis nombreuses et bonnes laitières, racées du Larzac, approvisionnent Roquefort. De loin, sur les herbages, on croit voir des rochers, groupés. Tout à coup, cela remue, on reconnaît les « *oves* », « *vermicules blanchâtres* ».

Ces animaux, stupides et laids, font de jolis effets dans le paysage qu'ils égayent. Quelquefois le pasteur, debout sur une croupe et pensif sans idées, dresse sur les ondes immenses l'échelle humaine qui manquait. Vive le berger majestueusement seul ! « *Symbole* » fait « *d'immobilité* », évoquant les « *primitifs Chaldéens, interrogateurs d'espaces, inventeurs d'univers.* Viala croque la silhouette du « *pâtre immobile, anguleux, haillonneux sous sa limousine trouée qu'effiloque l'usage ancien... le profil du vieil homme avec un nez sémite, des sourcils en relief, un menton rétif et des rides qu'ombrage un feutre sans âge et sans couleur. Son bras droit s'appuie sur un bâton de houx et son dos converge, gibbeux et figé, dans le ciel mobile* ». Cet homme m'a paru une sentinelle avancée contre la lande, un pionnier de l'agriculture. Les troupeaux du bas Languedoc par une large « draye » herbue, transhumant sur le Lévezou, laissaient, outre un droit de passage, du fumier sur la glèbe pauvre.

...PORCS...

Quelques cochons paissent dans les dévèzes, salissent et nettoient à la fois les ruelles fangeuses. Sur ce pachiderme nous ne trouverions que taches de boue; Viala le diapre comme un vitrail « *rose, mauve, bleu* » et « *feu* ». « *Des tons de pivoines de Chine, de violettes de Parme pétries de crevettes. Grands Dieux, que de couleurs pour un seul cochon!* » Ledit cochon est d'ailleurs un symbole. Le voici dans un jardin, dont il a brisé la clôture ! « *Du groin, il soulève le terreau poudreux, avec des bruits triturants, humides et grognons et ces souffles d'aise qu'ont les pléthoriques notables savourant la prime de leur suprématie* », puis il « *déglutte benoîtement* » un crapaud. « *Avez-vous vu dans un café du boulevard le gros boursier poussif absorber sa douzaine de cancales charnues ?* » De l'actualité et du parisianisme ! nous voilà loin du Lévezou, mais plus bas et plus à l'étroit. Etendons notre vision sur les espèces sœurs que sont l'humaine et la porcine. Disons au « *cochon calomnié* »: « *Tu veux manger! Tu veux te vautrer! Je te jure que tu es un frère. Car c'est là le programme humain!* » Allons plus loin; philosophons.

> « *Le cochon est venu promener sa stature*
> *Sur l'Eden à jamais meurtri de son grand corps*
> *Et, devant l'infini regard de la nature,*
> *L'âpre, l'énorme vie élabore les morts.* »

« *Que de* » pensées « *pour un seul cochon* ». Viala, né à la campagne, familier des paysans, rôdeurs, chasseur et peintre, connaissant l'animal, le reconnaît frère de l'homme. Mais il n'écrit pas de fables morales; il ne demande aux bêtes familières ni des motifs de légendes, ni des conseils.

...CHEVAUX...

Cette haridelle aux os saillants, au cuir sanglant, broutant sous la hache déjà levée l'herbe de son futur cimetière; ce « *Pégase* » aux ailes lassées; ce famélique coursier des chercheurs de « *Pays nouveaux* », ce lamentable compagnon de « *La famille de Caïn* »; tous ces pauvres bidets de l'aquafortiste sont les fantômes évoqués des terrains communaux des Salles, les décrépitudes séniles des poulains qu'en ce même bourg engendrent les haras nationaux, les dégénerescences ultimes de la race qu'il y a deux siècles on y élevait si brillamment.

...BŒUFS...

L'élevage a changé de têtes. Si, d'après Monteil, on ne nourrissait de son temps que « troupeaux maigres, languissants » paissant « genêts et fougères », ne fournissant que peu de lait, de mauvaise qualité, les bovins actuels ont gagné en force et mamelles. Ce sont des bêtes d'Aubrac, osseuses, pleines, bonnes pour le labour et la boucherie, laitières passables. Tons froment ou blaireau. Les muqueuses sont noires comme les bords des yeux et les extrémités.

> *Elle est belle, la vache rousse,*
> *Son œil est grand, doux et profond,*
> *L'outremer du ciel s'y confond*
> *Avec la bouse d'un vert mousse.*

Elle fait son profit des prairies médiocres, humides, trop acides et trop fleuries. Dès la fin de juin, parmi les prés tondus, renaît l'illusion des églogues picturales, autour de l'animal philosophe, lent à ruminer son herbe et sa rêverie, sans autres frissons que ceux de sa peau sous les mouches. C'est cependant un massacre de plantes mangées, de bestioles écrasées. Sans doute la vache, dans sa plénitude digestive, remercie-t-elle le ciel suivant des variantes du vers d'Athalie. Viala n'a pas cet optimisme, « la pâture », que Dieu donne même aux « petits des oiseaux », est faite de vies douloureuses.

> *« L'heure est douce, je pense aux fleurs*
> *Que mange la bête, aux reptiles*
> *Qu'assassinent ses pieds vainqueurs,*
> *A la vie, aux vertus futiles,*
> *Aux principes cruels et lâches,*
> *Mensonges traînant les petits*
> *Au gouffre des gros appétits,*
> *Et je pense au Bon Dieu des vaches ! »*

Devant la bête, le paysan n'aura que des idées vénales et sarcologues. La justesse de l'appréciation en poids, qualité et prix, sacre le maître et mérite des disciples. Dans les foires, le bétail fait l'objet d'un commerce actif et pittoresque qui, intermittent, nourrit à lui seul maints intermédiaires.

La prairie a payé le rustre de sa peine. Si jusqu'aux derniers temps celui-ci a connu des siècles de famine, si la Révolution, tout d'abord favorable, prodigue de biens nationaux, lui a imposé ensuite son néfaste droit successoral, si l'attraction des villes l'a distrait, la guerre saigné, il a fait âprement argent de ses blessures, améliorant sa terre pour éviter la faim, la creusant d'autant plus qu'on la fractionnait davantage, enfin lui adjoignant celle des émigrés et des défunts. La ferme rachetée, les prix et les salaires au maximum. Le paysan ventre-creux est une espèce morte.

Le Passant, eau-forte

...SA RACE...

...LES CORPS RUSTIQUES...

La race ségalaise a son corps modelé sur celui de la terre. Isolée par sa lande, par ses vieilles misères, par son humeur sauvage, elle ne doit guère au sang étranger de raffinements ultérieurs. Plus qu'aux bas pays, l'homme est resté Celte. Nature et travail l'ont sculpté. L'absence de la chaux a réduit le squelette, l'attraction de la glèbe voûté le dos gibbeux, le labeur manuel précoce empâté les extrémités, le jeu de la faux et l'afflux de l'air gonflé le thorax, les gestes immuables raffermi certains muscles, atrophié les autres, la frugalité prévenu l'embonpoint, le fouet du vent activé le sang riche et coloré le teint. « *Le plein midi fait cramoisis ses bras et sa face tannée* ». Taille assez petite, carrure moyenne, ossature saillante, sinon volumineuse. Corps taillé par éclats, dans une roche dure : un silex paléolithique; robuste, mais sans harmonie. Cou ramassé, menton carré, brachycéphalée. Le visage est facilement maigre et osseux, les cheveux bruns et plats, le regard droit et calme, l'aspect méditatif. Sans citer des détails souvent contradictoires chez les divers auteurs, je crois assez exacte cette figure type de travailleur austère, à vocations diverses, mais initialement laboureur.

La démarche est pesante, lente avec de longs pas et un dandinement vague. Le terrien s'en ira, des lieues durant, sans lassitude, le corps ployé, la tête basse, les mains crochant, les bras ballant d'un seul morceau. Aucune liberté de jambes dégagées, de torses bravant l'air et de tête au soleil. Le ciel rampe trop bas, le vent est d'attaque. Le dos offre à la pluie sa bosse moins sensible.

Je vois la croupe humaine, convexité osseuse, progresser dans un site, lui-même composé de gibbosités entassées, sur la rampe, sous la tempête, comme en « *l'orage* » du graveur. Caricature défaitiste.

Les belles attitudes sont rares chez les rustres. J'ai admiré déjà le laboureur et le pâtre, acteurs d'un drame harmonieux. Qu'il s'agisse de fenaisons, de moissons, de bêchages, tous les actes humains qui attaquent la terre tirent leur beauté, logique et éternelle, de leur utilité.

Sauf à ces moments grandioses, le geste est inesthétique, n'étant pas des gestes qui ont sculpté le corps.

Suivez donc le conseil du pays que vous parcourrez de longues heures sans voir l'apparence d'un homme: « *Sur les champs enclos de haies maigres, où l'hiver promène un balais de bise, je marche au hasard... J'ai parcouru des kilomètres sous le ciel gris... Aucune bête, aucun homme rencontré. Je souhaiterais un personnage apportant sa touche ferme, sa solidité consolante... Soudain, j'aperçois derrière la haie basse, un homme légèrement penché qui semble mouvoir quelque chose comme un sac de blé qu'il répandrait sur l'aire. Son mouvement est irrégulier mais rythmique... Il est coiffé d'un chapeau plaqué sur l'oreille de mon côté. Il m'apparaît superbe de vie... et de couleur... il faut que je l'utilise. O décevance ! ce sont des loques vides qui me saluent au passage et ce qui anime l'étrange personnage, c'est la bise, son âme »*. On n'a rencontré qu'un être et c'était un épouvantail; fantôme d'ailleurs séduisant, tenant ses nerfs de l'arbre, son âme de l'espace. Le titre de la page: « *Paysage avec personnages* » ! Qu'il se moque de vous, bons peintres philanthropes, qui transformez des déserts même en colonies de peuplements !

Vaudrait-il mieux qu'il n'y ait pas de corps sous les défroques ?...

Laide pourtant la blouse noire, raide, facilement gonflée, fausse cérémonieuse et grotesque endeuillée. Mais non le grand chapeau de « *feutre bosselé* », auréole sombre du faciès osseux.

Adieu les visions d'un autre âge: « Les vieillards, écrit Monteil, vêtus d'un pourpoint à grandes manches et à basques boutonnées, ressemblent à des personnages de tapisseries ». H. Fabre évoque son aïeul le pagès avec son « petit tricorne, sa culotte courte bouclée aux genoux, ses sabots... bourrés de paille, sa chevelure intonse fréquemment ramenée en arrière d'un coup de pouce et déployant sur le manteau l'antique crinière gauloise ». Ah, que diraient les ancêtres des casquettes et des tricots banlieusards?

La blouse noire est la tenue de ville, de marché ou de tribunal. On la quitte à la messe pour communier. Si quelque réaliste veut peindre le retour des rustres sur la lande, procession de baudruches roulées par le vent, de « *silhouettes flottant des blouses* », il se verra acculé à l'eau forte, au « *lugubre burlesque* » qu'a noté Viala.

Quand le paysan travaille, il quitte sa blouse, enfonce son feutre, œuvre d'un corps libre, sue en veste de bure étroite, en pantalon de gros velours. Sur la chemise grise qui baille par le col, l'ensemble a les tons neutres du terrain cultivé. La tenue est sobre, logique.

Le pâtre drape sa limousine bise, « camias » de tradition depuis les Gaulois. Geste noble, superbement gueux. Régionalistes sentimentaux, défendez ces costumes pittoresques, peintres locaux figurez-les. C'est sous leur rude trame que Malet a sculpté ce quasi-Lévezin qu'était Jean-Henri Fabre.

Le type est beau, en plein relief, seul, sans paysage. Comme un modèle gothique, il vaut par ses nerfs et son expression, non, comme un modèle classique, par sa chair et ses proportions.

Viala a tour à tour écouté la voix de son pays et celle de son art; l'une prêchait la tradition, l'autre vantait l'idéalité de la forme. S'étant accordées sur la beauté de la montagne, l'une y appelait les terriens, frustes compagnons de jeunesse, l'autre, l'ayant ravagée, y jetait des êtres nus et souples, pris je ne sais où. Devant l'insuffisance du type régional, pour peupler ses eaux-fortes symboliques, Viala dût chercher ses acteurs dans un rêve d'antiquité.

Ses figures rouergates, croquées dans le « *Cri de la Terre* » relèvent d'un art anecdotique, d'ailleurs spirituel et piquant...

.   .   .   .

Dans ce pays misogyne, j'allais oublier la femme. Au temps jadis, tous les jours à la peine, fatiguée et usée par les maternités, la paysanne vivait par la vertu de l'air. mais vivait seulement une longue vieillesse. Originellement, elle n'a d'ailleurs pas la belle bâtissure des lozériennes. Elle est « plus affinée », souvent même « jolie ». Joliesse éphémère. C'est dans son court printemps, printemps de montagne, qu'il faut la saisir. « La fille des paysans » est « une belle plante », ronde, membrue, colorée. Son académie saine, charnue, musclée ne respire pas le mysticisme. Tout cela se fane vite. D'après un romancier, « le beau sexe surtout n'est pas beau » au village. « Vieillies avant l'âge, les femmes sont flétries et lamentables ». Pour ne pas trop pleurer sur leurs décrépitudes, il faut chercher dans

elles des vertus surannées ou, se penchant bien bas, découvrir leurs
« yeux divins... de petites filles ».

Le costume local ajoute à la navrance. Ce n'est plus la cape,
le « surcot » à la Jeanne d'Arc, tel que l'avait vu Monteil, ni la
bizarre coiffure à mentonnière que nous a décrite Fabre, « grand
disque de feutre noir, rigide comme une planche, orné au centre
d'une forme haute comme un travers de doigt » et « large » comme
« un écu de six francs ».

M. Mercier montre son héroïne, les cheveux entourés d'un fou-
lard polychrome, le cou et les bras nus hors d'un corsage blanc et,
sous le cotillon rayé de cotonnade, les pieds, sans bas, dans des
sabots. Cet ensemble, bien vu, laisse le corps à l'aise. O combien
plus navrants les beaux costumes laids arborés le dimanche, les
chapeaux potagers juchés haut sur la tête, les robes aux tons garance
sous des ceintures vert pomme, les jupes noires bouffant de corsages d'azur croisés d'écharpes blanches.

Aujourd'hui fêté en couleurs, sous voiles blancs et fleurs d'oran-
ger, le mariage avait lieu en noir. Après lui, cette teinte règne, sauf à
se faner dans les roux... Les vieilles sont coiffées d'une bonnette de
paille noire cintrée autour du front et murée sur la nuque, coiffure
monacale encadrant le visage d'un fer à cheval d'ombre. Comme
les yeux cavés de résignation, la figure se creuse dans cette orbite.
Le corps s'est étoffé de cachemires sombres aux plis tombants.

Viala figure la paysanne encore moins que le paysan. La jeunesse trop rouge est dépourvue d'âme, la vieillesse expressive de
beauté plastique. Encore au pays des chimères l'artiste a choisi
nymphes et fées. Une fois seulement, il a... *souhaité revoir*

> *La forme si souvent dans (ses) soirs apparue*
> *De la vieille fileuse incessamment revue*
> *Aux coudes des chemins, aux pentes des coteaux.*
> *Pauvre être déclinant sa flamme vacillante... »*

...LE PATOIS...

J'ai entendu des ruraux s'interpeller d'une cime à une autre, troubler le désert de leurs chants. Notre rude idiome convient à ces hommes; il trahit la race, devant exprimer les besoins de l'âme par le libre jeu des organes; il trahit la terre sur laquelle la voix passe.

On sait comment la belle langue d'oc a cédé devant celle d'oil, lumineuse et arythmique, comment elle s'est décomposée en une foule de patois, bientôt déchus.

Le rouergat — variété d'Aquitain — n'offre plus l'élégance du bas occitan. Son archaïsme fait sa valeur. Depuis la fin du Moyen Age, le froid a figé son existence. Dans sa forme encore primitive certains veulent voir la plus fidèle image du roman. Les vocables peu contractés s'attestent peu évolués. C'est toujours le rythme très lent des ondes montagneuses qui semble présider aux destinées du pays.

Le dialecte est en « o » au centre du Rouergue, sur le Lévezou, c'est-à-dire que l' « o » y domine, l' « o bleu » de Rimbaud, « l'omega rayon violet ». La voyelle aurait-elle pris la nuance des cimes lointaines? Ou glisserai-je à des rêves de poésie? Les raisons positives demeurent inconnues...

Le patois lévezin est grossier dans sa forme, dans sa prononciation; mais il est sonore, sans voyelles muettes ni consonnes gazouillantes; il aime les plénitudes, les attaques nettes, hait les heurts de consonnes, retient l'accent tonique, joue avec les suffixes, multiplie les mots concrets et les onomatopées. Tout objet qui a trait à la vie rurale porte un nom précis, que le français ignore, traduit par une périphrase ou livre émasculé. Tel mot vaut une métaphore, ou une pointe, ou un croquis. Le vocabulaire trahit la psychologie locale.

Après un long abandon, le dialecte renaît enfin. Il inspire un abondant félibrige où tout n'est pas médiocre. Le Lévezou, patrie de Deusdet de Prades, chanoine de Maguelonne et galant troubadour, ne nous a pas, à mon su, donné de bons patoisants.

Viala a composé dans la langue natale un très délicat « *Cant del ser* ». J'ai tenté de le traduire, simplement, naïvement. Ah ! que le français fut terne, que ses phrases sonnèrent gris.

J'aime les ruines occitanes, ruines colorées et croulantes, près des bâtisses neuves aux solidités plates. Le commun choisira le « home » bien français. L'artiste eut des velléités de s'installer au vieil « oustal ». Il y trouva, à table, joyeux et buvant clair, son ami pittoresque, le félibre Bessou. On trinqua à la santé de la petite patrie et, aux applaudissements du jovial ecclésiastique, le peintre se mit à chanter, toutes fenêtres ouvertes, l'air fameux vêtu de vers neufs.

> « *Un ser d'oouto, coumo l'estelo*
> *Deis postrous, ol cel,*
> *Lugicio coum' uno condelo*
> *Sul lou bouscotel*
> *Aï oousitt uno consounétto*
> *Que sobio pa d'ount.*
> *Mountabo flourid' e cloretto*
> *Bol' trober del mount...*
> *Quon béjère de Montoléne*
> *Lugi le bloncour,*
> *Com' un lun din lo nuet sereno*
> *Pel comi lo flour,*
> *Desempiei cado couo que souno*
> *Lou ser o Ségur*
> *Quicouon d'aoutré me corillouno*
> *Ol foun de moun cur.* »

Ai-je besoin de signaler que cette scène pittoresque est une pure métaphore où sont seules réalités les vers et la voix de Viala et la beuverie du bon prêtre ?

...LES AMES RUSTIQUES...

Le paysan lévezin a les traits nets, au moral.

...INTELLIGENCE...

L'intelligence claire, enchaîne les idées, vise aux précisions. Les esprits mathématique et juridique sont productions naturelles du Rouergue, traduisant sur un plan supérieur la mentalité économe et chicanière du commun. Le tracé de l'araire sur des surfaces gauches a précédé celui des courbes transcendantes, le guet haineux des empiètements précisé les notions sur les « droits réels ».

Ta vie est précaire, paysan, exposée au ciel, aux vies nuisibles. Regarde la nature, sans y chercher des rêves, comme une sentinelle avancée inspecte l'horizon. Tant mieux si tu as noté des vues spéculatives, si tu t'es appelé Fabre, ton but était d'abord pratique, tu étais l'échenilleur et le chasseur.

Pourquoi ce rural observe-t-il la nue ? Pour prédire le temps, connaissant le vent. Il s'est donc orienté ; il possède un repaire. Nomade, il connaît la position des astres, sédentaire, celle des points remarquables du paysage. Je m'imagine ainsi son tour d'esprit : « Lorsqu'on voit au matin, tel nuage monter sur tel clocher, il pleuvra dans la journée ». Peu lui importe le joli motif que fait un nuage sur un clocher !

Pour entrer dans l'intuition des choses, il ne manque à notre bonhomme qu'une certaine flamme de vie dans sa science de tombes. Or, la race, positive, vise à l'immédiat. Elle n'a guère rêvé; elle n'aime pas rêver. Aux pôles de l'imagination, ni inspiration, ni finesse. Le paysan dans l'abstrait ne suit que le précis. Aussi incapable de synthèses grandioses que de subtiles analyses, il peut rarement embrasser le domaine entier de l'esthétique; il est difficilement artiste, traînant un poids trop lourd d'aïeux enrobés dans trop de terreau, marchant sur l'enlisement du passé.

Si de ce passé trop pratique, il arrive à se dégager, après un entraînement âpre, sa puissance sera accrue. Le Rouergue vient à peine de donner ses grands hommes, dignes par leur taille de leur long enfantement. Il y a moins de cent ans, un préfet écrivait que dans nos « annales » on trouvait « à peine un nom fameux » : « Les guerres continuelles n'ont pas produit un capitaine ». Les « vallées... pittoresques n'ont pas donné naissance à un poète, à un peintre; les merveilles qu'étalent » nos « montagnes n'ont pas provoqué un naturaliste ».

Nous avons enfin tout cela, un capitaine, des peintres, des poètes et des naturalistes, sans parler des romanciers et des sculpteurs. Les artistes ne sont plus rares, mais ils émigrent trop souvent, pour se faire sacrer ailleurs. Compris par une élite locale, bien restreinte, ils ont au moins cet avantage de comprendre et d'absoudre l'incompréhension de la foule, de voir leur race fruste logique avec ses goûts, de sentir la grandeur de son robuste prosaïsme; ils ont la fierté de s'en être dégagés.

L'imagination, le bon sens l'a tuée. Le bon sens ! la faculté placide des très justes milieux, des lachetés admises et des égoïsmes, l'amortisseur des vibrations sentimentales. Le bon sens est railleur, insolent. Il n'épargnait « ni le trône, ni l'autel ». Il manque d'ailleurs de finesse. Comme le pas, l'esprit traîne.

Il ne suffit pas de vanter la mémoire: l'âme semble encombrée de passés ancestraux. Dans sa flore sapropélique la routine s'envase; mais il y fleurit l'amour du terroir, le culte de la tradition et le mépris des nouveautés. Surnagent des souvenirs nets, parfois déformés, d'histoire locale. L'instruction, dès l'aurore, pousse à l'érudition. Tout esprit cultivé taquine Clio; dépourvu de cette imagination qui crée les grandes hypothèses, il se borne trop souvent à juxtaposer des faits sans les envelopper de la trame des causes.

Nous avons des observateurs, des compilateurs géniaux et durs à la tâche, rarement des historiens...

...CŒUR...

Le paysan lévezin, par son intelligence, nous paraît un produit digne de la montagne, un chêne sur le roc. Pareille à un grand vent, une passion ardente en fera-t-elle frémir les branches ? L'amour divin ? à peine, chez l'homme tout au moins, bon chrétien, peu rigoriste et encore moins mystique. L'amour des idées ? N'insistons pas. L'amour du genre humain ? Bonté hospitalière, mais « point de bonhomie, point de philanthropie », point de reconnaissance. La foi patriotique ? L'hexagone frontière n'est pas à l'horizon ; l'homme est un bon soldat, mais par simple atavisme, discipliné à force par la vie patriarcale, rempli d'abnégation par rudesse d'esprit. L'amour de la famille ? Dans la vieille habitude, le devoir formaliste constamment inviolé. L'amour proprement dit ? Oui, physique, éphémère, pendant les chaleurs jeunes. L'amour propre ? Très vif, instinctif et fruste. Dans le cœur Rouergat les extrêmes n'ont pas leur place : le gros bon sens ricane des tendresses subtiles et des passions.

Domine un sentiment, vulgaire, mais immense, qui, quoique au ras du sol, prend une vraie grandeur: il s'étend de la glèbe, propriété à cultiver, capital à faire valoir, d'un côté, sur la terre où le lot se découpe, de l'autre, sur ses fruits et leur valeur marchande. D'où, l'amour du clocher et celui de l'argent; du clocher, de la paroisse, du cercle borné par l'horizon, du cadre de la vie sédentaire, du support de la tradition, du seul ami connu dans un monde suspect; et surtout de l'argent, de la récolte, de la récompense des travaux, du pécule arraché à la terre avare et aux destructions, du nerf de l'agrandissement foncier, du bas de laine caché plein d'or aux époques fiduciaires. Nombreux sont les préceptes d'économie rurale: mange

du pain dur, mouche bien la lampe, évite les fêtes; nourris le chat
plutôt que le rat; crains l'hôpital comme déchéance, la perte du
bien qui est celle du sens... Sauf aux grands jours le rural est sobre.
Il a horreur des ventres gras, mais il méprise aussi les faibles appétits.
« Qui n'est pas habile à manger, ne l'est pas à travailler ».

...VOLONTÉ...

C'est que le travail est rude. Il a forgé l'âme; il excuse les tares;
il est la gloire et la beauté. Lent et continu, comme l'homme et la
terre, suivant le conseil de l'horizon, il a la majesté des forces naturelles et des efforts conscients. Quel métier qu'exercent nos fils de
paysans, leurs gestes procèdent de ceux des paysans. Ils y gagnent en
force et efficacité.

Energique, patient, tenace et méthodique, le Rouergat nourrit
un optimisme actif, peu démonstratif, caché prudemment sous des
apparences maussades. Cela stimule encore son esprit sarcastique qui
s'exerce, à l'inverse de nos vaudevillistes, non contre les vertus sérieu-
ses et rigides, mais, lui-même sérieux et rigide, contre les petits vices
honteux.

Objets de mépris, la femme légère, l'oisif, le snob, le dilettante, le jeune galantin qui courtise les filles. Le paresseux est
un parasite. On se figure le grand-père de H. Fabre scandant des
ordres, tonnant « contre l'oisiveté, distribuant des taloches sur la
nuque des marmots qui s'amusent à perdre le temps ». Ce mépris
des fainéants, par fausse analogie, s'étend à l'artiste. Pareil titre
efface tous les autres, même les plus probants. Peindre ou faire des
vers, cela s'appelle « s'amuser ».

La morale paysanne, malgré ses erreurs, a une vraie beauté, l'âme
qui l'a conçue une séduction rude de vertus et de vices, d'orgueil
et d'avarice, mais aussi de courage et de sobriété. Enfant inéduqué
de la lutte agricole, âpre éternellement au travail en vue du gain

et au gain après le travail; âpre d'intelligence, de cœur, de volonté prosaïques; ne retenant que défauts et qualités utiles; tournant inconsciemment, même ses sentiments vers le pratique; observateur fidèle des choses à connaître, observateur caustique des gens à suspecter; pondéré et sérieux, gardant le juste milieu, méfiant des extrêmes même les plus brillants, empreint en toute chose de passé et de glèbe, rustre, robuste, épique, tel est le Lévezin, paroxysme du Rouergat.

...AMES RENFERMÉES...

Vous avez affaire à cet homme. Au premier abord, en son for, voici ce qu'il pense de vous: « Je ne le connais pas. Que me veut-il ? Me duper ou se moquer de moi. Ouvrons l'œil et prévenons-le ». L'étranger, c'est l'ennemi. L'homme adoucit pourtant ses conclusions brutes, quelque peu dégrossi par civilisation.

Si le devoir est chose de caste, il est honnête : sur une caricature de Viala, un couple rustre ; une auto fuit, un cochon gît. Légende : « *200 francs, c'est pas payé, fallait dire que c'était une vache; ces gens-là, ça connaît pas les bêtes* ».

De méfiance sourde, l'aubain voit contre lui les fronts barrés, les yeux fermés, les bouches closes. Dans toutes mes « interviouves » rustiques, il m'a fallu justifier de mon origine et de mes attaches. Comme je suis vrai Rouergat, né à Millau et marié aux Salles, je ne restais que l'inconnu. Après bien des avances unilatérales, j'aurais peut-être conquis la confiance, je n'en avais pas le temps...

...MÉFIANTES...

La mémoire est tenace contre les profiteurs, les seigneurs, les brigands, le fisc. Si l'on en croit ses proverbes, méfiant à l'égard de tout le monde; du voisin, surtout s'il est habile, « bon avocat »; des grands de qui le « bon gré » est aussi solide qu' « escalier de verre » ;

de ses proches, de sa sœur dont la tendresse vaut « un peu », de son frère dont la tendresse « ne vaut guère » ; du patron, dont, la besogne faite, « on attendra l'argent » ; des « chambrières » qui disent « le secret de l'oustal » ; du médecin, dont « la terre couvre les âneries », le paysan rouergat aurait la vocation de toujours suspecter et de toujours plaider, s'il ne se méfiait surtout... des juristes. Concevez des duellistes obligés d'envoyer, sur le terrain, à leur place, des escrimeurs professionnels. Les esprits processifs penchent vers des remords d'avares ; on pleure le bon temps où les anciens, plus sages, terminaient leurs querelles en « tirant le douzet », en buvant.

...PROCESSIVES...

Mais les procès sont des maux nécessaires : il convient d'être sur ses gardes et d'imposer silence aux doctes: « Quand les papiers parlent, les barbes se taisent ». Ce respect des « actes » s'est étendu à tous les écrits, pratiques, voire documentaires...

Ses papiers à la main, le Lévezin était un chicanier épique. Un avocat aveyronnais m'a pourtant confié cette triste nouvelle: « Les grands plaideurs sont morts ». Jadis, de telles phrases ont salué la fin des races généreuses, des héros, des saints, des paladins... On allait à l'audience comme à la bataille, vers Millau d'ordinaire, à pied pendant six lieues; on couchait dans un bois; à la cité des juges, on hâtait son affaire, on citait, on plaidait; à l'auberge on mangeait sur le pouce, on buvait dru: on repartait le soir même; le lendemain, à l'aube, on labourait. Les bancs d'un hôtel millavois se souviennent d'un paysan qui, le long du jour, répétait : « Je plaide ». Puis il ricanait et frappait le sol d'un bâton noueux. Vous le jugez inepte; il me paraît splendide, sentant sa poudre à lui, poudre d'exploits d'huissiers, de requêtes d'avoués, gardant, dans ses oreilles violâtres et velues, les bruits des plaidoiries aussi grisants pour lui que des chants de trompettes... Quand on perd à

Millau, appel à Montpellier ! Lisez donc « Jean Guilbert » : l'auteur est avocat, à la Cour où descendent, tels les ours de montagnes, nos plaideurs. Ceux-ci payent en volailles, « font parler » à leurs juges, leur envoient des perdreaux : « La science suprême est celle des affaires, le génie suprême celui de la procédure, la gloire suprême celle de l'audience ».

…AMES SINCÈRES…

Mis en confiance, le paysan est franc, d'une franchise souvent crue, grognant d'un air bourru et gauche: « Ennemi de la flatterie » le Rouergat « dit la vérité qu'on lui demande et même celle qu'on ne lui demande pas ». Sa rudesse me paraît la façade de sa méfiance: il vous accuse un peu crûment, afin que vous vous disculpiez ou renonciez à son commerce. Il est trop souvent grossier et « gaffeur ».

…HOSPITALIÈRES…

Quoique ombrageux, le rustre vous accueille. On est hospitalier dans ces régions désertes, à fermes clairsemées, où les loups, les orages, les tourmentes de neige mettaient constamment le voyageur en péril. La vie n'eût pas été possible si les portes heurtées au bout des inquiétudes ne s'étaient ouvertes. Sur un sol primitif, entre des primitifs, la forme primitive de l'assistance humaine s'imposait sous peine de mort. Sa franche spontanéité a souvent des délicatesses imprévues.

Pour rendre service, les paysans montrent une générosité qui n'existe plus dans les villes. Tout événement de famille, naissance, maladie ou mort, donne lieu d'ordinaire à un concours de dévouements. Quand Viala eut rendu son âme à la nature, ceux qui l'avaient fréquenté vinrent se proposer pour les veillées funèbres; tous les gens d'alentour accompagnèrent le cercueil de leur compatriote qu'ils n'avaient pas compris, qu'ils avaient raillé même, mais qui était leur ami.

On se reçoit beaucoup à la campagne entre voisins, dans les grandes villes entre « pays ». Cela donne prétexte à des agapes où le Rouergat devient buveur, gourmand, prodigue. On sert des oies, du veau, du cochon, du vin. Dans ce milieu connu, le taciturne se met en confiance; la bouche ouverte pour mâcher, il en profite pour parler. Il est choquant avec délices. Il s'enivre et il dévore. Drue et méridionale, la verve se débride. Bruits de voix, de dents, de fourchettes, d'engloutissements de soupes, de déversements de vin. Malheur à l'étranger qui doit se désigner, entre le dessert et le bal, porteur de toasts, chanteur, diseur, jugé raseur. La méfiance innée, un moment silencieuse, jaillit. « Les brutes ! » s'indignent certains. Non ! c'étaient des gens très francs qui avaient hâte de danser. Il eût fallu parler patois, et crier des grivoiseries. Les auditeurs auraient bu vos paroles, applaudi à gosiers ouverts.

...ENCORE SAUVAGES...

Au XVIII⁰ siècle, Gaubert, curé des Canabières, se vit dévaliser par ses paroissiens à la faveur de son absence ou de sa dernière maladie. On lui déroba des meubles, du linge, du vin et de l'argent jusque dans les poches de ses culottes.

De notre temps les vols se portent sur des poules ou des troncs d'arbres. Au-dessous des « pagès » intègres, au-dessous des humbles paysans laborieux et honnêtes, les campagnes abritent une pègre d'arrivistes. Un de ces « chevaliers », dans certain gros village, défraye à lui seul la chronique. Féru de son honneur, voleur comme Mercure, c'est un être sordide et recroquevillé, scandant ses pas des chutes d'un gourdin. Son chapeau enfoncé jusqu'à ses yeux rougis ombre sa bouche où dans la barbe grognent des menaces amorphes. Notre homme a sur sa conscience, très commodément trouble, maintes peccadilles fructueuses. Un soir de mai et de foire, on le surprit grattant le sol d'un champ de pommes de terre récemment plantées et disposant dans un panier les tubercules ramassés. L'affaire fut conclue devant le juge de paix. Conclue ! Qu'osé-je dire ? L'innocent kleptomane, méchamment condamné, défila dans les rues de la ville entre son chien berger et le crieur public, lequel proclamait à tous les échos l'innocence de son client. Ce fut une émouvante « réparation d'honneur » !...

...PEU DISCIPLINÉES...

Tel est le respect du pouvoir. Je pourrais narrer, à propos d'élections, des faits étranges. Malgré les ordres du maire, des officiels refusèrent de rejoindre, en un lointain hameau, l'adjoint chef d'un bureau de vote, lequel par un excès de breuvage excitant, avec l'urne sacrée, avait dévié dans l'ombre. Qui parle après cela de décentraliser ? Qui croit le citoyen des landes soumis aux lois de Paris ? Railleurs et méfiants, difficiles à manier, frondeurs et libertaires, les « montagnards », disent aimer « l'indépendance ». Sous un tribun rural ils se révèlent des plébéiens, de braves moutons qu'il faut paître dans les champs verts des espérances et des mérites agricoles. A défaut d'entraîneurs, d'entraînements locaux déterminés par des questions de voirie, de postes, de travaux publics, un instinct séculaire guide nos rustiques, instinct fait de bon sens, d'inertie, de traditionnalisme et de routine, instinct conservateur. Conservateur en haut pour le pouvoir central, gardien de l'équilibre et protecteur des droits, mais anarchiste en bas, pour le pouvoir local, gêneur de mouvements et censeur, pour les agents du fisc et de la justice, tel est le paysan lévezin.

...LES COUPLES...

Avant d'aborder un paragraphe scabreux, sur les mœurs rurales, j'invoquerai en ma faveur un texte, déjà cité: « Ennemi de la flatterie », le Rouergat « dit toujours la vérité qu'on lui demande et même celle qu'on ne lui demande pas ». Entre les deux exagérations naturaliste et idéaliste, je m'efforcerai de prendre un moyen terme. J'abstrairai la décomposition due à la guerre, au contact de certains réfugiés, à la débauche des cantonnements, au déséquilibrage des sexes. Le progrès a fait chez nous une microbienne irruption. La corruption urbaine n'a gravi que trop vite les pentes des monts. Le chef-lieu de canton ajoutant ses scandales, la région lévezinc, au point de vue moral, est mal placée, loin du Ségala austère, loin des temps patriarcaux. La sensualité réfléchie et perverse complique dans les mœurs l'instinct génésique.

Mais celui-ci existe et souvent se libère, a existé et s'est libéré, aussi loin qu'ont porté les souvenirs, parfois octogénaires, que j'ai pu consulter. Je ne transcrirai pas mes notes en raison de leur crudité. Voici pourtant une chanson, presque complète, et sans retouches.

I

La Rosalie, de bon matin
  S'en va au jardin,
Pour y cueillir la violette,
  La belle fleur.
Dans son chemin, elle ren-
Son serviteur.   [contre

II

La Rosalie, fais-moi un
        [bouquet
Mais qu'il soit bien fait,
Mais qu'il soit fait, en assu-
  Bien proprement, [rance,
Que nos amours, avec la
  Y soient dedans. [tienne

III

La Rosalie, tout en faisant
        [son bouquet
Se mit à pleurer.
Pourquoi pleurez-vous, la
        [Rosalie ?
Pourquoi soupirez-vous ?
Regrettez-vous les amouret-
Du temps passé? — [tes

IV

« Ah! si je pleure, j'ai
      [bien mes raisons... —
Et pourquoi donc? —
J'ai mon amant qui part
      [pour la guerre,
Au régiment.
Il m'a laissée toute seu-
A quatorze ans...   [lette

17

V

. . . . ?

VI

— Mais, que ferons-nous de
       [cet enfant,
Quand il sera grand ? —
Nous lui mettrons une co-
        [carde,
Un ruban blanc,
Et nous l'enverrons à son
        [père
Au régiment »...

VII

Mais quand l'enfant fut
      [devenu grand.
« Bonjour, Papa !
Je vous apporte une lettre
S'adresse à vous.
Vient de la part de ma pau-
       [vre mère.
La prendrez-vous ? —

VIII

Viens avec moi au cabaret
Boire et manger.
A la santé de ta pauvre
    Qui a tant pleuré. [mère
Nous reviendrons un jour en
    La consoler. »   [**France**

La mélopée est belle, les paroles perdues. Elle s'étale sur les landes, en harmonie avec leur rythme lent. Le texte, plus vulgaire, est un bon document qui me dispensera d'en citer de plus crus. Tout cela se chante d'ailleurs dans les rues, aux travaux des champs, pendant les ripailles. Des instincts tout puissants, précoces et tolérés, s'y exposent avec cynisme. A quoi bon se leurrer et nimber tous nos rustres de vertus impossibles étant donné leur vie débraillée, la richesse de leur sang, la pauvreté de leur esprit, l'exemple de leurs bêtes. Le sens moral obtus, la piété formaliste s'avèrent impuissants. Viala évoque ainsi, à « *l'auberge* » des rouliers, « *la grosse, la jouf-flue, le mal-peignée Marinette* » qui « *au fond de l'écurie, en l'om-bre d'un cheval voilant la lanterne de sa croupe, à même la paille* »... donne « *les trésors d'Aphrodite* ».

Assez rares les pieux et les sages; paraissant encore plus rares, cachés parmi les vices criards. Cependant, croyez-en l'idéal des poè-tes ! J'ai connu sur les landes de belles âmes riches « aussi chastes pourtant que la bruyère en fleurs ».

D'une façon générale, Eros travaille en marge des codes et des rites, à la manière brute. Que de fois s'opposent les âges nubiles des chansons locales et des lois françaises : il faut demander des dispenses. Je pourrais démarquer bien des pages de « la Terre ». Le mariage se hâte et l'opinion publique, ayant compté, conclut, ergote et se calme. On a vite recensé les turpitudes renouvelées de la Bible et « les femmes oublieuses de leurs devoirs ». Le mariage met fin aux spleens physiologiques. On citerait à peine des viragos barbues aux maris moliéresques absents ou magnifiques. Mâle ou femelle, l'infidèle porte culotte. Un soldat de la guerre donnait à sa maîtresse l'argent que lui valait le travail de sa femme et à celle-ci promettait la rossée du permissionnaire... Sans parler des « Mions » qui ont une chambre à la ville, d'assez nombreuses hétaïres restent vouées aux montagnards. Constamment exposées à une nature sauvage, ignorant les fards et les drogues, elles prennent le masque adéquat à leur vie. « Une surtout » bâtarde, sans acte de baptême, avait scandalisé les gens de son hameau, tant que, gratuitement, ils la déménagèrent. Maintenant, sans argent, car payée en nature — vin, œufs, pain, fromage, pétrole — elle vit plus à l'aise dans certain gros village, avec un vieux barbet et un chat famélique. « Pendant les soirs d'été », répugnante et cassée, on peut la voir sortir de son infect taudis. O ! ne pas raconter son ignoble cynisme, phraseur et gesticulant, aux heures de mendicité, ses injures et ses vantardises devant les femmes de ses anciens ! Sur cette âme perdue, une clarté persiste. La Thaïs lévezine ne manque pas la messe. Vieille, mal rétribuée, il lui reste à gagner l'hôpital et le ciel. Une de ses collègues n'a-t-elle pas avoué: « Je sers d'abord le Diable, puis je servirai le Bon Dieu ».

J'ai donné des détails — moins que je n'aurais pu — pour qu'on ne parle pas d'affirmations gratuites. L'homme de la nature a des côtés vulgaires, dont notre goût se choque. J'aime la beauté de sa franchise. La débauche des villes, c'est la petite bête fardée, rougie et peinte, et nue comme la bête, des revues de luxure, le modèle vicieux et vert de cocaïne, fort mal bâti, des peintres décadents. Celle de la campagne ?... je l'ai croquée plus haut, la gargouille gothique grimaçante ou terreuse. Herouart ou Carriès. Que l'artiste choisisse.

...ET LES MÉNAGES...

La femme lévezine est une ménagère hors ligne. A l'instar d' « un tonneau, plus elle travaille, plus elle vaut ». Ainsi, du moins s'exprime un vieil adage, entre tant d'autres du même goût. Je n'aurai garde de citer cette grossière littérature, digne de nos pires fabliaux. Le paysan rouergat est ancestralement et crûment misogyne. « Douleur de femme morte dure jusqu'à la porte ». « Deux beaux jours pour l'homme sur terre, quand il prend femme et qu'il l'enterre. L'abbé Vayssier, érudit d'un autre âge, fort ennuyé d'avoir cité ces dictons dans son « Dictionnaire patois », tâche au moins de les expliquer. « Il est évident que ce proverbe ne peut trouver d'application que dans le cas où le mari est infidèle ou canaille ou bien lorsque la femme était devenue insupportable pour le mari. » Sancta simplicitas ! Je vois dans ces maximes l'expression du pur génie de la race à peine exagérée par schématisation...

Sur le haut d'une croupe, un hameau écrase ses maisons pauvres. Y agonisait une vieille femme « *l'esclave, la martyre...* ». L'homme était près d'elle « le *vieil ivrogne* » paresseux. Dès que l'issue fatale lui apparût certaine, ce dernier partit sur la lande sans un mot, sans un geste, à quoi bon l'ajouter ?— d'un pas ferme et rude, vers le bourg voisin. Il n'allait y chercher ni médecin, ni prêtre, mais le cercueil chez un menuisier. La caisse fut clouée solide. Pour célébrer le bon travail on fit le tour des cabarets. La nuit venue, l'époux songea à regagner son logis... La neige tombait. Un temps accompagné par son frère d'ivresse, qui l'aidait à porter la bière, l'homme allongea la route en zigzags sur le blanc. Puis le menuisier prit congé, ayant chargé le dos de l'autre du pesant cercueil conjugal. Sur l'immense désert, une marche funèbre quelques instants tituba, puis s'arrêta. L'artisan qui s'en retournait, saisi d'une vague inquiétude, revint sur ses pas. Silence. Blancheur. Pas une ombre !... Soudain sur le chemin plat se révéla un monticule. L'ivrogne, fatigué, avait posé la caisse sur le bord de la route, s'était couché dedans et s'était endormi. Dès lors, sans métaphore, la neige devenait linceul. Le menuisier empêcha ce suicide, point dû, je vous le jure, au désespoir du cœur. L'H noir, cahin-caha, un cercueil entre deux porteurs, de guingois continua. La vieille, cependant, seule avec ses visions, dans la plus effrayante, parmi des contorsions, avait rendu l'âme. Quand les hommes entrèrent dans la chambre macabre, le temps avait raidi en postures bizarres les pauvres membres secs. La bière, de ce fait, se trouvant trop petite, la force dût réduire la résistance inerte des muscles de la morte à ceux des vivants... L'acte sacrilège a été châtié: un autre soir d'hiver, sur le même chemin, l'ivrogne conduisait une carriole contenant un baril de vin. Comment tomba-t-il dans la neige, la face dans l'eau du fossé ? Le lendemain matin, il fut trouvé noyé à côté de son âne, qui seul l'avait veillé...

Les vices de certains rustres retombent en coups sur leurs femmes, quoique, depuis quelques années, surtout chez les paysans aisés. les mœurs brutales s'adoucissent. Mais on a écrit avant la guerre: « Les victimes sont lâchement résignées à l'humiliation. Les mœurs tiennent plus du patriarcat que de la civilisation. L'homme règne et gouverne. Il n'est pas rare de voir la femme dire vous au mari qui la tutoie, la servir à table conjointement avec les autres servantes » et prendre ses repas ailleurs. Elle appelle le mâle son maître et son seigneur. L'esclave soumise n'a plus de personnalité. Intelligence obtuse, sensibilité fruste...

L'excès de servitude devient de la grandeur. La paysanne lévezine est une ménagère active, une mère admirable, une épouse dévouée. Levée tôt, couchée tard, toujours en mouvement, âprement économe, balayant, nettoyant, ramassant le bois sec, faisant cuire la soupe, trayant brebis et vaches, donnant la pâtée aux porcs, le grain aux volailles, elle est aussi l'ouvrière des fortunes rurales, voire la ravaudeuse des folies maritales.

Ce qui fait sa beauté morale, dans la résignation comme dans le travail, c'est sa foi chrétienne...

...RACE PROFANE...

Du caractère Rouergat quels sont les éléments à retenir, à jeter dans le creuset où se compose l'âme d'un artiste ? L'intelligence active, l'esprit d'observation penché sur la nature, l'amour de l'indépendance et le mépris de la mode, la probité, le goût du fini, la passion du travail et de la terre, vertus de plan, non d'élévation. Mais voici des défauts: lenteur de conception, mesquinerie de vues, faiblesse imaginative, étroitesse d'une sensibilité mal placée. Le produit naturel est l'artiste rustique que le besoin de toucher la glèbe fait souvent redescendre au milieu des envolées.

Si l'âme aveyronnaise a enfin inspiré certains de ses enfants, elle n'est qu'une fois, dans son art régional, sortie de sa formule. Du rêve et des passions, voilà ce que Viala est venu exprimer en terre rouergate. Le génie s'est posé sur le granit. Son public naturel, comprenant à demi, n'a plus osé comprendre et, par peur des côtés trop brillants de l'artiste, a fermé ses yeux et son entendement.

...AUX RARES BEAUTÉS...

Viala étant à la fois fils du terreau fertile et du rocher, nourriciers l'un de l'homme, l'autre du fauve, qu'a-t-il pensé de l'homme ? Peu de bien, le fauve est trop près. Certes, il voudra bien figurer un grand geste, au contact de la terre et dans l'esprit du fauve, c'est-à-dire dans l'inspiration de la faim. En général, il parle peu des paysans. Sa pensée est plus haut, dans les landes.

Le titre « *Loin des foules* » .vaut un manifeste. L'hymne au sol natal, intitulé « *Terres sans légendes* », n'accorde à « *l'autochtone* » qu'une petite place, comme au rapace, au loup et à l'étoile du soir. Que sommes-nous ? Des récepteurs d'effluves fonctionnant mal, des supports, des fantoches, des détails. L'œuvre est misanthrope...

1908. L'âge mûr de l'artiste commence cette ascension vers la paix » dont parle Joseph Fabre dans sa préface de « *Paysages* ». J'aime citer une idylle cueillie en ce livre, présenter deux âmes naturellement belles, faire soupçonner des richesses morales trop souvent étouffées par leur humilité. Ce n'était pas assez de mes évocations du vieux berger austère et bon; de la femme au cœur simple qui, sept lustres durant, dévouée à Viala et aux siens, a veillé le défunt et bercé ses enfants; des pieuses familles patriarcales.

Après l'histoire macabre que j'ai narrée tout à l'heure, écoutez ce simple récit, attendrissant. Une nuit, passant devant un logis éclairé, à la porte entre-bâillée, Viala entre familièrement : « *Au fond d'une alcôve... couverts de linge blanc, sont couchés côte à côte, les deux vieux morts, elle et lui de l'idylle ancienne, plus ancienne qu'aucun (des) assistants, venus là pour porter du linge, des fleurs et de l'eau bénite... Une femme en pleurs me dit la mort des vieux. Voyant l'hiver devenir féroce et n'ayant plus le bois indispensable à leur froide et grande cuisine, ils étaient descendus dans leur cave... Ils vivaient là... pensant pouvoir atteindre le printemps... Mais, un jour, le vieux, qui trouvait l'heure lente, voulut voir le ciel pour y chercher, selon son ancienne habitude, les signes d'un heureux changement de temps; il prit froid et redescendit dans la cave...Tant bien que mal, la vieille se mit à le soigner, s'ingéniant au fond de leur prison, multipliant son effort. Tant qu'elle-même tomba malade et, dès lors, ce fut l'agonie de ces deux pauvres êtres. Ne pouvant ni se mouvoir, ni appeler personne à leur secours, ils en furent réduits à attendre la mort en implorant le Dieu lointain de leur jeunesse, qui mit autrefois la nature en fête autour de leur amour, le bon Dieu de leur première communion blanche. Mais il fut sourd à leur cri de détresse et la nature accomplit son œuvre de mort, comme elle avait accompli son œuvre de vie* ». Maintenant on s'empresse autour des deux défunts, on dit « *des prières à l'intention de leur âme, de leur belle âme, blanche comme leur suaire... Alors je m'approchai, à mon tour, de la grande alcôve et me penchai ému sur ces deux figures, amaigries, ratatinées, à jamais immobilisées dans un sourire* ». Sunt lacrymæ rerum ! Cherchez où vous voudrez une plus belle idylle, plus naïve et plus chargée d'humaine mélancolie... Je ne glanerai pas plus loin. Après tant de gris sales qui viraient au noir, j'aime rester sur cette vision candide.

Point ne faut s'étonner que le peintre-poète, en quête des beautés, en ait demandé à la terre plutôt qu'aux hommes. Dans un pays aussi sauvage, même au point de vue numérique, la nature c'est l'essentiel.

Vous avez peint un paysage. Avez-vous besoin de camper des rustiques, au premier plan ? Si le paysan travaille, c'est sur la terre inexpressive de son champ. Ses gestes seuls feront le tableau et ses beaux gestes sont moins variés que les beaux gestes de la terre. Les Rouergue n'est pas la Brie. Que l'on y cueille la vision de « *l'effort* ». Mais que l'on n'exagère pas l'importance d'un phénomène vital dépourvu de toute prééminence.

Si le laboureur rêve aux étoiles, c'est un figurant. S'il passe, supposez le passé. Personnage peu vraisemblable dans les solitudes, écrasé par l'ambiance, ridicule et prosaïque, il troublerait l'harmonie du désert. Vaut-il au moins comme module ? Allons donc, le pays n'est pas à l'échelle humaine, mais à celle des grands arbres et des ondoiements montagneux.

J'admire cette lande où se tord un chemin. Voyez-vous là-dessus, blouse au vent, bras ballants, un paysan cheminant ? Que ferait-il dans le site ? En partagerait-il l'âme ? Non, la nature rêve. Il irait boire, acheter du bétail ou consulter l'avocat. J'aime mieux que l'auteur m'y laisse imaginer les passants de mon choix, lui-même par exemple, dont la stature et l'âme s'en encadraient fort bien.

Pour sa liberté, pour sa joie, il a banni le personnage. Lui aussi, il aimait sa terre. Peintre, il se voyait conquérant; son âpre conquête ne méritait pas d'être livrée à l'incendiaire des fougeraies, au démolisseur des dolmens, au vandale des paysages. Le dépeuplement de ses tableaux est voulu, systématique. « *Tout, tout mais pas les hommes !* »

Quoiqu'il ait bien connu et maintes fois croqué les rustres familiers, Viala n'est pas le peintre de leur chose. L'homme du Lévezou, sujet naturaliste, n'a pas le corps souple et fort des belles races. Il vaut pour un art local et expressif, pourvu qu'il soit dans la vérité de son cadre et de son expression. Notre peintre a campé ses paysans en petits dessins où il raille leurs vices, en grandes eaux-fortes où il magnifie leur laborieuse noblesse. Il n'a pas admis qu'ils soient ses seuls sujets. Le Lévezou contient autant de pensée dans ses rocs et dans ses arbres que dans les crânes d'hommes qui l'ont réintégré.

Des psychologies rustiques, le graveur abstrait des éléments spéciaux, des laideurs ou des vices. Il les incarne. Il les vêt. « *Orphée en Gaule* » est une eau-forte symbolique. Nu, d'un corps svelte, l'aède rêve, chante et caresse sa lyre. Des pantins urbains garnissent le fond. Au premier plan, s'agitent des êtres de cauchemars. Têtes en pomme de terre, crânes en poires plantés de poils. Sur leur face aplatie, deux yeux et une bouche, où grouille de l'effroi. De ces larves globiques, sortent deux pauvres pattes, molles et filiformes, trottinant sur trois doigts, vite, vite, pour fuir. Viala figure ainsi, très vraisemblablement, la passion artistique de nos paysans; des mêmes qui à coups de crosse achèvent « *l'Oiseau Bizarre* », symbole du génie ailé.

...LES COUTUMES...

.   .   .   .

...HIVERNALES...

La vie sur les landes s'inquiète en hiver de peurs toujours vivantes et de terreurs surannées...

.   .   .   .

Le dernier loup est mort, il y a quelques six lustres, en foire de Mauriac, mais de terribles histoires se chuchottent encore. Un facteur fut mangé en traversant le Lévezou... Un aïeul de Viala, médecin rural, allant faire à cheval ses visites, voyait des yeux brillants le suivre dans l'ombre. Un voyageur, escorté de cinq loups, aurait été dévoré à la suite d'une chute, si un enterrement n'était survenu. Ces récits ont une vague âpreté d'eau-forte, comme leur sinistre théâtre où s'embusquent la crainte et le froid.

Ce sont des femmes trompées par l'hiver qui meurent à l'orée d'un village inaperçu; c'est un homme, endormi sur la neige, qui se réveille sur le toit d'une jasse.

Lors la vie de famille s'enferme à la maison, dans la salle commune. Lourdes portes aux forts verrous, fenêtres basses et étroites laissant le moins possible entrer l'âme du dehors. Au rez-de-chaussée, le sol est de grosses dalles, voire de terre battue. Le plafond noir fait saillir ses poutres. S'étend sous l'une d'elles une sorte de claie où l'on pose les miches. Pendent des oignons, des vessies, des jambons, des saucisses, la marmite où dort le crapaud antimaléfique, les corps tordus en huit des vipères séchées. Dans un coin obscur, « *une alcôve enfumée encadrée d'anciennes moulures où stagne la poussière ancestrale, où s'accrochent des objets indistincts dans la faible lumière, buis bénis, toiles d'araignées, fragments d'images noircies où une partie de Juif Errant et de Père Eternel hante encore la maison* ». La cheminée archaïque couvre d'un grand manteau ses hauts chenêts de fer sur lesquels flambent parfois des troncs d'arbre. Un potenceau de bois, tournant dans de gros gonds scellés dans la muraille, sert de crémaillère. Au bout de la longue table massive, se tient en permanence jusqu'à consommation l'énorme miche de seigle « à l'ampleur d'une roue de voiture, maintenue debout dans le tiroir entr'ouvert ». Voici encore « l'armoire aux fines découpures » où s'empilent les draps rugueux mais solides qu'a tissés le télaïre rustique avec le chanvre de l'enclos. Pétrin, vaisselier à vaisselle d'étain. *Des cuivres luisent et clinquebraillent.* Au mur pendent des « calels », lampes médiévales à queue. Ces *asiles fumeux* ont quelquefois tenté le pinceau de Viala.

Lors des veillées d'hiver, entre amis et voisins, on reste au coin du feu, à manger des châtaignes et à conter des histoires. Dix heures sonnent. Chacun prend sa lanterne d'écurie et regagne à pas lents son logis sans chaleur.

...FAMILIALES...

A Roussaup-lès-Lévezou, le jovial conteur Dominique évoque une noce grivoise d'il y a vingt ans : les hommes « quittèrent leurs brodequins et les posèrent délicatement sur le lit. Les femmes.... rendirent à leurs appas naturels la maternelle élasticité des campagnes. Les fourchettes étant inconnues, chacun se servit de son couteau. Je ne vous raconterai pas les diverses phases de ce balthazar épileptique, les fines plaisanteries des rustauds, l'enlèvement de la jarretière de la mariée et des escarpins aux voisines, les jeux de mains de ces vilains, leurs chansons fleurant la girofle et l'ail, les intermèdes de danses, de mangeries, de beuveries et de saouleries. A minuit, la plupart des convives dormaient sur ou sous la table », quand quelqu'un cria : « Eh ! la soupe »... « On monta la marmite », on mit « des fagots dans l'âtre... » Quand « ladite soupe » fut prête, « chacun y jeta une poignée de poivre en grains et, fumante dans une soupière, on l'emporta à quatre en chantant... »

J'ai oui à Salles Curan, dans une carriole nuptiale, chanter cet épithalame : « L'amenons pucelle, peut-être, l'amenons pucelle »...

Tout remariage sans pourboire est précédé d'un charivari. Le crieur public invite la jeunesse à se rassembler après le « souper ». On entendra des fracas de tôles, de poêles frappées à coups de bâtons, de bidons d'essence roulant sur les raidillons, des appels de cornes de vaches et de chiens hurlant à la lune. A la porte du veuf, debout sur un tertre, un orateur improvisé exhale les plaintes du mort.

Quel est ce mauvais plaisant, chevauchant tête en queue une mule pavoisée de jaune et présentant à la croupe un bouquet de crocus ? Je m'approche et je comprends. Celà se passe sous l'oustal d'un « mari de Corneville ».

Les enfants viennent et se succèdent vite. Il n'y a pas si longtemps, la femme cuisinait, enceinte, le « dîner », délivrée, le « souper ». Les nouveaux-nés reçoivent du vin et du café. Ils grandiront librement, mourront trop souvent de même. Rouges et sales, les marmots rôdent les champs et les venelles, ramassent la « gland », gardent les oies ou les vaches. Viala silhouette « *l'un d'eux, très court, macrocéphale, baveux, morveux et stupide, accusant par ses maxillaires, sa bouche et ses sourcils des appétits de bête prolifique* ». L'école est fréquentée, parfois, en hiver. La première communion, généralement tardive, est faite, par les garçons, en pantalons qui voudraient être longs, par les filles, en camisoles et en couronnes de roses.

...GUERRIÈRES...

Lors de la conscription se promènent en ville des chapeaux pavoisés de rubans, derrière un drapeau surmonté d'une fouace: « Som' de la classe (*bis*). Nous f... pas mal des métiers ». On court après les filles. On s'égosille: « Je veux être bombardier (*bis*) ». Vient le jour du départ: on assiste à la messe et on en sonne l'annonce, pour se donner du cœur.

...SOCIALES...

Il y a cent ans passés !... « On n'avait... qu'une petite auberge, narre un bon livre de paroisse; peu de gens la fréquentaient. On n'y goûtait... ni viande, ni pain de froment; les mœurs patriarcales s'étaient conservées ». Les chefs de famille portaient à leur grande poche un pain de seigle « cuit sous la cendre, et allaient l'arroser d'un litre dans l'intervalle de la grand'messe à vêpres... On choquait un verre à la santé de Pierre qui était sous les drapeaux, à la santé de l'Empereur qui faisait vendre à grand prix la laine, les bœufs et l'avoine pour les chevaux de la troupe ». Aujourd'hui, dix-sept tenanciers abreuvent les Salles; chaque année, de nouveaux venus arborent le genèvrier corporatif. Vin rouge et piquets. Le dimanche soir un accordéon rythme une bourrée. « Ah ! grand ivro-gne, pilier de cabaret — Tu manges tout ton bien — Le bien de ta famille — Tu t'en repentiras — Laïla — Le restant de ta vie. » On peint en blanc le tour des portes pour guider les noctambules en détresse. C'est que « *le vin s'ingère avec délices dans ces torses velus habitués à ployer les reins sans cesse.* »

A la fin des travaux, tous ceux qui y ont pris part sont conviés au festin de la « Soulenque ». Le pagès, aristocrate rural, se plaît à y étaler ses richesses. On mange, on chante, on danse tard dans la nuit. Le balthazar tourne à l'orgie. Malheur à qui y assiste d'un estomac lassé. Dans maintes pagésies, pour apprécier les résultats du gavage on se pèse avant et après. L'alourdissement provisoire atteint quelquefois sept kilogs. On se quitte et, au clair de lune, résonnent des chants éraillés. Ici, au creux d'un val, une voix mâle entonne : « Il n'y a pas de fleur plus belle que la rose — Il n'y a pas de fleur plus belle que ton cœur ! » cependant qu'un chœur mixte, sur un sentier montant, hurle sa mélopée: « Si je frappe trois coups, Marinou — Réveille-toi, la belle — Car je viens chez toi — Je viens les larm's aux yeux — C'est pour te dire adieu — Faut nous quitter... Sérieux ! — — Garçon, si tu t'en vas — Tu pars, tu m'abandonnes — Mais tu reviendras — Tu reviendras un jour — A travers les montagnes — Et les pleurs d'amour... »

Ramalets sont fins régals : café, vin blanc, petits pâtés, que se donnent entr'elles certaines vieilles femmes, veuves ou isolées. Il s'y caquette d'abondance. En résumé, écrit Monteil : « les fêtes se célèbrent par l'abondance des repas. Le jour de la clôture des travaux, du saint, des baptêmes et des enterrements sont des jours où l'on mange trois fois comme à l'ordinaire. (C'est là) le premier des plaisirs pour ces montagnards. Celui de la danse n'est qu'accessoire. Leur goût... ne les porte guère aux chants... »

Aux Salles, la saint Géraud, fête des chasseurs et de la campagne, et la Saint Loup, fête votive, ont bien dégénéré de leur piété originelle. La veille de cette dernière, a lieu une retraite aux flambeaux, où figure comme porte-lanternes un parapluie rouge de Viala. On danse aux lueurs des torches; on s'éveille aux sons d'une aubade. Petits jeux ordinaires. Jeu des soufflets: les jeunes amateurs dansent à la queue leu-leu avec des souffleries scatologiques. Une procession dans les rues psalmodie. Devant les boucheries, de gros quartiers de bœuf saignent sur la chaussée. Ces fêtes sont aussi des foires, des « occasions de débauches et de dîners aux cabarets... suivis de rentrées mouvementées aux logis ». Chenu, boîteux, guenilleux, un vieil homme y traîne, à fins matrimoniales, un bouc gris, de son âge, haut sur pattes, qui parfois lui sert de monture. D'après un « recueil d'usages », les tractations paysannes se décomposent ainsi : approche apparemment indifférente de l'acheteur, conversation amorcée par des considérations vagues; offres et demandes exagérées, discussion violente, séparation fougueuse, retour de l'acheteur, nouveau marchandage, entremise d'un tiers, coups dans les mains, marché conclu, arrosage...

Tout cela a l'air vieux. L'âme originale de cette société sombre dans notre vulgarité cosmopolite. Je ne puis que le regretter. Seule une race primitive peut valoir pour un art robuste, non décadent. La plèbe parisienne a fait fuir Viala à deux cents lieues, celle des champs à deux. « *Loin des foules* », dans les « *Paysages* », loin du peuple à la « *jalousie ignoble* », loin des « *cloaques humains* », loin des « *hurlements de stupre et de fureur* » de la « *tourbe* », dans les « *terres simples* », rudimentaires, rustiques, « *plus près du ciel que les Babylones impures* »...

Mais surtout dans le désert, pas même parmi les paysans ! Ceux-ci ne peuvent être raisonnablement qu'un motif secondaire d'inspiration. Une population initialement prosaïque et grivoise, éloignée dans son patois de tout courant littéraire, éloignée dans sa brume de la clarté méridionale, ne saurait s'accorder avec une nature poétique et misanthrope. « *L'art n'habite point la foule* »...

Dans ce long chapitre où Viala paraît si peu, ai-je prouvé du moins que l'Ame eut grand'peine à se dégager d'une robuste matérialité, qu'elle fut sage de ne pas s'y replonger, quitte à ne pas être comprise. Terre lévezine, mère avare de moissons et d'hommes, tu n'as vraiment enfanté que des tableaux et des poèmes. Préserve-toi des profanations rurales. Dans la vision de ton artiste, demeure éternellement figée.

Heure d'Or, eau-forte

...SES CROYANCES...

Bien des fois, sur le Lévezou, j'ai eu l'impression d'une hantise. Des landes vouées depuis des siècles aux orgies sabbatiques, des bois où un effet de lune sur un bouleau suffit à simuler un spectre, des ravins à la nuit effrayants par leur vide, autant de décors de légendes...

Les superstitions païennes ont dû survivre aux conquêtes du Christ. Bien mieux, au Moyen-Age, leur imprévisible hymen avec la religion nouvelle a pullulé d'êtres hybrides qu'il fallut loger dans l'enfer, sauf à leur permettre maintes incursions sur la terre. Dans une lettre qu'il suppose écrite au XIVe siècle par le bourgeois Jehan de Tours, Monteil parle en ces termes du Rouergue hanté : « Les sorciers y sont sauvages et terribles... S'ils vous en veulent, ils vous envoient dans les chemins les ombres de vos parents qui vous poursuivent. D'autres fois, quand ils rencontrent des sonneurs de cloches, ils se lancent des défis, les uns à qui appellera l'orage, les autres à qui l'écartera. Alors vous verriez s'élever au milieu du plus beau jour de grands nuages qui retombent en pluie ou en grêle; alors vous entendriez les arbres, les arbrisseaux, les rochers hurler comme des chiens et des loups, glapir comme des renards et des blaireaux. Dans quelques parties de ces contrées, les habitants laissent tranquilles au milieu d'eux plusieurs villages entièrement peuplés de sorciers et de vieilles devineresses. Il y a telle montagne où l'on ne compte pas moins de deux ou trois sabbats le samedi soir; à minuit vous entendriez le bruit affreux de la valse d'enfer, interrompu de temps en temps par des miaulements épouvantables. Vous sentiriez la suie à plus de deux lieues à la ronde... Quelquefois les magiciens (se) changent en bêtes, quelquefois seulement en moitiés, en quarts de bêtes, ce qui alors n'est que plus terrible. Dieu vous préserve de rencontrer le veau noir, la brebis errante, surtout la moitié de poulet, la queue de cheval ou le pied de bœuf. Continuellement on commerce avec le diable.» *« Il y eut, dans tous les pays forestiers, vers les XIVe et XVe siècles... des retraites au fond des bois où les pauvres hères, parias, manants, opprimés de toutes sortes, se réunissaient, croyant obtenir de la sorcière ce que leur refusait le ciel. Là, sous l'égide d'un mannequin représentant Satan, la fée ou sorcière, suivie d'un bouc noir, perpétrait les incantations et célébrait la messe noire, appelant la protection d'en bas sur la foule de ses fidèles, puisque celle d'en haut leur était refusée. »*

Oyez maintenant des légendes d'hier, presque toutes populaires.

...AUX DIABLES...

« Le Diable... ayant volé quantité d'objets précieux, des âmes très probablement, était poursuivi par » Saint Michel, *« dont l'épée flamboyante ne marchandait pas les coups; arrivé entre les deux rives du Vioulou, à l'endroit où les collines se resserrent, Satan se*

*vit pris. Que faire ?... Il vida ses poches, ses poches formidables,
pleines d'âmes... et ces pauvres âmes furent changées en pierres, bossuées, inégales, rugueuses, des âmes aveyronnaises enfin. »*

Aujourd'hui encore, la crainte du Malin hante bien des esprits ;
on est près d'excuser ceux qui « font la paix avec lui ».

Du vallon de Connes monte un sentier de pierrailles, « le chemin
des morts » auxquels on le laisse. Un ivrogne bravache le prit, un
soir, pour rentrer chez lui. Survint un chien noir qui le flaira, qu'il
caressa: « O que tu es joli, pechère ». « Tu as bien fait de me
caresser », répondit l'étrange animal. Lors sauta loin et s'évanouit.
Le poil sur chef s'était dressé si raide que l'homme dut rentrer le
chapeau à la main.

Le Drac, que certains assimilent au Diable, est aussi un grand vent
qu'on apaise en répandant des cendres. Il doit être apparenté aux
follets et aux elfes; aujourd'hui damné, il reste pour les esprits simples
plutôt espiègle que méchant. On le voit sous l'aspect d'un chat,
dans la solitude. Il hante les gens seuls au logis, saute sur leurs lits
pour les étouffer: un veuf s'était remarié par crainte du Drac. Celui-
ci tire la queue des chevaux, détache les licols, rôde dans les étables
avec une lanterne... Il prend la prestance d'un noble coursier; le
premier vilain l'enfourche. Chevauchée. Traversée d'un guet : la
bête se rapetisse, le cavalier prend un bain de pieds, voire un bain
complet; le pseudo-cheval, haut d'une coudée, s'enfuit, au petit
galop, l'air guilleret... Un paysan, étant parti à la recherche d'un
mouton, en trouva un noir, le mit sur son dos, tel le bon Pasteur,
et rentra chez lui. A deux pas de la bergerie, la bête, s'étant dégagée, sauta sur le mur et dit: « Me suis régalé de me faire porter »,
puis déguerpit.

Que sont les trèves ? A Millau, tout enfant, j'en ai entendu parler
comme de mauvaises fées qui herbaient leur linge sur les penchants
des Causses et, surprises, lui criaient: « Pliez ! Pliez »... D'après
M. Mercier, ce sont des formes noires pointant sur les sommets,

comme des oreilles de loups; sur le Vioulou des « Pagès » de pernicieuses ondines, des conseillères de vertige. Le peuple leur assimile tous les êtres malfaisants, esprits frappeurs et revenants. Fées celtiques déchues, elles ont disparu devant l'Angelus, puis devant l'instruction. L'angoisse du passé les a appelées « peurs ».

Diables aussi les loups, « héros de cent légendes ». Leur approche, même insoupçonnée, faisait se dresser les cheveux. « Un livre » leur interdisait de manger la tête et le bras droit des hommes.

Vinrent les loubatiers, de Campagnac, dit-on, lesquels promenèrent dans le pays leurs fauves apprivoisés. Allant souvent par deux, hâlés, bronzés, vêtus comme des « Hongrois », patoisant d'ailleurs fort bien, ils accablaient de maléfices ceux qui leur refusaient l'aumône, incendiaient gerbiers et granges, lançaient leurs bêtes sur les brebis, parfois même sur le berger. En 1818, le préfet dut intervenir, frapper ces charlatans spéciaux. Ceux-ci, se disait-on tout bas, avaient « fait la paix avec le diable »; leurs loups étaient des hommes qu'on ne pouvait tuer sans être persécuté par leurs âmes ; tels Barrabas, Rabatas, Judas, qui accompagnaient un certain la Granade.

Un voyageur perdu de nuit dans les bois du Lagast aperçut au loin une lueur étrange. Il se dirigea vers elle, se disant qu'il valait mieux avoir affaire aux brigands qu'aux bêtes sauvages. Près d'un feu se chauffaient trois loups et leur berger. Celui-ci, flatté d'une confiance inaccoutumée, apaisa ses ouailles qui déjà se pourléchaient, fit asseoir l'égaré et l'interrogea sur son voyage. Il le pria enfin de suivre un de ses compagnons et de lui remettre un pain. Le loup reconduisit l'homme au logis. Là, il attendit à la porte, reçut la miche promise, la happa, la jeta sur son épaule et, chargé de la sorte, rejoignit son seigneur.

D'autres sorciers puissants rôdent le pays. Ils ont peur et horreur d'entrer dans les églises. Leurs cadeaux livrent aux diables et aux trèves les corps et les maisons de leurs bénéficiaires. Leurs vengeances sont effrayantes...

Dans la cour d'une ferme, au haut de l'escalier, un mendiant a frappé. La fermière paraît : « Donnez-moi un œuf, dit l'homme. — Je le donnerais, mais point n'en ai. — Les poules en ont pondu dans le blé. — Pauvre, je ne le savais. — Donnez-moi du jambon.— Il n'est pas entamé. — Du pain ! — Il est dur comme pierre. — Celui qui mange la pierre peut manger le pain dur ». L'homme redescendit les marches; l'hôtesse le reconduisit, une main posée sur la rampe. Sur cette main, le mendiant traça du doigt une croix et la peau devint noire: « Pauvre femme ! vous resterez au lit. Vous voudrez me revoir et pouvoir vous lever. Vous m'offrirez cochons et poulets. Mais point ne me reverrez ! » Il partit sur la route. La femme se coucha et oncques plus ne se releva. Seul aurait pu la délivrer de ses douleurs l'homme qui n'aurait point péché depuis sa première communion et encore aurait-il souffert comme si on lui eût arraché les os avec des tenailles.

Les francs maçons sont des adorateurs du démon. L'un d'eux, à la nuit, montait à cheval, partait dans les airs et semait la grêle, travail que le Malin lui payait en écus. Un autre fut enseveli un diamant béni au doigt, pour le protéger du Malin. Lors le cimetière entendit les plus bruyants sabbats nocturnes. Sur les conseils d'une sorcière, le corps fut exhumé, la bague enlevée. Le lendemain, dès l'aube, Satan avait ravi sa proie.

...AUX AMES...

La mort est partout présente. Ceux qui venaient de trépasser apparaissaient à une visionnaire, parfois environnés de flammes... La plupart croient aux revenants. Telle, longeant le cimetière, en vit sortir deux longs chats noirs qui l'escortèrent en la fixant: c'était des âmes. Un certain D..., au retour d'une soulenque, traversant un champ dont la propriétaire venait de mourir, aperçut devant lui, à quelques pas, une femme en deuil qu'il interpella vainement. Dès qu'il eut quitté le domaine, le fantôme s'évanouit.

Je revois sur les champs déclives, gardant son troupeau sous le brouillard, le vieux pâtre déguenillé. Je l'entends me dire d'une voix grave : « Il ne faut mépriser la volonté des morts ». Un légataire n'ayant pas exécuté une donation pieuse, lui naquit un fils qui tenait son oreille gauche de la main droite. A une sorcière appelée il promit de restituer et l'enfant lâcha son oreille.

Les bois sont demeurés sacrés : l'aubier y brille dans la nuit. Parfois des cierges allumés indiquent les trésors cachés. Pour les trouver on n'a qu'à les couvrir d'un chapeau. Les ravins ont noyé leurs légendes; des cloches sonnent dans un gouffre du Viaur.

A ces croyances populaires y a-t-il quelque fondement ? Envoûtement doit être hypnose; rencontre de monstre ou de spectre, consécutive aux beuveries, hallucination d'ivrognes, plus souvent qu'apparition. Qui a rôdé nuitamment les landes comprend l'horreur d'un paysan superstitieux, plus ou moins ivre, au sortir des clartés bruyantes heurtant le silence des nuits. Le château de Larguiès a été une ruine hantée. Aux yeux du peuple épiscopal, ce nid d'aigles, si proche, est demeuré suspect. N'aurait-il pas appartenu à Marguerite de Bourgogne ? Ne cacherait-il pas, outre de sombres oubliettes, un souterrain qui, partant de la tour, sortirait dans le val, sous un arbre ? Les trèves l'entouraient. Un paysan noctambule avait vu dans le bois un cercueil éclairé par des cierges. Une autre fois, sur le chemin, c'était un long chien blanc, pareil aux lévriers des tapisseries, qui n'avait fait qu'un bond du sol jusqu'au toit ! Le manoir inhabité, délabré, était le décor de fantasmagories nocturnes. Des plaintes dans les salles, des claquements secs, des linceuls lumineux cheminant avec des bruits de ferrailles ! Des fermiers voisins, inquiets, se rassemblèrent près du château, munis de bons gourdins. Ils eurent le bonheur de se saisir des spectres. C'étaient de simples pâtres portant des lanternes sous des draps de lit, traînant des chaînes de bœufs nouées à la taille; parmi les salles vides, les bises qui tournoyaient, les portes qui battaient, accompagnaient la mélofarce. Après maints horions et coups de bâton, l'affaire finit en correctionnelle.

...AUX BÊTES MAGIQUES...

Essai de bestiaire. Un serpent naquit d'une femme et se réfugia sous le lit où l'assistance l'écrasa... « La serp » tête les vaches et les rend malades. Suivant une idée qui n'est pas locale, les vipères guérissent leurs morsures sur lesquelles on écrase leur tête. Leur chair, écorchée, fumée, pendue à une poutre, est une panacée contre les plaies et les maladies de la digestion. En consommer bouillon et viande. On en donne au bétail « emmasqué », qui s'est couché sans doute sur une salamandre. Ce batracien maléfique porte malheur au cavalier dont le cheval l'a écrasé. Prenez garde d'être piqué par un buisson cachant un crapaud; mais recueillez cet animal, mettez-le dans une marmite, il éloigne les maladies. Si une « ratoponado » ou chauve-souris vous survole, ne levez pas les yeux : une goutte d'urine et vous seriez aveugle.

Acheter, vendre des abeilles porte malheur au trafiquant. On les attire à l'essaimage en faisant du bruit et en criant : « Posez, belles, posez, belles, à l'oustal neuf ». Car ces insectes sont sacrés comme la cire liturgique. Dans le langage populaire, l'abeille meurt mais ne crève pas.

Après le bestiaire, la pharmacopée. Vulnéraires ou hémostatiques : céruse, toile d'araignée, « *bouse d'un vert mousse* ». La graisse de blaireau guérit les rhumatismes.

...LÉGENDES BLEUES...

Je termine par un conte, bien joli, trop joli peut-être. Le château du bois de Trie appartenait au beau comte d'Eu. La duchesse du Verrier, au doux nom de Luisiane, aimait d'un amour idéaliste le chevaleresque seigneur. Elle avait des cheveux pareils aux épis mûrs blondissant sous les hêtres et des yeux de violettes violissant sur les coteaux. Le mari jaloux supprima l'amant, quoique platonique. La belle éplorée se cloîtra. Les soirs de grands vents on entend crier l'âme du meurtrier qui demande grâce. Il ne l'obtiendra que quand sur les landes une autre Luisiane, aux mêmes cheveux et aux mêmes yeux, aura fait revivre un pareil roman.

...LÉGENDES DORÉES...

Le Rouergue central n'a pas la riche hagiographie locale de la Bretagne. Laissant aux érudits le soin de discuter sur les actes de nos apôtres, je glanerai de vieux récits.

Aux Canabières, Saint-Bonnet a des reliques visitées. Tour à tour courtisan, gouverneur de Marseille, évêque mondain et pieux pélerin, goutteux pendant sa vie mortelle, il reste propice à ses émules... Non loin du Lévezou est le village de Saint-Léons, patrie de l'entomologiste Fabre : là se retira un ancien soldat devenu évêque, qui donna son nom au pays et y fonda un monastère... Près de Saint-Georges, le chevalier a poussé son palefroi sur un rocher où trois sabots ont laissé leurs empreintes.

Marie a choisi Aures pour sanctuaire. Ecoutez la légende comme me l'a livrée le livre de paroisse. A côté du hameau venteux, on aperçut sur un bouleau une statuette de la Vierge. Les gens de Prades la reconnurent, et, croyant à un larcin, la replacèrent dans leur église. L'image revint néanmoins à son arbuste favori. On y éleva une chapelle. Depuis ce temps, la grêle respecte le domaine paroissial.

Le seul saint populaire n'est pas canonisé. Les vieilles gens m'ont raconté... Saint François traversait la terre des Charreuses, près des Salles. Des laboureurs criaient et blasphémaient, tant que le bon prélat s'enquit de leurs ennuis. Les coupables étaient les fougères, les inextirpables fougères qui rendaient tout travail inutile. L'évê-

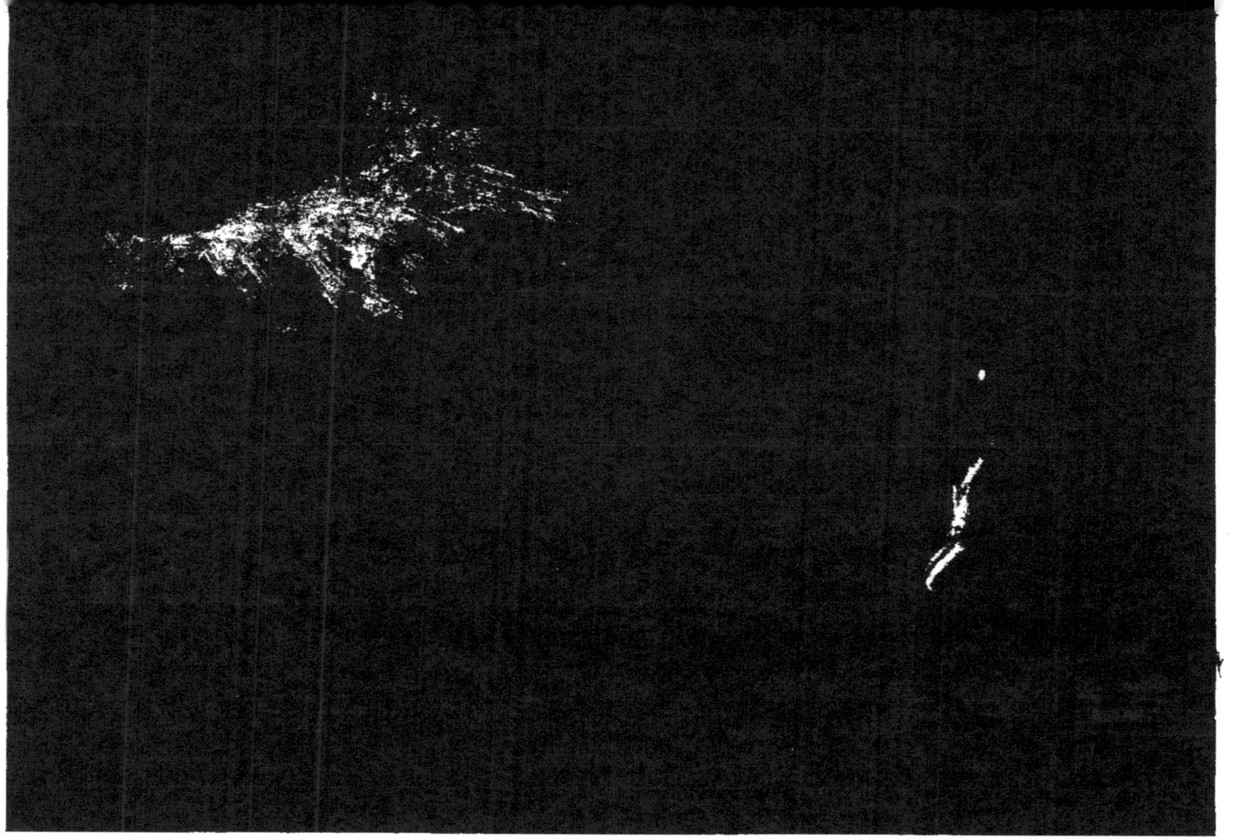

L'Abandon, eau-forte

que eut pitié, imposa les mains, maudit les mauvaises herbes lesquelles séchèrent sur pied... D'autres narrateurs, moins respectueux,
insinuent que le saint homme aurait aimé la chasse et le vin. Les
fougères anathématisées auraient eu le tort de donner asile à un
lièvre qu'il poursuivait.

...LÉGENDES FRUSTES ET PITTORESQUES...

Hagiographiques ou diaboliques, ces légendes sont prosaïques;
elles ne prennent quelque charme que dans un cadre de souvenirs.
Récits de bonnes femmes, déplorables témoins d'une mentalité arrié-
rée, dira le lecteur primaire. De fait leur faciès est vulgaire, à paraître quelquefois niais.

Ces légendes ont pourtant un grand sens, dans leur moralité plate.
On y pense plus à l'enfer qu'au paradis. Le plus beau sentiment
y est le respect des morts. S'il tourne à la superstition, comme dans
les paganismes, il en devient concret et populaire. Quand elle ne
croira plus aux revenants, la foule croira-t-elle à l'immortalité ?
L'enfer lui est nécessaire, un enfer très proche, terrestre, l'enfer de
la légende.

Celle-ci prend une réalité. A force de stagner, elle s'incruste au
fond des rêveries crédules. Comme un brouillard, elle couvre le sol
et en modifie l'aspect. On pense à elle quand on écrit: site fantastique, chaos titanesque, décor sabbatique. Les formes du paysage
ont pu suggérer une première terreur qui, concrétisée fantôme, éprou-
vée par des générations, accrue sans cesse par les rêves, est demeurée
en nous étonnamment précise. Elle réagit sur la forme qui, au sommet de la ligne d'ancêtres, l'avait d'abord suggérée. La nature s'en
trouve changée.

La lande a assisté aux sabbats. Elle offre, loin des hommes, sa
vastitude plate aux farandoles et aux orgies. Elle est pour l'aviatrice
en balais l'aéroport rêvé. Au bouc, les gros rochers peuvent servir

de trône. Le vent orchestre. Il reste, le jour venu, le développement de tant de solitude que l'homme ne peut la croire inemployée, les crevasses du sol qui sentirent le soufre, le lourd sommeil des gneiss après le cauchemar. Quand le soir tombera, le passant se hâtera. Le chemin égaré pousse au sauve-qui-peut, les nuages roulés semblent les tourbillons des sorcières qui accourent. Tout dort dans un sommeil anxieux sur les lignes desséchées et maudites. J'ai décrit, sans m'en douter, une aquarelle de Viala.

Le ravin est la chausse-trape de la trève. L'être mystérieux, mi-spectre, mi-fée, tend ses doigts crochus, en quintuple V dans le fond du V. Le torrent alterne ses chutes et ses lacs, également suspects... Certaines araignées creusent des entonnoirs aux parois inconsistantes et, dans le fond du trou, attendent qu'une proie y glisse. Les gorges silencieuses, tortueuses et désertes conviennent aux guets-apens de la nature contre l'homme. Les forces de vertige et les noyés deviennent de mauvais génies, aux grands yeux d'eau rousse. « *Aussi les imaginations populaires ont-elles situé dans ces abîmes leurs légendes diaboliques.* »

Les bois sont les retraites mystérieuses et sûres où rôdaient les loubatiers et leurs loups. Ils rappellent si bien des temples que les paysans y rêvent des cercueils éclairés de cierges spectraux. S'y encadrent les légendes fermées, simplement intimes ou âprement secrètes, enlacements d'idylles, enfouissements d'or, meurtres.

Le bocage coupe d'arbres et de haies son terrain et ses visions; il met nez à nez le vivant et le mort, donne des prétextes aux suggestions. On y rencontrera soit le chien diabolique, soit le fantôme en deuil, dont la disparition facilement rapide doublera la terreur due à l'apparition. Guérillas perpétrées par les esprits, chouanneries pareilles aux nôtres. Je ne parle pas des arbres morts fantastiques, des dolmens tumulaires, des bâtisses hantées.

Je revois le pays comme, un soir, égaré, j'ai pu le contempler en vastes étendues que caressait la lune encore à l'horizon. Une trame de noirs concaves enserrait des plages de clarté. Les légendes, à les étouffer, enlaçaient les îlots de réalité.

...SECRÈTEMENT INSPIRATRICES...

Si vous ne savez pas qu'il pèse à ces plateaux un brouillard de fantômes, vous ne comprendrez pas l'œuvre de leur peintre. Certes je connais quelques planches, des aquarelles d'ordinaire, où règne un calme de lumière, où l'œil peut se reposer dans une ombre assez transparente pour ne rien recéler. Mais quand ces aquarelles se transposaient en gravures, les vapeurs de l'acide qui s'élevaient du cuivre se chargeaient de formes spectrales; les eaux-fortes adoptaient des inquiétudes. Icy un homme fuit sous *l'orage;* là, un chemineau s'est assis au bord de la route sinueuse et les yeux clairs de la chouette semblent son destin angoissant; dans une clairière, une maison forestière, d'un œil à lueur blafarde semble veiller, au dedans, un mort ; ailleurs un arbre tremble, dans la crainte du soir tombant ou dans le souvenir matinal de la nuit. Si les paysages de Viala chassent si souvent les personnages, c'est qu'ils sont hantés, au lieu d'être humains. Epris du fantastique et capable d'en créer, l'artiste, inconsciemment, a fait son profit de l'œuvre populaire. Cette araignée à face de sorcière, au fond de sa caverne embusquée, est une trève. Mais, en général, le merveilleux local est refondu, idéalisé; au lieu du drac, des fées, des loubatiers, s'ébattent des gnomes, des satyres et des nymphes. Le Lévezou est devenu un Olympe très spécial, gardant quelques souvenirs de l'ancien, mais le compliquant de rêves celtiques, romans et gothiques. Les êtres créés sur le cuivre incanté sont les déités d'un panthéisme. Ils apparaissent ainsi la résultante illusoire des choses, physiques ou morales, dont le total constitue le Pays. Des corps solides mélangés, en réagissant, dégagent des vapeurs subtiles, dont les nuances les imprègnent. L'abstraction a enveloppé et masqué la masse concrète.

...LA FOI CATHOLIQUE...

Du Lévezou natal, par le talent du peintre, était sorti, pour ainsi dire, un bouddhisme transporté, où, sous la théorie sereine, s'ébattait un peuple d'images. Or, depuis saint Martial, le culte catholique prospérait au pays, A défaut de grands saints ou de simples ermites, il continue à inspirer de belles âmes villageoises. Nous avons exposé ses à-côtés suspects, imprégnés de paganisme. Le haut surnaturel local est dans le dogme, dont l'évocation seule semble parmi les landes, mouvoir des processions de pensées, de traditions et de rites.

Que devient tout cela ? On entendit peut-être des échos de l'Albigeois. Plus tard on s'entêta, çà et là, dans le schisme. C'est là du passé mort et je ne saurais dire après un érudit que « le levain de l'hérésie manichéenne fermente encore dans les cœurs ». C'est à peine si quelques-uns nient l'existence de l'enfer. L'esprit d'indépendance est surtout pratique. Ni la métaphysique, ni la théologie n'intéressent la race; le paysan, très pieux, en croit son curé.

Cette foi, si pure tout le long du jour, n'est-elle pas à son crépuscule ? Je voulus, dans un village, m'informer d'une légende. Je vis les rustiques sourire d'un air supérieur, se défendre de croire, se proclamer des affranchis, voire des libres-penseurs. J'ai pris congé en hâte de ces philosophes.

Hymne de la libre-pensée lévezine: « La carmagnole est défendue (*bis*) — Mais nous la chanterons — Malgré l'agrégation ! » (la réaction sans doute). Ainsi vocifèrent les « *théories... hurlantes et tumultueuses... d'électeurs assoiffés d'idéal...* »

Je songe à Viala, à ce qu'il dut souffrir, discuter et admettre pour rejeter l'idée robuste des ancêtres. Or il était poète, artiste, philosophe, en triple communion avec la réalité, penseur, en un seul mot, et libre s'il en fut. Dans toute théorie il se gardait une âme, et ces pauvres naïfs veulent rejeter la seule qui leur en ait jamais donné.

Au fond des cœurs les plus enténébrés, la petite foi brille, modeste et vacillante comme une lampe d'autel. Laissez-la brûler encore, si mal qu'elle vous paraisse éclairer. L'air est malsain : quelle autre allumeriez-vous ? Dans les consciences obscures, elle est un grand bonheur de chaleur claire; parmi les masses écrasées dans l'ombre, une montante affinée; un clocher pointu, parmi les dos d'âne chauves. Un élan nouveau modifie la valeur des gestes, suggère des motifs et des buts, des infinis.

...A L'AU DELA...

La mort, peur de la chair, est le triomphe de l'Eglise. Hors de la foi, celle qui fabrique de la poussière, qui livre à tous mépris le corps humain. D'un huissier décédé qu'il devait enterrer, « l'habilleur de cadavres » avait eu à se plaindre. Avant de l'enfermer, il le dressa contre le mur, lui donna une gifle qui le jeta par terre. Puis, très tranquillement, il le mit en bière.

La religion chrétienne vient prêcher la survie ; la vision cynique paraît un mensonge. Le mort acquiert des droits, mérite le respect. L'au-delà s'ouvre. Mais, dans la ville, le trépas demeure tragique. Il surprend, car il semble sinon rare, du moins lointain, moins souvent annoncé, moins souvent constaté, moins souvent rappelé par les croix des enclos. Le trajet de ce monde à l'autre a pour symbole l'interminable cheminement des funérailles. Tu seras immatriculé dans le Grand Tout municipal.

Dans la campagne religieuse la mort se nimbe d'une douce sérénité. On connaît tout le monde ; chaque décès s'apprend; le cimetière est proche; les convois se rencontrent ; les cris des parents emplissent le village de leur deuil exalté. Les noms des défunts défilent, le dimanche, à la grand' messe, pour quêter un « De Profundis »: «...Calvet Rognat... Firmin Viala, Eugène Viala... !» On ira dans un ciel semblable à la terre, retrouver les chers disparus...

Rappelez-vous « *le vieil ivrogne... doublé d'un âne poilu et blanchâtre* » qui fut trouvé « *un matin, mort, la tête dans l'eau d'une flaque de neige fondue* ». Sa « *fille, brave personne pieuse, obscurément naturiste, prit l'habitude de venir prier en cet endroit tragique; et là, dans les pierrailles et les rochers, elle cloua, planta, fixa des images, des statuettes, des bouts de chandelles, des clous de souliers, des cordons, des boutons de culotte, des plaques de muletiers, jusqu'à, je crois, de vieilles pipes ayant appartenu au défunt* ». Les anciens Egyptiens meublaient ainsi leurs hypogées.

Les morts ne sont pas loin; ils errent sur la lande ; chacun les a perçus ; chacun a écouté dans l'ombre d'invisibles mendiants d'oraisons. Tu ne verras changer ni le sol, ni les plantes. Ta mort sera passage du connu au connu.

Etrange rêve symbolique. Je voyais vivre la montagne comme un paradis chrétien. Sous le ciel d'un blanc tendre où tremblent des aigrettes — parfois un vent léger les disperse en traînées — une aile bleue frissonne et disparaît — sous le ciel duveté, de longues vagues souples, roses, dorées ou mauves de crépuscule en fleurs. Douceurs des mers légères où Jésus s'avançait en marchant sur les eaux... Il fait très las et les ramilles de la bruyère se dérobent, suivant son rythme, sous le pas. L'homme s'allongera sur les flots de corolles pour écouter les chants de la brise qui passe, les lentes barcarolles où les paysages meurent et ressuscitent, comme des paysages de gondoles sur un lac, comme des paysages de phrases au fil d'une symphonie. Les grains cendrés des fleurs qui m'enlisent forment un couchant au niveau de mes yeux. Nous nous serons mêlés au bercement des âmes, suivant chacun nos rêves dans la seule unité du rythme universel. Je vous ai reconnues, formes de la nature : vous êtes mes pensées éparpillées qui, vous mariant au passage, avez composé des visions. Un concert de feuillages est devenu chêne, une grappe de cloches clocher roman... Tout le ciel est teint de garance; on s'est enfoncé dans les corolles. Une grâce païenne

Encens panthéiste, eau-forte

caresse l'onde mouvante. Tout change, disait le sage, sauf la loi du changement. Rien ne semble innover des conditions terrestres sauf que les âmes libres, enfin impersonnelles, dans l'eurythmie incluses, ont oublié les maux, faits de séparations. La terre pailletée de mica vient de m'occlure la paupière, mais il me semble voir l'espace par des yeux multiples, des yeux de fleurs. Insensiblement je suis descendu à représenter la montagne comme le paradis de Pan.

Le christianisme a fait fleurir un rêve d'idéalité. Puis, au moins devant notre artiste, ses dogmes se sont estompés. Il n'a subsisté que le rêve. L'esprit, tiré de sa matière pour la vie individuelle, est resté, isolé du corps, mais voué à la dispersion. C'est un « *lambeau d'azur* », une « *part de chimère* », un « *vague souvenir* », une « *romance morte* » qui rentre dans le gouffre pour en sortir, peut-être, un jour.

Hanté par la Nature, Viala a basé sur elle seule sa sagesse. Il a lancé son esquif sur l'instabilité rythmique des choses. Entre les deux infinis, mariés par la ténèbre, du ciel et de la mer, toutes étoiles mortes, toute côte invisible, vole son « *Albatros* ». Le néant figuré est par simplicité l'esthétique suprême. Quand l'artiste se vit près de mourir, il déclara aux siens : « *Je rentre dans la nature* ». Le paradis devait lui paraître un « paysage choisi », ou, plutôt, l'infinité des paysages accueillants aux débris de l'âme et du corps. Cette foi négative dépasse de si haut la religion du peuple qu'il me faut recourir aux vers du poète pour ne pas aborder celle-ci dans une prose décevante... et partiale.

> *Dans le grand clocher la cloche bourdonne*
> *Et son carillon s'en va par les champs.*
> *Fillettes, allez prier la Madone,*
> *Portez-lui vos cœurs, portez-lui vos chants.*

...LE CULTE PRIMITIF...

Suivant le tour naïf de ce « *Mois de Marie* », la piété est restée médiévale. Chaque autel vante les reliques couvertes par sa table sacrée; l'Eglise a dû épurer cette dévotion médicale. Bien des pèlerinages aux guérisons suspectes sont devenus de simples dispensateurs de grâces. A la chapelle des Deux-Aygues, sur le Vioulou, de nombreux fidèles allaient, depuis des siècles, vénérer la Vierge. Le sanctuaire, vendu sous la Révolution, faillit être racheté pour le culte, mais son propriétaire préféra le raser...

Aux jours de l'Ascension et de la Pentecôte, précédés de la croix processionnelle et du clergé, les pèlerins de N.-D. d'Aures quittent leur paroisse aux chants de cantiques et de litanies. Jadis ils allaient à pied au but de leur pieux voyage; ils vont aujourd'hui à quelques cents mètres jusqu'aux camions automobiles. A Aures, sous le sully, entre messe et vêpres, a lieu une agape fraternelle. En dépit des prêtres, les pèlerins s'égayent, des échoppes débitent, des amis se retrouvent, des garnements trompettent et tout le monde boit. Sous l'œil ecclésiastique, on remonte en voiture. On retourne au village et l'on y processionne une dernière fois, d'un pas mal assuré, en psalmodiant.

Des pèlerins vont à Lourdes en autocamions; ils emportent des jambons, des volailles, du vin, des œufs, mangent sous la bâche, couchent à l'aventure et au bout de huit jours, reviennent exténués, quelquefois allégés de leurs bourses. Certains, plus dévots ou plus pauvres, ont fait l'expédition à pied, tels leurs aïeux à Compostelle.

Une piété aussi primitive inspire la plupart des rites, par exemple la Bénédiction des bêtes. Les « *Rogations* » sont un poème liturgique du Mois de Mai et un poème de Viala, nostalgique. « *Dans le beau jour d'été naissant de langes roses, le vieux clocher roman* » chantant à pleine voix, inaugure la fête. « *Du portail grand ouvert aux glèbes infinies... la procession s'en va* ». Dans les bruits des

travaux, des métiers et des fermes « *redoublent leurs appels les cloches au soleil* ». Le cortège s'écoule parmi la joie des choses, des
églantiers, des daphnés et des neiges de mai.

> *Les germinations dans les plaines flamboient,*
> *Les bannières d'azur heurtent les bourgeons verts...*
> *Elle va sur les champs, la procession noire,*
> *Portant sur le pavois sa vierge de bois d'or,*
> *Un évêque brodé d'orfroi sur de la moire*
> *Qu'inquiète un vent léger dans le fruste décor.*

Voici, paraphrasées, les litanies fuyantes à la « *douce et puissante chimère* »....

> *Et sur le dos houleux des jaunes genêtières,*
> *Sur les côteaux drapés de seigles chevelus,*
> *Ensemençant toujours la vertu des prières,*
> *Disparaît au lointain la foule des élus.*

...ET FRUSTE...

La religion rurale a sa pire faiblesse — qui ne lui est pas spéciale
— dans son peu d'influence sur la moralité. Que serait cependant,
sans la petite flamme, la mentalité paysanne, si proche du natura-
lisme animal ? Zola, dans la plaine de Beauce, nous peint des
rustres irréligieux ; les vices étalés s'expliquent. Un curé du
Rouergue aurait aussi été douloureusement surpris dans les parages
de « la Terre » que l' « abbé Madeline », exilé de la pieuse
Auvergne par la fiction du romancier.

Peu inclinée vers la morale, cette dévotion fruste penche vers la
superstition : jadis, aux Canabières, quand une naissance était
proche, la mère allait avec sa famille faire ouvrir les fonts baptis-
maux. Cette pratique, disait-on, favorisait l'accouchement. L'évêque de Paulmy la prohiba enfin.

Lui obéit-on ? Je l'ignore. Le rustique est indépendant non dans la foi, mais dans le culte. Les curés se heurtent souvent à son indiscipline têtue. Malheur au bon rêveur, d'humeur solitaire, qui se fait juger « idéal ». Devant l'hostilité de la paroisse entière un prêtre de ce genre dut partir. Le jour de sa retraite on sonna le carillon à ses trousses. Puis, c'est l'autre côté de l'âme rouergate, le village puni, privé de pasteur, a clamé le secours de l'Eglise, confessé son repentir... Lorsque, à la suite du Concordat, les paroisses d'ancien régime furent remaniées, plutôt que d'apporter leurs morts dans leurs nouveaux cimetières, des permutés préférèrent les laisser exposés sans sépulture dans l'ancien ou les enfouir dans un champ... Une cloche ayant été déplacée au détriment et à l'insu de certains hameaux d'une paroisse, il faillit en résulter une invasion de l'église et un attentat contre les « campanes ». Beaucoup plus tard, tenaces dans leurs rancunes, les mécontents refusèrent leur obole pour la réparation du clocher... Evoquons enfin ce grand vieillard, fort religieux, qui s'est levé pendant un prêche pour crier: « Ce n'est pas vrai ».

En face de tels hommes, les curés de campagne font preuve, à l'ordinaire, d'un esprit large et ferme. Quelques-uns, cependant, ont le sens des affaires un peu trop développé, d'autres manquent de mesure. Un prêtre qui vendait des turbines, assigné par un client mécontent, écrivit à l'avocat adverse pour le menacer d'excommunication.

Nos ecclésiastiques, dans leurs rapports avec leurs ouailles, ont la poigne dure, le verbe trivial ; ils dégagent une sympathie rustique. Le curé de Coudols prêchait ainsi, en patois : « Le Bon Dieu m'a parlé en songe, et il m'a dit : « Curé de Coudols, où es-tu ? » Bernique, je me fis tout petit. Et la voix devint impérieuse: « Curé de Coudols, curé de Coudols, où es-tu ? « Moi, pauvre, je me montrais : « Qu'as-tu fait du troupeau que je t'ai confié ? » — « Bête vous me l'avez donné, bête je vous le « tourne »... »

...MAIS PROFOND...

...J'aurais loué nos prêtres en disant qu'ils appliquent l'énergie de leur âme rouergate à l'accomplissement d'un idéal supérieur. Cet idéal sommeille dans le cœur populaire. Vous en jugerez d'après ces prières, patoises dans le texte original: « En entrant dans l'église... Dans cet oustal, je m'en vais entrer, non au moins pour me rire, ni pour me regarder, mais pour apprendre à me sauver. Eau bénite, arrose-moi mes péchés, nettoie-moi... — En sortant de l'église : Adieu, Vierge Marie, ici je retournerai ou ne pourrai; si mon âme y est avant, vous la remettrez devant ce grand Dieu. — En se couchant : Dans ce lit, je me vais coucher. A la Sainte Vierge je me vais donner; si le sommeil me trompe, la mort me surprend, donne mon âme au Dieu tout puissant. Je prends la Sainte Vierge pour ma mère, Saint Jean pour mon frère et Saint Pierre pour mon cousin. Va te reposer, mon âme; n'aie pas peur de périr. — Le samedi : Hélas, ma pauvre âme, tu es triste et affligée. Tous tes amis te quitteront; n'auras rien qui te console, hormis tes bonnes œuvres... D'où venez-vous, Saint Jean ? — Du Paradis. — Qu'est-ce que vous y avez vu ? — Jésus-Christ avec sa tête couronnée, ses mains clouées et ses pieds cloués. Tout « priant » qui la saura et qui la dira trois fois le samedi au soir ne verra pas jamais les flammes de l'enfer, mais la joie dans le ciel. »...

Je vous évoquerai un personnage de légende, mort depuis soixante ans à peine. Il s'appelait Touoni de l'Esquilo. Sur le Vioulou, dans le bois de Serres, se cachait la « grotte de l'ermite ». Une première chambre, résidence ordinaire du solitaire, était prolongée par une caverne où Touoni couchait. Aux beaux jours, notre homme s'étendait en plein air. En hiver, pour se préserver des loups, il fermait son antre avec une grosse pierre. Une croix fixée à un arbre, des images de saints attachées aux ronces complétaient le pauvre mobilier. L'ermite faisait poliment les honneurs de son logis. C'était un grand vieillard blanc, noble sous ses haillons, avec ses gros sabots, son bâton noueux et sa besace. Il devait son surnom aux clochettes qu'il portait et faisait tinter à l'Angelus. On le rencontrait sur les routes, récitant des chapelets. Il montrait dans une boîte des statuettes de saints, en particulier aux enfants sages. « Fais tinter l'Esquilo, Touoni », lui criaient les garnements. Et lui, gaiement, la faisait tinter. Il était doux de voix, de sourires et d'âme. Partout accueilli comme un saint, « il avait sa place sous le manteau de la cheminée », où « il recevait une écuelle de soupe fumante. Ses récits naïfs charmaient. A chaque famille il apportait les nouvelles des parents et amis qu'il avait vus dans ses pérégrinations. » Il s'acquittait à merveille des commissions dont on le chargeait. Hélas ! un soir d'hiver. Touoni de l'Esquillo fut bloqué par la neige auprès du Caussonel dont le propriétaire le recueillit et le conduisit à l'hôpital de Rodez. Le vieil homme s'y éteignit pieusement, quelques mois plus tard.

Avant le journal religieux où je me suis documenté, avec une autre poésie et une chance égale d'exactitude, notre poète panthéiste a présenté « *l'ermite, le saint François d'Assise de la montagne rose* ». Citons cette jolie page, bien oubliée : « *Parmi des arbres tombés..., dans l'ombre des cerisiers écarlates et des bouleaux dorés, une grotte, un trou, un repaire;... là pendant longtemps habita Toueno de l'Equilo... ; là, il pria Dieu avec la forêt et la rivière, là il jeûna avec les loups. Une cloche appendue à un pylône de branches mortes y clamait par lui l'Angelus, vêpres et mâtines. Selon les vents on l'entendait en amont ou en aval de la forêt et si, par hasard, son timbre clair cessait d'arriver avec la voix des eaux, cela voulait dire que l'ermite mourait de faim et les bonnes âmes de la région venaient alors lui porter leurs aumônes. Avant d'en arriver à ces extrêmes pratiques, Touenou, qui avait reçu une certaine instruction s'était un jour fait faire un costume noir et soigné pour, disait-il, aller étudier dans les villes. Alla-t-il loin dans les villes ?... tou-jours est-il qu'on le vit bientôt revenir vers sa forêt. Il donna aux pauvres le peu qu'il possédait et aux abords d'une source, il enterra son vêtement neuf, sujet de vanités sataniques à son dire ; depuis, chaque fois qu'il passait par là, de son vieux feutre sans âge et sans couleur il y puisait un copelat d'ayo et le versait en psalmo-diant sur la tombe de ses vanités pour en hâter la destruction... On vit Touenou pendant des années faire une âpre pénitence... ; des pélerins venaient de loin... implorer ses bénédictions. Loups, renards, putois et blaireaux s'adoucissaient à son ambiance et sur les arbres environnants, les corbeaux, les pics et les merles, les loriots, les piverts et les martins-pécheurs venaient dévotement se pencher pour écouter son prône. Pauvre Touenou ! un jour la cloche cessa de tinter; ce fut une corde brisée à la harpe de la forêt. On vint voir ce qu'il advenait de l'ermite:... il neigeait; sous la neige, la roche semblait drapée de blanc, comme un autel, les grands arbres paraissaient vêtus de blancs surplis, la cloche elle-même avait son chapeau de neige et, dans la grotte, sur son lit de fougères, Touoni agonisait. On le ranima pourtant et on put le transporter dans un hospice de Rodez où il mourut, les pieds et les mains gelés et bénissant Dieu. Ame céleste, cœur simple, je salue ton humble mémoire, mon émotion est sœur de ta souffrance... »*

Le dernier curé de Saint-Georges et les deux derniers d'Aures, les abbés Ginesty et Sabathier, sont vénérés dans tout le pays. J'ai connu l'un d'entre eux, figure d'évangile, qui vit en méditant, fait très petite chère et couche sur des fagots.

L'ascèse ecclésiastique guida François d'Estaing. Bien souvent, le pieux évêque menait « à Saint-Jean-le-Froid » une troupe de pau-vres. Le long du chemin, il les instruisait... « Après la messe, il leur donnait une fervente exhortation dans la chapelle... Puis, si la saison le permettait, il les conduisait au haut du coteau et, là, sur le gazon, leur renouvelait ses maximes de salut... A la fin il leur faisait distribuer du pain et du vin. Peut-on recontrer une image plus naïve de Jésus prêchant dans le désert... »

...LA FOI PANTHÉISTE DU DÉSERT...

Les landes mortes ont entendu passer les paroles de vie. Derrière l'horizon aux lignes déprimantes surgirent la croix et le clocher. Quinze siècles durant, le Lévezou fut catholique. Pour prier, les plus belles âmes y cherchèrent les plein-airs, l'ermite de Serre, humble laïc pieux, les creux des ravines, François d'Estaing les éminences dans un plus haut degré d'Eglise et d'Oraison. Les sols les plus abstraits, sommets et gorges, laissant aux plateaux les prières vulgaires, ont attiré les surhumaines. Le sommet de l'extase, le fond de la pitié devaient, pour que la terre parut vraiment chrétienne, prendre possession des régions druidiques.

Ne faut-il pas craindre aujourd'hui que la Nature divinisée ne revienne à son équilibre matérialiste ? la foi encore vive reste-t-elle assez forte pour imposer ses vues aux paysages athées ? Les croix de pierre tombent. Les églises comptent des ruines. Où est-il, l'ascète des landes ? Leur dernier philosophe, Viala, semble avoir rendu la Nature à sa rêverie propre tournée vers sa beauté mouvante. Sur ses pas, les déités païennes, endormies depuis des siècles, se seraient-elles réveillées ? L'idée du renouvellement indéfini aurait-elle reconquis cette terre baignée longtemps d'un ciel d'éternité ?

Les sommets dressent sur leurs fronts chauves des tas de pierres. Des tombeaux ainsi figurés tombent des lignes mortes, des courbes de draps funèbres. J'ai dû chercher très loin, pour la leur opposer, une érection chrétienne assez dominatrice. Déplaçons le problème et marchons vers le Nord...

La Mer perdue, eau-forte

...LA VILLE...

...DANS LE LOINTAIN APERÇUS...

Quittées les gorges du Rouquet, on gravit des pentes raides jusqu'à un bois où se croisent des sentiers faciles sur un sol plat. Le
clocher de Trémouilles surgit dans un décor champêtre. Quelques
pas encore : on s'arrête. Dans un brutal contraste, l'air de l'immensité envahit la poitrine. On était dans le gouffre ; on est devant l'espace ; loin de l'humanité : elle est partout présente ; parmi les formes concaves, mortelles, panthéistes : on salue tout à coup les cimes
lointaines, les plaines vivantes, le sanctuaire de Dieu.

Très proche, comme une ride noire, se creuse la ravine du Viaur.
Son Ségala ondule, mollement, coupé de lignes vagues. A l'horizon
Nord, l'Aubrac perdu de bleu ; du côté de Villecomtal, une croupe
de même teinte, enfin la Barraqueville, avec deux arbres en panache.

Tout près, voici Briane, son château, ses fours à chaux ; voici « *la majestueuse silhouette de Sainte-Radegonde avec sa tournure de bastille* » au milieu de son Causse sec. Les ondes des Palanges. Le Comtal, Moyrasès et ses fumées, Sébazac et ses taches blanches. Paysage immense, mamelonné, portant maison, châteaux et villages. Le Rouergue distille des vapeurs. Son grand corps étendu se repose et transpire, sous le soleil couchant, après un jour de labeur. Une mer sous la brume : au large, Rodez, ville rose, vogue, large et puissant comme un énorme torpilleur. Central, il émerge d'un creux entre deux vagues. J'en parle maintenant pour centrer le décor. Au premier choc des yeux, je n'avais vu que lui, étonnamment proche. Je vais partir, je le regarde encore. Il fascine la vue comme un pôle l'aimant: « Rôde que rôderas, à Rodez retourneras. » Ce qui fixe le regard dilettante c'est la Cathédrale et dans la Cathédrale la tour couleur de bruyères. J'ai vu, après Viala, « *le grand clocher doré par le soleil* » se détacher « *comme une flamme embrumée par l'éloignement* ». C'était là, là enfin que je le trouvai, peut-être, le symbole chrétien, immuable et robuste, dominant, haut le chef, le panthéisme ambiant. Rodez condensation mystique du Rouergue.

Je voulus revoir cette ville, capitale intellectuelle et monumentale.

D'ailleurs, pendant longtemps, Viala y avait vécu, écrivant, peignant, ranimant la vie locale. Le désir me prit sur le roc de Trémouilles de chercher son fantôme rue Saint-Vincent...

...DEBOUT AU SEUIL DU SEGALA...

Des Salles à Rodez on ne quittera pas le plateau gneissique. Sur mes notes de voyage, je vois évoluer sans discontinuité une nature une... Après le Caussonnel et Lestang, parmi des landes et des blocs fantastiques, on croise une vallée rousse. Des dévèzes, des bocages dévalent vers Pont de Salars. Nous abordons le Ségala du

Viaur; la route, longtemps parallèle au torrent, laisse à sa gauche le Causse de Sainte-Radegonde. Plantes landeuses, champs paille, labours chocolat. A droite Viel-Veyssac, château dans les pelouses, vieil hôtel plutôt, aux fenêtres rouges.

Rodez obsède de nouveau. Des lointains bleuâtres il est le seul volume qui émerge. Pourquoi ai-je comparé sa silhouette dépointée à celle du Mont Saint-Michel ? Le vaisseau fend une houle pétrifiée : Rodez au péril des montagnes... Au milieu de l'ombre gothique, dans l'irradiation solaire, une étoile d'argent s'allume : c'est le cœur de la cathédrale.

Dans le paysage ambiant, plus exagérément que sur le Lévezou trop froid, le bocage étend son empire. De grands châtaigniers ombragent. « *Tiens, un lièvre, non, un âne !* » — *Non, c'est le château de Briane,* sortant ses oreilles des bois. La route rectiligne joue aux montagnes russes. On arrive à Flavins: belle église défunte. Quelques champs de maïs. Le castel de Laporte, du ton des terres rouges, se modernise gaiement. Voici des chênes de Viala, des dévèzes desséchées, des chardons, des genêts. A gauche, dans le creux, des penchants vert humide; à droite, des pentes rases, jaune paille. C'est le vallon de la Briane où l'artiste aimait rôder. Par cette fin d'été, entre des rives grises, sous des peupliers qui ont soif, le ruisseau est tari, encombré de cailloux.

Parmi les blocs baroques du déblai, grimpent des arbustes. La poussière les poudre de gris et plane. La route tout à coup se voûte de platanes : une avenue suburbaine... Le Monastère sous Rodez...

On est descendu sans changements brusques. Le décor est resté onduleux. Il y a encore des fougères sur les pentes de Banocre.

...INSPIRATRICE...

A la limite des sols archéens, Rodez est coupé de leur masse par les gorges de l'Aveyron. Au delà, vers le Nord, le sol, moins résistant, s'est laissé éroser. Une éminence de terrains anciens, abrupte sur le Ségala, doucement déclive vers le Comtal, est le piédestal de la ville. Maisons groupées sous le clocher rose. L'ensemble cohérent, aux teintes sourdes, a inspiré combien d'œuvres depuis le tableau votif de Ceignac. Dans un abîme austère encore qu'habité, se creuse sous Rodez une onde inquiétante par sa tranquille profondeur, par son ombre et par ses histoires. Le spectre de Fualdès y flotte. La cité, tout en haut, sans voir les eaux, en reçoit les vapeurs et l'âme. Elle procède aussi de la bise qui la flagelle. Aussi le Ruthénois est-il, urbainement, le Rouergat pur sang. Il a horreur du bruit, n'entendant pas le flot et n'aimant pas le vent. Millau rit au Midi, Rodez pense à l'Auvergne. La vie se calme ou, du moins, se cache. Moins d'industrie, plus de pensée. Ni le Lévezou, ni Viala ne pouvaient hésiter entre les deux villes. L'un penche vers Rodez, l'autre s'y établit.

...LES SUBURBAINS PITTORESQUES...

Il faut situer la cité au Sud d'un îlot de grès et d'argile, couleur brique. Le paysage septentrional, vaste et hétéroclyte, annonce des pays nouveaux ; d'abord, indéfinie, la table caussenarde qu'interrompt une ligne d'arbres. Coupant une traînée de bois, des tours rouges s'érigent, féodales dans un cadre serf, la masse d'Onet-le-Château. Les vieilles demeures pullulent. Voici Floyrac dans des bosquets, au delà des toits de Fontanges, longs et gris. Un mince affluent de l'Auterne s'y glisse en courbe gracieuse. Derrière une croupe jaunâtre, les arbres riverains cheminent, monômes égayant les rives de leurs bérets extravagants. Point ne franchissent un viaduc. Celui-ci eût pu être laid, tant il est régulier de lignes. Sa teinte rouge l'affranchit. La voie ferrée d'Albi, qui vient de l'emprunter, souligne d'un léger trait noir une façade blanc jaunâtre du hameau de Saint-Félix. La cache maintenant une laide bâtisse, sinistre mangeuse de

châtaigniers. Une seconde usine, à gaz, renchérit sur l'autre de laideur. Entre les toits trop symétriques, les gros, les beaux arbres
voyers jettent leurs notes fantaisistes. Vers la banlieue toxico-chimi-
que descend « *la dévalée des jardins et des prés sous la ville haute,
comme un tas de choses malades qui halètent dans la fumée sale* »...

Le regard étouffé regagne la campagne. Vers l'Est, tombent des
pentes rouges, rabotées, mal couvertes d'un gazon rare. Leur raideur
s'objecte à la grâce des ruisselets ramifiés. Elles descendent sur la
route et la voie ferrée de Sévérac. Derrière des arbres et des prés,
vers la gare inaperçue, voici le château de Cannac, insulté par combien de trains qui lui crachent, lui fument au nez. Avec ses lignes
soulignées de moulures rouges, avec ses toits compliqués, avec les
cônes d'ardoise coiffant ses tours poivrières d'angles, il a l'air d'un
bibelot de cornaline. Au delà d'un plateau verdoyant, une masse
grise se pare de taches chantant au soleil et de pointes sifflant aigu:
le village de Sébazac. Une large façade se blanchit pour fixer les
yeux: c'est Laroque, un autre castel. Terrain jaune très plat, quadrillé en champs. Vers l'Est empiètent cependant des sécheresses
ségalaises.

...L'AUTERNE...

Des aquarelles de Viala m'ont attiré vers l'Auterne, l'une d'elles
surtout, si délicate, avec des saules sans feuilles empanachés de subtiles plumes mauves, des chênes aux haillons de clinquants, des broussailles vaporeuses, des palmettes de plantes vertes encadrant une
nappe d'argent bruni... Très paisiblement, dans le lit rougeâtre coulait l'onde jaune où trempaient des joncs. Le château de Saint-Félix
érige un pignon ; le crépi tombe des murs de grès ; la maison XVII° siècle, arborant des atours vétustes, échappe à la banalité... Des frênes
bordent les sentiers, pauvres ébranchés, chandeliers veufs de chandelles. Je ne décris plus : trop de laideurs sont à abstraire ; la ville

proche, hortillons, suburbains aux grandes bâtisses. Abstraire.
esquisser ; des aquarelles. Les teintes sont fraîches et fines, un peu
transparentes, chargées d'eau. Des arbres simples et heureux, de
sujets de genre...

...ET L'AVEYRON...

Nous allons tourner autour de Rodez, au bas de ses pentes, suivant l'Aveyron...

Au loin s'idéalise un mamelon gris bleu, perçu au-dessus
de coteaux herbeux. La rivière ne se révèle qu'à son cortège
de peupliers. Puis, tout à coup, derrière les panaches extravagants,
aux teintes de métal oxydé par la flamme, des nappes d'eau mystérieuses se découvrent. Le grand ciel clair verse du vif argent parmi
les feuillages, sur les plans inclinés d'ardoises, à la Youle, au château des Ondes, tandis que la bâtisse seigneuriale, éprise de tous
les silences, comme une aïeule vénérable, détourne ses huis du soleil.
L'onde inquiète s'étale, plutôt lac que rivière, creusant son symbole
concave dans la gaieté. Soudain, après un tournant, je vois quatre
arches l'enjamber. Ayant reconnu le pont gothique familier, je lui
accorde ma confiance. Soulignés de heurts blancs et noirs, ses angles
rompent le long vertige émanant de la nappe glauque. Le village
se montre ; on soupçonne de la vie humaine au canal grondeur et
moteur.

Sous la croix de Banocre, retrouvant des fougères, des genêts, des
rochers, des chênes, je me rappelle « Saint François », le Saint François mal famé : quelques murs horizontaux soutiennent des vignes.

Jusqu'au Monastère, la rivière civilisée, entre des prés et des
potagers, sous des aulnes. Des masses de frondaisons dérobent le
village, le pont moderne, la route de Salles. Caché un temps par
un mur haut, l'Aveyron reparaît soudain. Un ponceau à dos d'âne ;
une croix, blessée au cœur en losange. Ilots plantés d'arbres, chaus-

sées et rapides. Maisons à pignons, croisées à meneaux, murs plongeant dans l'eau. Dans un chenal assez profond, se font piloter des gondoles. Des peaux blanches sèchent, des cheminées fument, on sent une odeur de tanin. Sur la rive droite, de vieux oustals, de vieilles moulures aux fenêtres, de vieux corbeaux, des géraniums dans la grisaille.

Concevez un bâtiment, obèse, carré, aux jambes trempant dans l'eau ; il baisse, comme des yeux, deux fenêtres ; au haut d'épaules inclinées, vêtues d'ardoises, il dresse une toiture naine sous laquelle chante une voix de cloche.

Au delà du village, en vue de la rivière...

Derrière un haut mur, dans des verdures philanthropes et riveraines, coquette une abbaye, avec son toit grisâtre, ses murs colorés et ses fines tourelles pointues. Croquez vite ce joli coin. Nous allons voir des champs secs, des arbres gris, des murs de rougier. Ce rocher rosâtre s'est cassé le nez au bord de la route. Assises poilues d'herbe jaune, strates penchées, replis ombreux, profils hargneux.

L'Aveyron, vert sombre, entre deux haies de grands peupliers, s'en va-t-il mourir sous le mur d'un petit moulin ? Pourquoi décrire le vivier, perçu derrière les feuillages ? Notre passion de l'infini se noie délicieusement dans ces eaux qui sont éternelles de leurs changements continus. L'azur sans limite reflété, la mer sans limite promise. Mais c'est une désillusion quand on voit une bouche noire, voûtée d'une arche surbaissée, entre les dents de ses barreaux, avaler l'eau.

Une nature aux voiles vert pâle moirés de bleu, nuancés de *Rayons d'hiver* descend doucement, dans ma mémoire, un Aveyron céruléen. J'ai vu ce tableau aux murs d'un salon ami et chaque fois que j'ai admiré la prestigieuse peinture je me suis laissé emporter par des rêves de promenades décembrales. Je croyais m'accouder, près de Viala, au vieux mur que dominait une croix de pierre, au haut d'un sentier d'argile humide. Je regardais les brumes azurées se déposer dans les vallées proches et les villages, sur les pentes rases, grelotter dans l'attente du soleil, de ce soleil qui, par amour du paradoxe, précise les seuls lointains. Victime d'un charme bizarre, j'éprouvais la tentation de frôler les brindilles du buisson sec sur le vieux mur pour y cueillir au bout des doigts des fleurs de givre.

A la Mouline, sous des pentes monotones, un pont moderne emmi des saules. Quelle est cette bâtisse aux toits d'ardoises mansardés, aux murs égayés de capucines, de vignes-vierges et de bignones ? Une auberge de Meissonnier ? Non, en dépit des apparences... Dans la rivière retrouvée se boursouflent des îlots moussus. Le château, un couvent, des fenêtres à croisillons, un joli petit toit pointu...

Je dis adieu à la vallée...

Des ruelles que je gravis maintenant, des maisons qui me regardent passer, combien de fois Viala s'est-il penché vers ces sites ? J'ai rêvé l'âme esthétique des villages sous Rodez. Les yeux plongeant de haut dans l'intimité des ruelles et des places, y surprennent la vie grouillante, y découvrent des motifs anciens, des eaux pensives. En eau-forte, des villages de songes, aux fantastiques clairs-obscurs. Voici la grand'place éclairée, ses murs encore blancs troués de lumières ; partout ailleurs, dans l'ombre dense, chevauchent des toits en circonflexes, s'engouffrent des traits dans la rivière basse, se dispersent des reflets et des illuminations d'huis.

Un destin symbolique pèse à ces fantômes. Des squelettes jonchent « *la ville morte* ». Loin de « *l'Océan perdu* », les mouettes volent sur les hameaux, effrayées par les clameurs des fêtes ou les pas lourdement sonores des rustauds.

...UN RICHE PASSÉ...

En remontant vers la ville, laissez-moi, en deux mots, vous en narrer l'histoire.

Ancienne capitale des Ruthènes, romanisée sous le nom de Segodunum, convertie au christianisme, Rodez, après les invasions barbares, devient tour à tour chef-lieu du comté du Rouergue et de celui qui porte son nom. A ce dernier titre, fief des Armagnacs ; son seigneur, le Connétable Bernard, rançonne un moment Paris qui le massacre. Repliés dans leur province, les comtes la défendent contre tous les pouvoirs lointains. Jean, traître au royaume de France, est dépouillé de ses terres, tué pendant le sac de Lectoure. La ville a cessé de jouer un rôle actif dans l'histoire nationale.

Elle continue à vivre en soi. Dès le Moyen-Age, s'opposent le seigneur dans son « bourg » et le prélat dans sa « cité ». Voici l'époque des cours d'amour, des constructions gothiques. Après les dévastations de la guerre de Cent Ans, les évêques, sans rivaux, administrent et bâtissent, tel d'Estaing encore gothique, tel d'Armagnac renaissant. Les guerres de religion mettent fin à cette activité. Rodez végétera désormais.

Il végétera de ne pas avoir osé vivre. Plutôt qu' « à Dieu et au roi fidèle » suivant sa devise, il est obsédé par le pouvoir central. Avec les Français du Nord, il a déjà combattu les Albigeois. Il accueille Charles VII, dauphin; reçoit Louis XI et se livre à lui. Il fait fête à François Iᵉʳ, reste royaliste contre les huguenots et les ligueurs, reconnaît Henri IV; inquiété par les protestants, salue l'entrée de Richelieu. La centralisation royale est complète: ni monarque, ni ministre ne reviendront. Quelques révoltes populaires, dont celle des Camisards, agitent à peine la contrée. Les évêques désertent. Fidèle encore à un Louis XV, Rodez embrasse les idées révolutionnaires. Voici que la centralisation s'exagère en jacobinisme. La terreur ruthénoise singe celle de Paris. L'élite de l'activité, noyée dans les armées, bleues et blanches. Après avoir exalté le bonnet phrygien et les aigles, la ville arbore les fleurs de lys, puis les trois couleurs. Autour de sa caserne et de ses bureaux, elle vit sans rumeur, sans gloire, abattant ses monuments, dispersant ses intelligences. Malgré quelques animateurs, le calme règne à la Préfecture.

Il se dégage de cette histoire l'impression d'un lamentable vieillissement humain. Je dis humain : car enclose de frimas et de vents, trempée dans un air humide, la volonté de la cité s'est raidie contre les forces destructrices. Dans l'enceinte qu'il a bâtie, l'homme n'a compté qu'avec l'homme. Ses œuvres qui restent debout n'ont désappris ni l'histoire, ni l'éloquence historique. Le passé n'est plus voué aux possibilités épiques du désert. L'évolution du sol est connue par les plans et par les actes juridiques des générations. Mais qu'ils sont mélancoliques, les uns et les autres, dans leur froideur officielle, ces témoins de décors défunts. Telle rue où la foule grouille a remplacé un refuge cloîtré. Telle place est pavée de tombes. Pauvres fossiles de l'histoire, dans l'enfouissement inévitable, accéléré et enlaidi d'être devenu humain. La Nature commande encore quand nous croyons la dominer, elle accepte notre mesure pour mieux nous plier à ses lois.

...DE VIEUX MONUMENTS,...

J'ai toujours aimé visiter nos belles cités médiévales, sans guide, au hasard, pour juger librement. Ainsi Rodez en zigzags...

J'ai senti l'odeur du Mazel, que j'ai aperçu ensuite, porte, à voûte surbaissée, d'un couloir fleurant les tripes. Une ogive encadre un fond roux de devantures. Le Saint Etienne usé, au-dessus de la porte, ne bénit plus la chapelle. Son nez est devenu camus pour humer moins intensément.

La « maison d'Armagnac », sitôt qu'épanouie en encorbellement, au-dessus des avant-soliers se quadrille de colonnettes et de moulures renaissantes, clouée à la stabilité par ses médaillons. Un reste d'âme gothique jaillit par les pointes des hautes lucarnes et persiste sur les têtes qui illustrent celles-ci.

Une vision de sous-Dalbade, laquelle abrite heureusement de fines tapisseries et de curieux chapiteaux romans. La façade jésuite s'inspire de la bonne fouasse, gâteau local, qui se fabrique tout à côté. Cela fut jadis jadis Saint-Amans ; on n'a pas restauré le nom.

Place du Palais de Justice. Au delà des vallées prochaines, je promène un regard rêveur sur les ondoiements ségalais. Mais trop de froid vogue en l'espace ; je me retourne et... je reçois comme une bouffée de chaleur. Un monument pseudo-classique — quatre colonnes et un fronton ! — me transporte brusquement dans une Grèce à la Vitruve. Il y eut jadis à cet endroit un beau couvent des Cordeliers.

Place du Bourg, accoutumé à voir paraître aux fenêtres de vilaines têtes modernes, j'admire la vieille maison où des anges, des diables, des dragons semblent m'inviter à monter. Une musique vieillotte s'échappe d'instruments sans nom ; un frémissement aigrelet joue sur les socles des colonnettes où des pieds-bots se sont figés. Aux pinacles, des grelots sonnent.

Le nom d'Eugène Viala a été donné à la rue la plus dépourvue à la fois de grand air et de vieilles choses. Le regard monte sur un mur lépreux de taches grises et roses jusqu'au haut de clochetons. La République et l'ordre jésuite se marient par procuration, la première représentée par ses initiales, l'autre par son style faux. Toutefois, l'usure de la pierre, funeste aux finesses gothiques, assouplit la ligne rigide, granule les plans rabotés, naturalise rouergat le classique international.

Le paradygme d'Héraclite murmure très doucement. « Tout coule » comme l'eau des sources, le bonheur, le malheur, la vie. D'ordinaire, l'idée attriste, mais vous aimerez lui sourire par la magie de Denys Puech. Coulent dans une même grâce les regards et les gestes de la femme, le voile glissant sur son corps, la mélancolie de sa pensée et son joli nom de source : Naïade de Vors.

Un vieux mur cache des arbres, près d'une demeure vétuste en nougat rose et blanc sali. Une porte voûtée en anse de panier conduit à une maison romantique, que Balzac eût aimé choisir. Sous de vieilles statues coloriées, l'entrée grillée, dominée par un clocheton, s'ouvre sur une cour ancienne, intime, quasi-monacale, imprégnée de la poésie des retraites humides et calmes au fond des rues sans passants.

Sur une élégante moulure doublant l'arc brisé d'une porte, s'équilibre comme un fléau une arcature aboutissant à deux balcons circulaires, en saillie et à poivrière.

Au-dessus d'un entassement de céleris et de citrouilles, une façade de rougier entasse ses pierres rudes que crèvent quelques ouvertures en ogives ou quatrefeuilles.

Le « Musée Denys Puech », tout blanc et tout fermé, regarde la « maison carrée », plantureuse bourgeoise, qui jadis hébergea Viala.

La rue Séguy, ancienne rue des Hebdomadiers, se borde de vieilles demeures à falbalas de vignes-vierges. Au fond, tout en déchéance, avec son portail rajeuni (le hideux rajeunissement des coquettes archaïques) fait face une maison qu'a habitée l'artiste. Vers « le Refuge », son jardin planté d'acacias, son église d'un faux gothique, regarde une faciès de muraille, rugueux et noirâtre, dont les yeux crevés semblent des volets cassés. Autrefois des fenêtres s'y ouvraient sur l'atelier. Avec celle qui a vécu là, près de moi en pèlerinage, j'ai senti mon cœur se serrer...

Alors, fuyant la hantise d'un fantôme inconnu vivant, je vois soudain le clocher. Ce modèle colossal attend encore Viala, presque à sa porte. Après croquis de dilettante, l'unité s'impose : la Cathédrale.

...ET LA CATHÉDRALE...

Notre-Dame est l'œuvre des siècles. Dans le souvenir du temple idéal que fut la forêt, elle tendit dès l'origine vers son Idée. Sur son emplacement, l'église incomplète, primitive, achevée par Deudet, dura sept siècles. Mais, quand son temps fut consommé, en 1276, elle s'écroula dans la nuit; la basilique latine, importée et adaptée, n'était pas l'ultime formule. Pendant qu'elle défaillait, un nouveau style avait conquis même les provinces romanes. La blanche vision d'Amiens hanta l'architecte.

Pour comprendre l'histoire d'une construction longanime, il faut esquisser le plan. Le grand axe, comme à l'ordinaire, va de l'occident à l'orient où l'abside courbe rayonne en absidioles. En deçà du transept, la nef a six travées : douze chapelles bordent les bas-côtés.

A partir de l'Est, s'élevèrent successivement l'abside et deux travées du chœur, ensemble d'abord raccordé aux restes de l'ancienne église. Vers le septentrion, fut bâtie une tour en pierre portant une flèche de bois. Le reste du chœur, le transept avec ses portails, le jubé, la nef, la façade sortirent tour à tour de terre. En place de la flèche, détruite par un incendie, sur la base demeurée intacte, d'Estaing fit en 1510 construire l'actuel clocher.

N'oublions pas les architectes, trop peu nommés : Etienne, les Dolas, Richard, les Sermati ; Jacques Maurel et Saunier ; Bosquet, Conrad Roger, Bernard Antoine. Antoine Salvan a édifié le clocher. Cet inconnu domine la ville.

...ROSE...

Le « rougier » ou grès rouge a été très employé pour les édifices de Rodez. Ici encore, sincèrement utilisé, il singularise l'église. La teinte générale est rose avec une pointe de noir, comme la bruyère à l'automne. Couleur empreinte de tristesse. Ce n'est plus le calcaire blanc qui égaye les gothiques du Nord, fait rêver de foi jeune et fraîche, la pierre facile, légère, un peu incolore, pareille à la langue française. La Cathédrale, à l'ombre comme au soleil, maintient, sauf quelques variations, sa nuance.

La roche est dure et granuleuse; le détail en reste grossier; elle s'effrite, redevient fruste, si tant est qu'elle ait cessé de l'être. En utilisant ce matériau, pour des raisons purement pratiques, les maîtres d'œuvre ont suivi le génie du sol et de la race.

> *Il vint de Saint Cristophe, en des chars amarrée,*
> *De Combret, de Nauviale, où, tous reflets perdus,*
> *S'engage le Dourdou sous la châtaigneraie*
> *De la pierre, attachée à de grands bœufs fourbus.*

...ÉTRANGE...

Inspirée par Amiens, notre Cathédrale tient du gothique septentrional ses trois nefs, son transept et son déambulatoire rayonnant d'absidioles. Signe plus caractéristique : l'arc-boutant, loin de se cacher, règne tout le long du vaisseau, équilibré par des pinacles au haut de puissants contreforts. Son emploi constant réalise un équilibre actif entre les deux poussées, de la voûte et de sa béquille de pierre. Le méridional, à Albi par exemple, préfère la statique romane « qui ne conçoit pas un support autrement que vertical ».

Sur ce point encore, Rodez est du Nord et il le serait tout-à-fait, n'était « sa façade militaire, sans portails, au pied de laquelle passait le fossé de la ville ». Ainsi protégée, la Cathédrale tourna ses rêves vers la France, pensant que sous un ciel grisâtre devaient vivre les formes actives des plaines septentrionales. Cependant, un je ne sais quoi de robustesse et d'âpreté rappelle que le ciel est rude, que sa pluie n'est pas la bruine qui mouille la cité picarde.

...SA NEF...

Nous sommes entrés dans le vaisseau. Triforium rayonnant et bas. Fenêtres souvent flamboyantes. Les bas côtés reproduisent les aspects de la nef centrale, dans sa nudité sculpturale. Aucune ligne nette ne monte le long d'un pilier. Les colonnettes ne se coupent pas, elles se raccordent. A voir leur allée d'enfilade, on a l'impression d'une surface sinueuse, comme sont les monts rouergats. Si l'homme et la nature ont obtenu le même effet, c'est que leur matériau érosait ses angles et ses pointes, que l'ambiance était pauvreté et abdication vitale...

La rosace flamboie en bleu et mauve comme un décor de landes sous un beau ciel. Elle a une vague tristesse, infiniment apaisée. Dans ses couleurs et dans ses lignes, la cathédrale, intimement, révèle le cœur de la race, idéalisme morose, ailleurs enrobé de prosaïsme, ici religieusement développé.

> *« Je suis entré dans la cathédrale.*
> *Le grand orgue exultait bruyamment.*
> *On eût dit une immense rafale*
> *Au milieu d'un obscur firmament.*
>
> *Les vitraux répandaient sur la dalle*
> *Des reflets d'azur et d'orpiment,*
> *Et l'autel, dans un embrasement,*
> *Flamboyait sous l'ogive absidiale.*
>
> *J'ai pensé les instants d'autrefois,*
> *Tout enfant rêvant dans une église,*
> *Les yeux sur le chemin de croix*
>
> *Et l'esprit voltigeant dans les frises.*
> *J'ai pensé ces angéliques voix*
> *Auxquelles j'ai préféré les brises.*

Pour aborder celui que la nature lui offrait, le poète a quitté le plus grand univers que l'occident ait composé, celui que son immensité mi-réelle, mi-suggérée devait rendre le symbole du monde créé. Ailleurs et, il faut le dire, en d'autres temps, il se serait peut-être donné à la vaste philosophie médiévale. Mais dans la pauvreté du décor, dans l'imprécision de la ligne, Rodez a omis quelque chose de ce qui fut l'âme gothique. L'ambiance physique inspirait à la forme et à la couleur un vague rêve d'hérésie. Malgré un prodigieux effort, l'homme a mal vaincu la nature qui, l'ayant fait pauvre et peu artiste, lui offrit un grès dur au ciseau.

C'est pourtant dans la chapelle du Saint Sépulcre que Viala a aimé contempler et graver une scène du drame originel chrétien. Oublions la clôture flamboyante, son Christ moqué, son cortège de Sibylles coquettes, l'encadrement que fait au groupe le retable renaissant.

Sous son chapeau pointu, avec sa robe échancrée, pour tout dire vêtu en pèlerin, Nicodème, bon juif à la barbe frisée et au nez crochu, impassible au pied du Christ, regarde son vis-à-vis, afin de le suivre dans ses gestes et de bien disposer avec lui le cadavre dans le cercueil. Joseph d'Arimathie est triste ; toute sa pensée descendant sur la tête glacée du maître, sa douleur paraît moins distraite par les détails cérémonieux. C'est un homme riche ; ses mains fines, qui tirent sur le linceul, sortent de revers de dentelles. Mi-drapé dans son grand manteau, Saint Jean tient sur son cœur la couronne, avec certaines précautions, par respect ou par peur des épines. Sous sa toison large, seul homme imberbe en l'assistance, le front et les sourcils hauts, les yeux mi-clos, la bouche fermée et dolente, il a fini de pleurer. Il regarde et il médite. Dans le disciple bien-aimé s'éveille l'évangéliste. Madeleine est restée coquette ; son voile, mi-relevé, découvre ses cheveux ondés retombant sur ses seins en nattes. Eplorée, la tête penchée, la jeune fiancée mystique laisse couler toutes ses larmes sur le vase de parfums... Dans le groupe central, les gestes se tourmentent. Marie est une femme déjà âgée. Un pan glissant de son voile pèse sur elle, endeuillé ; sous la coiffure monacale, la face s'enfonce et se creuse, et, dans la face, les yeux. Les mains se joignent, se serrent, presque désespérées. Les deux compagnes sont gentilles, renaissantes de jolies modes, harmonieusement drapées, avec leur collet montant jusqu'au menton, leur coiffe cintrée. L'amie de gauche, doucement, appuie une main sur le coude de Notre-Dame. Oubliant sa douleur moins cruelle, elle ne songe qu'à consoler : elle parle, ses lèvres frémissent et son regard trahit son cœur. L'autre aussi voudrait apaiser : ses bras enveloppent encore dans un grand geste affectueux. Mais, soit qu'on l'écoute plus, soit qu'elle éprouve le besoin, avant d'en procurer aux autres, de chercher quelque réconfort, elle regarde dans le vague, la tête inclinée sur l'épaule, les yeux mi-clos, égarés, la figure fine et pointue dans l'encadrement des voiles. Tous ces personnages, debout, entourent la Vierge qui les domine de sa taille, les fait oublier par son deuil.

Entr'eux tous, c'est le gisant nu, à l'anatomie réaliste ; les mains mi-contractées; les veines font saillie; la mort glace le teint ; de l'inertie raide. Trois anges planent, sortant du mur de fond, portant les instruments du supplice. Oubliez le dogme chrétien ; n'espérez pas une résurrection qui, d'ailleurs, paraît impossible pour ce corps. C'est l'heure écrasante en la vie, l'heure douloureuse entre toutes où celui qui fut là n'est plus. Pendant que descend le cadavre, tous les yeux s'attachent aux paupières blanches ; le suprême lien illusoire s'étire, jusqu'à se casser, entre les vivants et le mort. Nous avons sous les yeux une famille ruthénoise en train d'ensevelir son chef. Une circonstance aggravante : sur le corps supplicié et nu, la mort exagère ses ravages. Mais, pendant nos veillées funèbres, du fond mural de l'au-delà, on ne voit pas sortir des anges...

...SES PORTAILS...

Un érudit a déclaré : la pierre de la Cathédrale provient de Capdenaguet et de Nuces. C'est bien là en effet que l'on est allé chercher le matériau du portail sud, seule partie calcaire de l'édifice.

Pourquoi Jacques Maurel renonça-t-il au rougier ? Pourquoi affouilla-t-il la pierre claire, en raffinements inouïs, sur l'austère façade rose ? Voulait-il leurrer les archéologues ? Lichens fins, chevelus fragiles s'effilent, s'ajourent, grésillent. Le tympan se peuple de flammes par l'arabesque des meneaux qui se tordent, se frôlent, se croisent, ondulant comme un long serpent. Des scènes évangéliques se détachaient sur ce fond de rêve; il en reste une croix sans Christ, deux socles et un sépulcre. Aux piedroits et aux voussures, dais et chapiteaux attestent les prières feues de quinze anges et seize prophètes. La Révolution a cassé. Dans le gable un feu d'artifice : un soleil flamboie au centre, trois roues fusent aux écoinçons. Cela s'achève très haut par un fleuron entre deux pinacles. Œuvre d'un dilettante peu scrupuleux, inflorescence morbide d'un jour d'avril...

Le portail nord est sévère avec ses statues mutilées et ses draperies dont la grâce blessée attriste. Contreforts énormes; carrures superposées. Les pignons du transept sont entièrement nus...

Son harmonie rayonnante constitue la beauté d'un chevet. Sous la pointe du toit gris, la croupe s'arrondit ; les vitraux brillent aux facettes ; les arcs-boutants divergent ; les contreforts se dégagent. Les renflements des absidioles alternent avec les masses qui épaulent le vaisseau central. Pittoresque d'ornements et de gargouilles, c'est la partie la plus ancienne de la Cathédrale, du plus pur gothique septentrional.

...SA FAÇADE...

Comme ses sœurs ogivales, la façade, très symétrique, dresse un pignon entre deux tours. La ressemblance s'arrête là. La partie médiane, au lieu d'évoquer la vallée, domine les deux autres comme Rodez le Segala et le Comtal. La tour nord est la plus déprimée.

On tend vers l'art jésuite qui érigera le fronton entre les deux ailerons déclives.

Ou sont-elles, d'autre part, les grottes mystiques d'Amiens ou de Bourges peuplées de longs saints blancs priant dans l'ombre ? On se heurte à un rempart nu. La Cathédrale dut naître en armes, à son poste devant les menaces, albigeoises ou anglaises, de l'Occident.

Dans le détail, on voit d'abord la tour sud, flanquée à sa droite d'une tourelle octogonale, élever ses trois étages marqués chacun d'une grande baie aveugle. Jusqu'au second la tour nord, quoique plus nue, reproduit l'autre. Des murs fenestriers, condensés en arcs-boutants, les séparent toutes deux de la partie centrale et d'abord de ses contreforts. Ceux-ci s'effilent en pinacles. La rose s'enchâsse entre ces derniers sous une arcature. Domine ce bel ensemble, fausse note jésuite, un Saint Paul en miniature. La tour sud, sous un toit obtus, a fait avorter des colonnes, l'autre s'est tassée lourdement. Quoique dentelé avec grâce, le pignon a exagéré sa surface et sa richesse. Erreur d'un siècle novateur, il détruit l'harmonie totale. Ce hors-d'œuvre supprimé, le décor se fait simple et franc, sans finesse, mais sans leurre...

D'autre part, l'unité est mal assurée. Le pal et les flancs de cet immense blason sont séparés par de noirs méats. On a isolé trois défenses destinées à tomber successivement. Sans portails accueillants, le mur est nu, hostile. La surveillance des meurtrières, l'aveuglement des grandes baies et l'épiement des galeries. Cette défiance alarmée a la valeur et la beauté d'un caractère de visage.

SON CLOCHER...

Les artistes médiévaux ont embauché la perspective pour les aider dans leurs effets. A une harmonie incomplète que gâte son couronnement ils ont ajouté, pour la corriger à sa défaillance, une seule note. La note haute du clocher.

Cinq étages voûtés dont l'inférieur est la sacristie du chapitre, les deux premiers la base de l'ancienne tour. Les autres dûs à Salvanh. L'ascension en est pittoresque. Sur la plateforme encroûtée de ciment, les pauvres statues, maltraitées par le vent et les averses, sont bardées de cercles de fer, comme de vulgaires tonneaux. Le style est assez inquiétant, mixture classico-gothique. Ayant noté quelques détails, un peu rebuté par la rudesse des sculptures, je suis redescendu très vite. Le clocher est comme un tableau : mieux vaut le voir à distance.

Le mur qui monte du sol, bientôt interrompu de plans inclinés, s'échancre enfin d'une fenêtre flamboyante, à voussures et à crochets. En même temps la tour carrée se flanque de tourelles polygonales. Voici que l'étage supérieur jouera une reprise de la grande baie ogivale, avec des accompagnements de plus en plus subtils sur les registres. Dans des niches de dentelles, des statues ajoutent leurs voix humaines à des musiques instrumentales de meneaux et de colonnettes. C'est une strophe délicieuse : des troncs sveltes aux feuillages, s'évoque un bosquet aérien où se croisent deux allées d'ombre : « *L'âme faite de vieux chevrons* » rêve sur la ville.

Entends, mon frère, entends le grand clocher qui pense.

Dans la féerie suprême... Avec leurs baies aveugles, les tourelles flanquantes sont redevenues graves. Chaque face encadrée se meurt en colonnettes, se liquéfie en effets de grandes eaux. Entre des filets divergents, d'autres biaisent. Le prisme central laisse voir ses fenêtres, ses arcatures, sa galerie supérieure. Le clocher dégage son chef et ceux des clochetons. Sur la plateforme, un socle moins large exalte la Vierge.

A la fin de sa vie, Viala, de sa fenêtre, a contemplé « *le clocher*». Au delà de vieilles maisons, il l'a gravé d'impression. La ligne qui limite et qui cerne, la ligne abstraite, il n'aimait pas la dessiner, son

Le Clocher de Rodez, eau-forte

burin ne voulant que peindre. Il a ainsi pénétré le dessein qu'a eu Salvanh, d'alléger la pierre montante en la ciselant de plus en plus.

Je traduirai notre vision par un paysage mystique. En bas le sol du vieux Rouergue, compact et nu, sans ornement. Puis, il se dégrossit, se rehausse de rochers. De grands bois se remplissent de brises carillonnantes. Dans des nuées de primitifs, s'érigent des verticales. Quatre anges mystérieux s'envolent, parmi des extases sans figures. Dominant l'œuvre entière, la « Femme vêtue de soleil » foule un globe quasi-lunaire reposant sur des nuées, ensemble que traduit, en possible architectural, le sommet massif de la tour sortant des dentelles de pierre...

Quand on approche, les apparentes délicatesses du grès se réduisent à des grossièretés camuses et émoussées. Le clocher ne peut figurer la race, dans des finesses qu'on a octroyées gratuitement à celle-ci. Une image du Rouergat, la base de l'ancienne flèche. Sur elle se sont entés, harmonieusement mariés, les idéaux artistique de Salvanh et extatique d'Estaing, l'un et l'autre dégagés, après combien de siècles, de la rusticité locale. Un frisson a passé, un élan a jailli. Une nature a été interprétée dans un large symbolisme, domptée en sa pesanteur, dressée en du mysticisme, dominée et christianisée.

Voilà le chef-d'œuvre du sol natal. « Le Clocher ». On le verra souvent compléter la façade, coiffant en perspective la tour la plus petite ou la flanquant à sa gauche, dressant le sommet qui manquait, rétablissant l'équilibre, répondant par sa dentelle à celle du pignon central, à cette joliesse mal placée. Les lois esthétiques gothiques sont, en fin de compte, observées. On a l'ombre d'un sphinx à long cou, la silhouette d'un temple à pylône, d'un vaisseau dressant sa proue.

Notre-Dame descend derrière l'horizon. Peu à peu, tout disparaît, sauf le clocher, subtil et ferme dans le ciel, tenant du roc mais aussi de la flamme, génie des siècles érigé plus que relique de leur corps. Sur une terre qui se cache, sur une ville de passé, sur une église de piété, vainqueur de l'âme du sol, dégagé de celle de l'homme et de l'élixir angélique de cette âme, c'est le grand symbole chrétien qu'en vain la nature fascine et invite tout bas à la chute. Devant son acte de foi grave, traduit par sa forme, il a vu la peur panthéiste reculer jusqu'à l'horizon, rouler sur les ondes des montagnes, hanter les régions qu'il ignore, où Viala n'a pas cru en Dieu.

Le Frau, eau-forte

...TOUT CELA...

...VISIONS DE JEUNESSE...

Au début de sa carrière, Viala publia une humble plaquette : *A travers le vieux Rouergue.*

Accompagné d'un ami, au nom gascon de Pascarille, nous le voyons partir, un jour d'été, pour une tournée picturale. Afin de n'être pas suspects, les deux artistes ont décidé de voyager en chasseurs. Devant le clocher de Rodez, ils prennent la diligence pour Pont de Salars. Le vieux véhicule s'en va, « *dodelinant de tout son être comme un ivrogne qui va rendre* »... Sur les hauteurs de Veillac éclate un orage magnifique. Déjà le jeune peintre admire « *la lande couverte de bruyères et pavoisée de hautes fougères qui s'épouvantent et se* couchent sous le vent », les « *genêts qui se démènent comme des démons au pied* » des « *blocs impassibles de granit schiste* ». Sous l'averse, les deux fantaisistes descendent de voiture : ils veulent jouir du spectacle. Soudain retentit le tonnerre et... Pascarille disparaît. Viala aperçoit une *forme*, un fantôme qui semble l'attendre et s'esquive dès qu'il s'approche : « *J'allais, les pays entiers s'enfuyaient sous mes talons ; les végétaux, les rochers, les montagnes passaient comme de grandes ombres... Tout s'arrêta... La terre se fit immobile sous moi ; les arbres, les rochers, les collines ne bougèrent plus, le couchant vert pâle devint fixe dans l'horizon* ». La « *forme* » était un parapluie, le parapluie de Pascarille.

Arrivé à Pont de Salars, Viala y salue le puits et les chênes, vieux amis de son jeune temps, puis il entre dans une auberge où il retrouve son compagnon. A noter comment notre artiste s'évade, d'esprit, en plein air et, pour une vapeur qui glisse sur un jambonneau du plafond, rêve des cimes lévezines...

Croquis dans la vallée du Viaur : « *Ici c'est la fraîcheur, ce sont les vertes frondaisons qui tamisent les rayons du soleil... une végétation luxuriante croît au milieu des rochers... ; des masses de fleurs et de verdures émergent partout de la terre noire qui s'écroule ; dans les (chaotiques) gorges du Tarn, c'est la pierre nue et monstrueuse, superbe et menaçante, toute dorée par le soleil, mais pelée et aride; ici c'est le vert et le mordoré... là-bas, c'est le jaune, le rouge et l'or* ». Après une nuit sous la tente, près de Lestang, départ pour les Salles. Viala en profite pour faire l'éloge de son obscur pays natal, plus beau que « *Fontainebleau et Montmorency... Pays de l'air, pays de l'eau et des bois, pays de la liberté* ». Au dessus du Caussonel, voici que fredonnent le vent et le carillon de Canet. Salles Curan est un « *vieil ami* » que l'on ne présentera pas, « *beaucoup mieux de loin que de près* ». Après une halte au vieux bourg, les chasseurs se mettent en route pour Saint-Jean-le-Froid. A la source du Cantarel, lequel « *chante même avant de naître* », rapide déjeuner sur l'herbe. Ascension du Puech de Frissou. « *Les énormes dos d'âne, arides et pelés, du haut Lévezou se dessinaient à notre gauche. On aurait dit des monstres couchés que les siècles auraient changés en montagnes... Dans ce splendide panorama, la plus belle, la plus enlevante silhouette est celle du pourpre Lézerat... En voilà un qui n'a pas changé de chemise depuis que le monde est monde. Celle qu'il a, toute faite de vigoureuses bruyères, est celle qu'il reçut des mains du Créateur* ». Dès lors, les deux amis de s'en aller camper sur la « *merveilleuse montagne* » où, dans le plus riche décor, ils mangent, campent et dorment. Ils dégringolent maintenant « *le gigantesque plan incliné qui, d'une seule ligne, part du sommet du Lézerat et va tomber dans les travers de Coudols... Un milan blanc fouettait les hautes bruyères de ses grandes ailes pointues. Voilà le véritable propriétaire du lieu... la vraie aristocratie de la nature* ». En marchant, Viala réfléchit à l'harmonie de l'univers qu'il croit encore régi par la providence. Le long de la route romaine qui conduit à l'obscure vallée du Tarn il rythme un adieu au bien aimé « *plateau natal... île bien petite dans cette mer de banalité et de scepticisme terrestre* ».

En relisant ces pages franches, optimistes et véhémentes, j'ai vu défiler en désordre — dans le beau désordre de la nature — cimes, ravins et plateaux ; landes, bocage et bois ; monuments, fantoches et fantômes. Que cela est passé vite sous les pas de l'infatigable marcheur. Des mots et des pensées, brillants comme des éclairs, m'y ont paru, combien de fois, consacrer mes conclusions lentes. Négation des formes humaines, domination de la nature, tout cela est dans l'intuition de l'artiste, tout cela que péniblement j'ai dégagé. Tel le milan blanc qui contemple le pays dans son ensemble, non assujetti comme nous à le parcourir par étapes, Viala a pu l'inclure intégralement dans son génie...

Nous retrouvons les voyageurs en train de gagner les grands Causses ; car ils ont « *horreur des bas fonds...* » Les voilà sur le

Larzac, « *grand plateau aride et rocailleux, entouré... de falaises qui tombent à pic dans les vallées environnantes et le font ressembler par endroits à un énorme fromage de Roquefort qu'on aurait entamé ; la coupe du rocher a même la couleur de ce produit du pays... La seule végétation est une herbe clairsemée, légère et presque toujours sèche, des buis rabougris, des pins et des genévriers nains ; les bois y sont rares et l'eau complètement absente* ». Après avoir campé de nuit sur les falaises de Cornus, Viala salue le soleil qui se lève sur les montagnes de Lacaune. De son énorme piédestal de rocher, un aigle se jette dans le vide. L'artiste compose des vers où il interpelle l'oiseau.

> *Monte toujours ; là-bas, tout l'horizon vermeil*
> *Te contemple et la terre est à toi, seul tu règnes,*
> *Et seul tu seras roi, jusqu'à ce que s'éteigne*
> *Au souffle du néant la lampe du soleil.*
>
> *Ah ! que ma cendre, un jour, aux landes désolées*
> *De ton vaste royaume aille se transformer.*
> *Mais avant qu'aucun souffle ait pu la disperser,*
> *Tu viendras, d'un coup d'aile, où dorment mes pensées.*
>
> *Tu descendras des monts et des cieux pleins d'oublis,*
> *Et, devant la montagne, au loin morne et déserte,*
> *Tu chercheras mon cœur dans la matière inerte,*
> *Et tu l'emporteras dans toi vers l'infini.*

La rime est pauvre, l'idée est déjà riche. J'y sauve du matérialisme une doctrine qui s'en rapproche.

Viala poursuit un vibrant éloge des aigles « *toujours despotiques, vainqueurs* », que d'aucuns « *ont crus éternels* ». Arpentant maintenant le Causse, les amis côtoient un aven, prétexte à légendes. Mais raconter donne soif ; un temps égarés et inquiets, ils sont heureux de regagner les prairies de Sainte-Eulalie où ils boivent avec délices. Puis, comme de « *vulgaires anglais* », ils visitent les environs, « *prés* verts... bois en pente... rochers de calcaire dont la base baigne toujours dans l'eau limpide... » A Millau, ils remarquent les « pentes couvertes d'amandiers, de figuiers et de vignes qui donnent aux environs de la ville l'aspect de la Provence ou de l'Italie... » Dans « les gorges du Tarn... les énormes blocs de calcaire qui surplombent les eaux claires et vertes... produisent l'effet de monstrueuses figures de géants pétrifiées par les cataclysmes. Le soleil du midi leur donne quelque chose du rire comme le clair de lune doit leur donner l'air de pleurer ». Après avoir traversé le Causse Noir, nos peintres chassent vainement le vautour dans la région de Vezins. Du coteau de Buzeins, « géant pain de sucre aplati », ils saluent le « panorama bleuâtre des montagnes de l'Aubrac avec ses ballons et ses dos d'âne où la note vigoureuse des bois forme des taches foncées dans les clairs des immenses surfaces gazonnées ». Rencontre imprévue avec Jean le braconnier, « doyen des renards du vieux Rouergue... Brave Jean, si grand », si « artiste » dans sa « blouse crassée de poudre ». Tous trois suivent « un de ces chemins solitaires des Causses que jamais aucun travail n'a définis et qui ne sont que les traces des pas de plusieurs générations. Vieux chemins du Rouergue, tantôt creux et ombragés, tantôt pierreux, durs et sans arbres, passant à travers les champs et sur les contours arides des coteaux, ayant de loin l'aspect de longues ficelles qui rattacheraient les hameaux... Jean nous quitta. Nous le vîmes s'éloigner lentement, résigné comme un vieux fauve ». Entrée dans les châtaigneraies; « nous rencontrâmes un châtaignier, dont le tronc, sain comme celui d'un hêtre, mesure quinze mètres de tour et dont la ramure est immense. J'en connais un dont le vaste tronc, complètement creux et ouvert en ogive, offre un certain aspect de chapelle gothique... C'est bien là le seul attrait de cette vallée de Saint-Geniez, dont les vignes phylloxérées et quelques tuyaux d'usines complètent le reste du paysage ». Après un bref séjour dans la ville, les marcheurs gagnent « la montagne » suivant « le sentier naturel creusé par les eaux du ruisseau de Saint-

Pierre. » Sur la hauteur du Montcan « *d'énormes colonnes de basalte tombent dans le ravin d'une hauteur de cent mètres... Ces masses de rochers noirs me paraissent encore plus grandioses que les calcaires monstrueux du Larzac* ». Au culmen de l'Aubrac, orage. « *D'énormes nuages noirs s'amoncelaient sur la forêt et la couvraient toute entière d'une ombre épaisse qui lui donnait des reflets d'encre... Au dessus de nos têtes, le ciel était serein, la lune brillait; tout autour de nous, sur les flancs de la montagne, d'énormes masses blanches aux formes fantastiques passaient...On les voyait venir de loin; elles paraissaient d'abord immobiles, puis on les sentait grandir et s'approcher dans une course vertigineuse et passer à notre droite, à notre gauche, parfois au-dessus de nos têtes et très près de nous ; masses étranges, indéfinies, transformées par nos imaginations, ayant l'air des fantômes des ballades antiques* ». L'une d'elles, ayant englouti nos téméraires, les laisse glacés et mouillés. Le lendemain, après un sommeil humide, ayant « *prestance de pains d'épices* » ils repartent au soleil neuf. Ils reviennent à Saint-Chély, admirent les lacs pittoresques des Saliens, de Saint-Andéol. D'Espalion à Estaing, les gorges du Lot « *très boisées et très abruptes... Des châtaigneraies et des bois de chênes en ombragent les vastes plans inclinés, dont le sommet est garni d'énormes blocs de schistes qui donnent au paysage un aspect singulièrement sauvage... Mais... après les calcaires d'or du Tarn et les granits pourprés du Viaur, nous ne pouvions pas nous prendre de trop d'enthousiasme pour les blocs schisteux et violets des gorges du Lot...* » De retour à Rodez, les amis discutent le voyage. Chacun d'eux se sent, après celui-ci, « *plus complet* », plus artiste. Ils regrettent seulement « *d'avoir marché trop vite, de n'avoir pas assez vu, assez étudié.* »

...ET D'AGE MUR...

Un tel regret n'a pas été stérile. En vue d'enrichir son œuvre, Viala a recommencé cent fois ses longues courses en Rouergue. Que

n'ai-je été dans ces nouveaux voyages son Pascarille du premier ?
Il faudrait revoir les tables des Causses, les prairies de l'Aubrac,
les gorges du Tarn, de l'Aveyron, du Lot et de la Truyère, celles
du Viaur, de Trémouilles à Laguépie, le Ségala du Lagast à
l'Albigeois. Il faudrait croquer Belcastel avec ses ruines et son
pont gothique ; Bozouls et ses hautes falaises en cirque autour du
Dourdou; Conques et sa vieille romane en fin d'un vallon enchan-
teur; Salles-la-Source et sa cascade dans un site romantique ;
Cabrières dominant les gorges du Lumensonnesque, hanté de vents,
de fantômes et de merveilleuses chansons ; Espalion qui mire dans
l'Olt son ancien palais de justice; la Couvertoirade où rôdent entre
les remparts les souvenirs des templiers ; Creissels et son tuf de
dentelles, drapé de dentelles d'eau ; Montpellier-le-Vieux qui
sommeille parmi ses pins comme une ville pétrifiée ; les ravines de
la Dourbie surplombées par des rochers d'opéra-comique ; les larges
sources écumantes de la Sorgue ; la montée de la voie ferrée, si
curieuse en ses imprévus, de Millau à la Lozère ; Villefranche avec
sa chartreuse et ses précieuses vieilleries; le castel de Najac et tous
ses frères en Rouergue dont Sevérac et son remords, la chapelle
ruinée de Lorette.

Tout cela Viala l'a traité. Son inspiration peut se disperser dans
la province. Aux abords de Saint-Geniez, un « *peuplier* » abattu lui
inspire la poésie de ce nom dans « *Loin des foules* ». Sur le Comtal,
il écrit « *Les Têtes de chats* ». Il s'agit de pierres globiques, cabos-
sées, crevées d'orbites, pareilles à des crânes félins.

Parfois elles ont
Un visage rond,
   Caboches
Possédant des yeux.
Vides, curieux,
   Ces roches.

A telle je vois
Un rire grivois,
   Fugace,
Comme se moquant
Du pauvre croquant
   Qui passe...

Immortelles, car déjà mortes, elles prêchent encore, sur un mode ironique, le néant... « *Paysages* »: voici « *le Chantier* », près d'Estaing, dans « *la vallée jaune, hivernale, drapée de soleil, au loin pierreuse, en gradins étalant ses vignes de pampres* »...

...DERNIÈRES VISIONS...

En vieillissant, notre peintre a tendu à la simplification. Sauf quelques sujets favoris, les lointaines régions aveyronnaises ont disparu de sa pensée. Le Lévezou, son pays natal, lui a paru représenter excellemment le visage de sa province. Ailleurs les couleurs sont moins riches, trop pourvues de gris et de vert ; ailleurs les lignes sont moins souples, moins rythmées en sérénité.

Vers la fin de sa vie, devant peindre, pour Rodez même, un tableau qui synthétisât la « *Terre de Rouergue* », autorisé par une existence de pensée et d'observation, Viala a choisi comme thème le haut Ségala dominé par la Cathédrale, synthèse plutôt que paysage réel.

Je suis allé voir l'œuvre au Musée Denys-Puech. J'ai regardé les bustes expressifs du grand sculpteur rouergat, ses nus féminins vivants sous la pierre. Je me suis trouvé tout-à-coup, rêvant de distinction blanche, au haut de l'escalier, devant le tryptique. Tout le Rouergue, quel afflux d'air !... Tout le Rouergue — montagnes, rochers, torrents, arbres, fleurs, fermes, églises — s'idéalise dans sa capitale, sa capitale dans sa cathédrale.

Les trois panneaux du tryptique: à gauche terre sauvage, falaises plongeant du plateau landeux au ruisseau ; à droite, terre paysanne, basse humilité de la ferme sous les horizons inquiétants ; au centre, enfin, terre idéale, s'élevant des jolis rivages, par les vieux ponts et les vieux clochers, jusqu'à la hauteur cathédrale.

L'œuvre est une en trois. Un torrent glisse entre deux croupes. Derrière celles-ci, s'estompent quelques collines. Dominant l'hori-

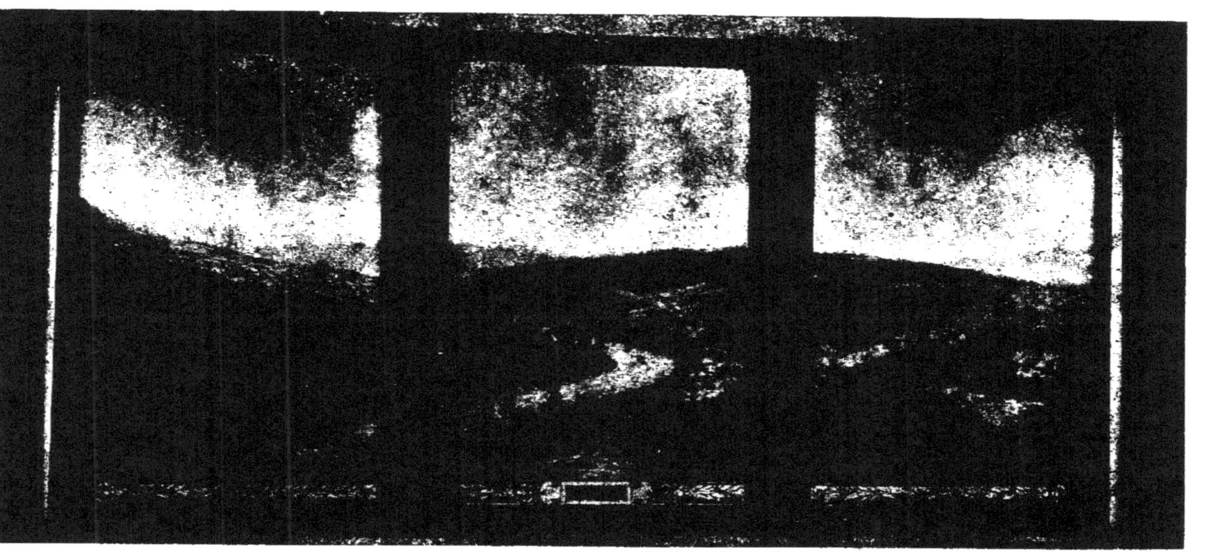

Terre de Rouergue, triptyque, peinture décorative au Musée Denys Puech, Rodez

zon, presque au centre, Rodez, fantôme pers au lointain vague. Dans le ciel tourmenté, paysage de nuages.

Torrent clair, bleu, à reflets verts, très courant avec des frissons et des clapotis de taches blanches. Que ne trouverait-on pas dans ce ruisseau impressionniste ? Une berge plate verdoie ; l'autre, pierreuse, dresse des arbres feuillus, des arbres vivants hantés de rose. Puis, quel contraste ! la nature du Rouergue se trahit dans son âpre intimité. Une flore d'arbres séchés, d'ajoncs, de fougères et de bruyères, tout cela gai de liberté, au premier plan. Au second, très proche encore, commencent des courses de touches faisant le gros dos ! Et le travail de cette meule, rouge et or ; de ce toit de schiste où se sculpte, en joie étrange, la couleur, de ce mur crépi au couteau du peintre ; de cet arbre où se tord un long barbouillis vert. Pour oublier le métier, je m'éloigne et je synthétise. S'adoucit en bonheur mélancolique un coin de lande aveyronnaise, à côté d'une ferme close. Au delà de cet intimisme régional, le paysage étalé s'élève en panthéiste austérité. A gauche, vis-à-vis de la ferme, des falaises se taillent dans la pierre rougeâtre. Roche froide, hautaine. Notre nature se réserve derrière des sévérités. Une croupe sèche, culminant en landes crépues, descend sur des pentes roses ; de larges taches, écrasées au couteau, courent l'une après l'autre comme des serpents multicolores attirés par le ruisseau. En face, un autre mamelon monte de la ferme à un dos gibbeux de roc. Même dynamisme dans les touches reculées ; au début, quelques hésitations rendent l'anarchie des brindilles.

L'homme s'efforce de se placer. Quoiqu'absent, il laisse sa trace, mais cachée, à peine tolérée. Des maisons se dérobent à l'abri de la colline d'où jaillit un clocher roman. Un pont marque le centre. Au premier plan, la nature seule indiquait une direction, celle de la rivière. Las ! celle-ci fait un coude, passe sous le pont, disparaît derrière la colline.

Ce pont me paraît la limite entre le domaine de la nature et celui de l'homme. Ancien, fruste, solide, il porte une vieille croix, qui, avec le clocher et la cathédrale, triangle le centre du tableau.

Une direction nouvelle. Un chemin. Quoique tortueux, indécis, il conduit, par taches jaunâtres, dans les teintes vagues des landes, jusque sous le centre de l'horizon. A son éloignement d'ailleurs, aucun mouvement ne s'affirme. Ce sont des lointains poétiques. La perspective se couronne-t-elle d'une horizontale morne, sans point de fuite ? Rien ne résume-t-il ce pays expressif ? Sommes-nous perdus dans le Grand Tout ?... Non, des directions se précisent. Du vert fixe le bleu pâle. Le déferlement s'arrête. Un point. Couleurs posées inertes, sans effet dynamique — la ville — puis, plates, éthérées — le clocher. L'œuvre ainsi consommée est un rêve, non pas chrétien, mais pieusement humain. La Cathédrale culmine, non parce qu'elle est dédiée à Dieu, mais parce qu'elle est fille de l'idéalisme d'une race, dressée sur le pays comme un drapeau sur une armée, espérance décevante mais éternelle. Elle couronne parce qu'elle est du Rouergue, d'avoir emprunté au Rouergue sa pierre, sa main-d'œuvre, son art et sa foi, de concrétiser l'âme rouergate. Elle est la représentante, même panthéiste, du sol natal.

La nuée constitue un paysage, une réponse spirituelle au paysage terrestre. De sénestre déferlent des cumulus qui, figés en moutonnements gris, s'allongent jusqu'à la ville, blancs et bleus. Contre l'azur inaccessible, contre le ciel turquoise de crépuscule avancé, d'où tombe la lumière zénithale, un gros nuage défend la cité, la nimbant d'un disque blanc, étrangement net. A droite la nue tourmentée couche ses courbes sur l'horizon qui les endigue en strates bleuâtres. Espace embrouillé.

L'artiste n'a pas admis de clarté bleue sur son pays. Peint en 1912, c'est un décor de fin de vie; motif de longs surmenages, produit de toxiques, une cause de mort mais aussi une œuvre de maître, admirablement typique. Le brouillard voile sa clarté. La nature s'y meut, synthèse de mort et de naissance, la nature rouergate où, mieux qu'ailleurs, Viala a vu s'exalter l'éternelle ondoyante. La Cathédrale symbolise l'achèvement d'une existence sur une sérénité blanche. Je dis blanche, non bleue. Le ciel panthéiste se transforme, ciel ossianesque voguant ses nuées, ni Eden, ni Enfer, mais genèse divine. Et le Clocher, ruine future, nuage rose fixé, paraît, dans le firmament des évolutions incessantes, comme dans les siècles changeants, un moment grandiose de Christianisme.

Clartés, eau-forte

...APPELAIT...

Ici l'auteur a vu monter l'horizon de son œuvre. Il a éteint sa
lampe, cessé de consulter ses notes. Après les marches en plein jour,
poussé par un esprit nouveau, il est sorti aux soirs tombants ou par les
nuits de lune. Il a essayé d'obtenir le silence dans son âme pour
écouter la voix des choses. Une pensée infinie l'a entouré; devant
elle il n'a plus osé se croire un monde dans un monde, le monde
de sa conscience dans le monde extérieur sensible. Tout semblait
penser dans l'espace, tant les modes de cet espace, les objets en
nombre infini, étaient doublés de conceptions, non seulement ceux
que limitent leurs formes déterminées, comme les rochers et les êtres
vivants, les « choses singulières », eût dit Spinoza, mais ceux qui
n'ont pas de bornes, ceux qui doucement se dégradent vers les objets
voisins, comme sur le spectre solaire les couleurs. S'élevait soudain
l'intuition un peu inquiétante, mais douce, que notre moi, cru limité,
pouvait s'épancher. Chaque feuille de l'arbre regarde comme une

étrangère toute autre feuille, sans se douter qu'elles reçoivent toutes deux la même sève et ne font qu'une vie. Elles se croient plus différentes encore quand le vent les a emportées et arrachées à l'unité maternelle. Et voilà qu'elles vont se retrouver dans le terreau, ou dans une infusion de la mare, se mêler dans une pénétration intime, lorsqu'elles seront revenues, « *pauvres petites... dans la nature, humblement, doucement, comme on revient dans un temple* ». Tu es une feuille, j'en suis une autre; il y en a d'autres encore qui sont des hommes, des animaux, des plantes, des rochers, des nuages et des planètes. A mon tour, « *j'ai senti la communion sans limite et sans nombre qui nous enserre tous, hommes, larves et fleurs, dans un même vivier profond, obscur, énigmatique* ».

J'ai écouté dans la nature unifiée en sympathie. Hanté par les idées de la perfection finale et de l'incessante évolution, j'ai combiné mes désirs au panthéisme de Viala, conçu l'innombrable Déesse, pensive devant ses créations, essayant de nouvelles formes, les détruisant, les recréant, pour réaliser quelque jour, au bout de temps infinis, son idéal. J'intégrais les œuvres de l'art dans l'enfantement éternel, je donnais à l'œuvre du peintre, pour la soustraire aux contingences du succès et de la durée, une valeur métaphysique. C'était un dernier finalisme, reste de conceptions chrétiennes, que je transposais dans les rêves de l'artiste mystérieux. Mais cette Aphrodite céleste, aperçue à la fin des temps, n'a pas été l'espoir du poète. Celui-ci bien plutôt « *pense au jour de revanche, au jour d'apothéose, où l'abîme prendra du plus faible au plus fort.* » Je crois que, devant l'énigme, après d'austères pensées « *dans l'inconnu, dans l'incréé* », Viala s'est enfin résigné au doute.

> *Ah ! que me fait à moi, poète, l'inconnu*
> *Et le nombre, le temps, la matière infinie ?*
> *Je passe, j'ai rêvé, j'ai créé, j'ai vécu...*
> *J'ai su l'amour, mon culte, et j'ai su l'art, mon roi.*

Devant la « *nature muette* » sa pensée toujours tourmentée à limité le grand problème. Un fait entre tous l'a frappé, l'équilibre éternel entre la naissance et la mort. Il croit d'abord à cette « *mort éperdument profonde et virginale* », mais il croit à sa fécondité. Cette conception se dégage de simples remarques, frappantes pour un peintre, telle la richesse végétale des cimetières et des décombres, telles « *les métamorphoses des tombes en fleurs et des fleurs en miel* ». Le pauvre chien blessé va se désaltérer dans l'étang et il y tombe « *rendant sa chair à la nature qui le prend dans ses lys d'eau pour en faire des goëmons, des têtards et des hydrophiles* ».

> *Les germinations prennent les agonies.*
> *De la féconde mort naît l'immortalité...*

S'impose une idée de calme harmonieux. Désirée par l'âme entière, la « constante vitale » est trouvée. Un horizon de lois supérieures domine la pensée du philosophe.

Sachant qu'il doit participer au « *mystère de retour et de diffusion* », le sage se résigne à sa mort individuelle. Pourquoi se révolter d'ailleurs ? Un jour,

> *...quand nous serons, chêne, selon le rite*
> *Antique, par ta fibre enclos dans l'univers,*
> *Lorsque, pauvres débris abandonnés bien vite*
> *Nous dissoudrons en toi nos éphémères chairs,*

nous trouverons dans le trépas le grand remède

> *Oubli, calme suprême, insondable vertige,*
> *Irrésistible appel de l'infini, prodige*
> *Par lequel nous pouvons oublier et dormir...*
> *...Il faut aimer la nuit, car la nature*
> *La fait tomber sur nos fronts éblouis*
> *Pour nous donner la sainte investiture*
> *Des grands repos, des consolants oublis.*

Les visions trop nettes, les réminiscences cruelles, les inquiétudes obsédantes s'embrumeront, si elles survivent, « *dans l'ocre où dormira* » le « *vague souvenir* »,

> « *Sur nos cerveaux éteints où peut-être un rayon*
> *Réflexe du passé traîne encor de la vie...* »
> « *En attendant l'heure future*
> *Où nous renaîtrons en verdure*
> *Bercés d'oublis, nous nous rendrons*
>   *A la nature.*
>   *Nous dormirons.*

Mais notre pensée première, notre destinée éternelle sera conservée par les enfantements de notre tombe. « *L'Idiot* », ce pauvre bonhomme fréquenté à Saint-Jean-le-Froid s'en ira

> *...sous la glèbe, au sein de l'âpre terre,*
> *Engraisser de sa flamme et de son souvenir,*
> *De son lambeau d'azur, de sa part de chimère*
> *Les idiots de demain, les crétins à venir.*

Et comme il a passé sa journée accroupie à contempler de « *ses gros yeux éblouis, son centre* », son pôle, « *son aimant, la lumière des cieux* »,

> *Sur sa fosse naîtra, nourri de sa matière,*
> *Un tournesol nimbé de jaune extravagant,*
> *Dont l'éphémère vie ira toute entière*
> *A suivre le soleil de l'aurore au couchant.*

Le monde qui a gardé la vocation de l'*Idiot*, gardera plus précieusement celle de l'artiste. Quel nouveau coloris, quelle harmonie nouvelle dans la nature natale, depuis que Viala, au lieu de la commenter en homme, l'anime intimement de son génie ? Le penseur a beau dire que cette nature ignore tous nos sentiments « *de justice...*

de vanité, de pitié, de haine et d'amour, de joie, de tristesse », qu'elle a seulement « *des forces dont le geste mystérieux nous étreint, nous enfante et nous brise »*, on peut croire que c'est là un blasphème d'adorateur, un désenchantement éphémère.

D'ordinaire, en proie à cet envoûtement, qui fit à la fois son malheur et son génie, Viala a senti l'attraction de la terre, reçu l'invite de la mort. « *Le long de la plage au sable argenté »*, il a écouté « *chanter les sirènes* ». Sur le bord d'une mare perçu « *l'appel des fleurs »*.

> *Descends en notre mort au sommeil enchanté,*
> *Ecoute t'appeler la nature inquiète !*

A cet appel il s'est rendu, entraînant sa Muse avec lui, suivant le mythe du Noyé :

> *L'ombre blanche est tombé vers le mourant poète*
> *Comme tombent les fleurs d'avril vers les prés verts.*

Le barde panthéiste a réintégré la Nature; son inspiration l'y a suivi, le Dieu qui les avait maudits l'un et l'autre n'ayant pu les séparer. Une voix s'est tue; mais aussitôt, la voix des choses est montée, immense et mystérieux écho. Cette voix où peut-on l'entendre, sinon sur le Lévezou désert ?

> *Voix de songe, musique douce du zéphyr,*
> *Orgues, violons, hautbois olympiens,*
> *Mystères païens,*
> *Du rêve adoré folles chanterelles...*

Ce désir intense de retour à la nature, de perfectionnement mortel en son destin paysagiste, c'est sur les montagnes abstraites que Viala l'a éprouvé, sur le haut pays qu'il nous présente dans « *Soirs d'hiver »...*

« *Pauvres herbes mortes* », « *squelettes d'arbres* » « *espace large, et bleu et sonore, empli des souvenirs flottants des étés ensevelis, des automnes perdus, glèbe glacée immobile et blanche comme un lambeau d'éternité* », c'est à vous que le pauvre mort, tourmenté par les « *néants noctambules* », a adressé cette étrange oraison :

« *O soirs d'hiver, collines au loin endormies, humblement, je viens vous faire ma prière impure sous le ciel violet que parcourent des oiseaux d'ombre; faites que ma lâcheté connaisse et puisse aimer la beauté de la souffrance et la beauté de la mort.* »

« *O glèbe froide, ô soirs d'hiver !* »

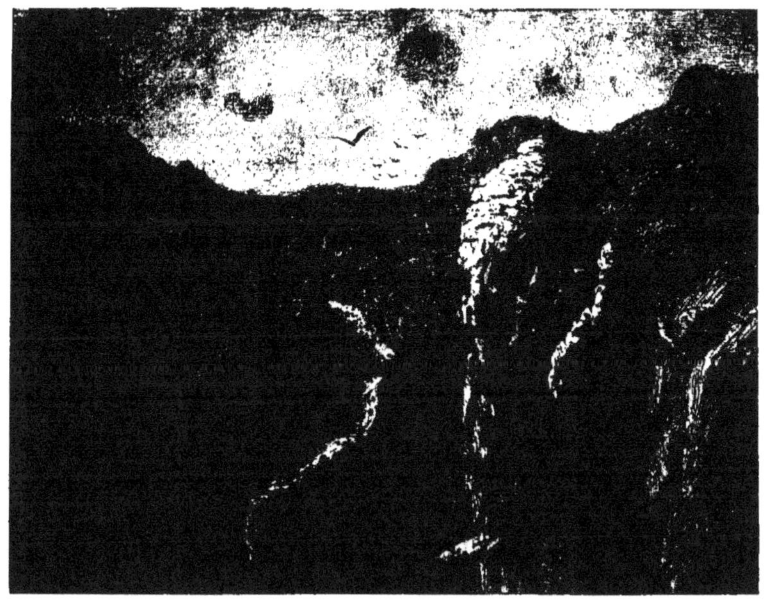

Le Berger d'aigles, eau-forte

...L'ARTISTE.

Le désir qu'a exprimé la nature d'être à nouveau créée, dans la pensée et dans la beauté, a été réalisé.

Le long de ce livre j'ai essayé de faire souhaiter l'artiste; j'aurais attendu ce moment pour le nommer, si je n'avais eu peur, suivant le mot de Viala lui-même de procéder à une *sophistication de l'art.* Cependant, malgré ses abus, je crois à la science et j'ai tenu à m'assurer discrètement de son concours. Cet ouvrage a osé être systématique.

Il eût été moins austère de broder un roman de descriptions et de réflexions, de mêler intimement histoire, géographie, esthétique, de viser à la distraction du lecteur. Je n'ai pas voulu trahir mon sujet en l'abordant de biais.

D'ailleurs, suivant l'habitude des peintres, j'ai tenté de nuancer la trame sévèrement dessinée et même, pour y faire vibrer la vie, de poser des couleurs en touches aériennes, rapides, impressionnistes. Dans le texte déjà composé suivant une vision première, volontairement personnelle, j'ai été amené à insérer des citations de Viala, des traductions littéraires de ses tableaux et eaux-fortes: travail de joaillier qui a valu à mon ouvrage le bonheur d'enchâsser des gemmes.

Au lieu d'augmenter peu à peu et de prolonger la curiosité du lecteur, j'ai voulu la renouveler et la satisfaire sans cesse, dans les détails. La plume et le pinceau de l'artiste sont venus illustrer d'un éclair, tantôt verbal, tantôt coloré, mes évocations déductives.

Si je n'ai pas failli à mon dessein, la preuve doit en être faite: le pays lévezin — celui qui s'étend de la Muze à Rodez, de l'Alrance au Viaur — est dominé par un grand artiste.

Cette contrée est peu étendue ; il convient de préciser dans un domaine plus vaste la place et la valeur de l'œuvre. Celle-ci vaut d'abord au point de vue régionaliste. Je ne dis pas régional; car si elle enracine profondément dans une terre les plus hautes et les plus belles pensées, elle dépasse les limites de cette terre comme l'ombrage d'un arbre s'étend bien loin autour de son pied. Cette terre est non seulement le Lévezou, mais le Rouergue tout entier.

...UN ARTISTE ROUERGAT...

Considérons d'abord le peintre comme purement rouergat. Laissons aux érudits les médiocres talents d'autrefois. Pour des raisons exposées ailleurs, notre province s'est émue, il y a seulement un demi-siècle. Depuis lors, par contre, elle n'a cessé de produire. Trois initiateurs resteront parmi nos plus grands artistes. Denys Puech sculpte à merveille la ligne souple de la femme. Son élégance raffinée et simple, son atticisme touché de grâces Pompadour, son idéalisme plastique, son culte du féminin comme motif d'inspiration ne sont certainement pas dûs à sa naissance rouergate. J'attribuerai cependant à l'origine du maître son amour de l'enveloppé, sa probité de vie et d'art, son inlassable activité. Parmi ses bustes si vivants, si spirituels, si français, marqués de la précision observatrice de notre race, on ne trouve guère comme physionomies de paysans que celles de ses vieux parents, au cimetière de Bozouls...

Encore moins aveyronnais paraît Maurice Bompard. Son riche coloris, dont il ordonne merveilleusement les concerts, a un accent italien. Ses sujets favoris sont Venise, Alger, la Riviera, sinon des bijoux, des verreries, des grès, des fleurs artificielles nourries de soleil, toutes choses qui ne font guère penser à nos brumes et à nos grisailles. On reconnaît le Ruthénois à l'intensité de la production, à la solidité réaliste de la touche, à la sûreté de l'œil, de la main, de la méthode.

La vie a quelque peu déraciné Eugène Loup, un charmant psychologue, qui sait rendre délicatement, aux pastels ou à l'huile, des visages de femmes nimbées de leur âme extériorisée. On ne doit pas oublier ses paysages de coins de rêves, d'ailleurs construits dans le réel. Ce vague poétique, ce sentiment de la nuance, peuvent être attribués plutôt aux brouillards qu'aux mentalités aveyronnaises.

Ces trois artistes ont puisé leurs qualités de probité, de sérénité, de mesure, dans le caractère racique, dont leur élégance, leur chaleur ou leur finesse semble par ailleurs la négation. Devant surtout à leur formation parisienne, ils n'ont guère traité de sujets régionaux. Ils n'en ont pas moins prouvé qu'au point de vue artistique, le pays était sorti de sa torpeur.

...GRAND PARMI LES PEINTRES...

Leur contemporain, Viala, farouchement rouergat par maints côtés de son caractère, a découvert le paysage natal. Il ne l'a plus seulement figuré dans quelques tableaux; il en a tiré tous les éléments de son génie, forme, coloris, imagination et philosophie, tant que ses créations poétiques ou plastiques les plus dégagées du temps et de l'espace peuvent se rattacher, de près ou de loin, à son inspiration locale. Le sol originaire a été son modèle, son ami et son maître. Il lui est resté fidèle, généreusement, malgré les difficultés vitales, malgré les rancœurs et les colères, malgré les enthousiasmes de voyages. Il a traité, sans souci du pratique, le pauvre « pays inconnu », trop peu civilisé ou décentralisé pour penser à nourrir l'artiste essentiel. Rageant de se trouver en proie aux difficultés matérielles, il a souffert et il a grandi d'avoir souffert: il a été rouergat jusqu'au haut de son désespoir. Sans aller si loin, il l'a été par la force de sa touche, par la simplicité de ses motifs, par les tons de ses ciels, par la solitude de ses décors, par l'étrangeté de ses lointains. Son œuvre évoque ; ses paysages sont ressemblants; il a su voir. Comme le clocher de Salvanh domine le pays de sa hauteur catholique, l'œuvre totale de Viala dépasse l'âme de la race de tout son génie panthéiste. C'est par là que l'artiste appartient à la France et à l'humanité pensante.

Un homme a assimilé la beauté mortelle qui rôdait les landes; il s'en est empoisonné. Mais le pays a été éventé de rêve et de poison. A moins de garder la hantise religieuse du disparu, on peut aller sur les campagnes et n'y respirer que le grand air froid. Un choix est à faire entre la conception — nouvelle — de Viala et celle... de presque tous les autres. Sauf de rares exceptions, l'art rouergat, plus fixé au pays que naguère, se tourne vers le paysan et les aspects de la vie rurale.

Or, on a vu un Bompunt et un de Vezins, aquafortistes influencés par Viala, délivrer quand même de leur obsession tragique des régions très proches du Lévezou. Dans les parages de Saint-Geniez. MM. Serpantié se spécialisent dans les intimités familiales, les activités et les physionomies rustiques, les représentations de la lourde terre agricole. La même tendance se retrouve dans la sculpture. M. Malet figure un Fabre rustique ou un robuste vigneron. M. Lafleur cisèle une vieille aveyronnaise. M. Bertrand projette un monument à Bessou, comportant une cheminée de ferme. Viala, fervent régionaliste, a contribué, à coup sûr, à faire peindre son pays, sinon ses compatriotes. Cependant, si quelques artistes ont pu s'inspirer de sa facture, personne n'a fait planer sur une œuvre la pensée et le sentiment farouche de l'aquafortiste lévezin. Notre élite artistique, derrière ses chefs, rend hommage au maître défunt. Mais vraiment la conception de celui-ci est trop mortelle, il reste admiré et seul, dans sa lande intellectuelle.

...ET LES POETES...

On a accusé Viala d'être un littéraire. Je puis me demander si la tendance de notre art n'est pas due à une influence littéraire, à celle de notre poète rustique par excellence, François Fabié. Seul, notre graveur a échappé à une obsession aussi forte, parce qu'il était, lui aussi, un poète. A ce titre, que d'aucuns lui ont reproché, il doit, même comme peintre, sa superbe originalité. Il a d'ailleurs manié « avec une égale maîtrise le burin et la plume ». Rendons à l'écrivain la place qu'il mérite dans le Parnasse aveyronnais.

A François Fabié « *très vrai... très grand poète* », trop oublié à Paris, je marchande d'autant moins mon admiration que je dois à ses plus beaux vers mon amour pour le sol natal. En ce temps, écolier, j'aimais apprendre « Les genêts ». Plus tard aussi, l'excellent maître daigna me prodiguer ses conseils et ses marques de sympathie. J'aime lire son œuvre saine, réconfortante comme l'air des plateaux. Viala et lui sont les deux sommets de la littérature rouergate.

On a écrit : « Le Ségala a son grand poète, François Fabié, et a eu son grand peintre, Eugène Viala. » Il faut réviser ce jugement : le Ségala a son grand poète, François Fabié, et le Lévezou a eu son grand peintre-poète, Eugène Viala. Certes, de Durenque à Salles-Curan, la distance n'est que de trois lieues, mais la nature a changé d'attitude: sous les yeux de Viala, l'homme est l'esclave, sous ceux de Fabié, il se croit le maître. Certes, il y a des landes au Lagast et des pâturages sur le Connes. Mais on doit voir les dominantes: ici terre sauvage, là-bas terre paysanne. De même, Fabié a célébré les déserts, buts de promenades rurales, Viala le travail rural, épopée contre les déserts. Ce sont encore des exceptions. Le premier nous parle de sa « plume rustique »; il chante « la forêt » parce qu'elle a nourri sa famille. S'il aime le silence et la solitude, c'est que son père fut bûcheron, après avoir conduit

> cent brebis et vingt chèvres
> Par les ajoncs fleuris où sont tapis les lièvres.

C'est un paysan raffiné, sentimental, qui a savouré les églogues, qui regarde volontiers les choses à un point de vue utilitaire, qui rapporte tout à l'homme. Il est ruralement moral, social et pédagogique. En toute sincérité et pour des motifs excellents, il montre un optimisme officiel. C'est le chantre de l'agriculture.

Viala occupe les solitudes. Point du tout cultivateur, il a gardé de ses aïeux un certain goût de l'héroïsme, sentiment aristocratique. Il voit l'homme, en dehors de l'économie politique, dans un symbolisme mythique. Le problème philosophique ne se pose pas à son esprit comme à un paroissien guidé par les traditions, comme à un professeur imprégné des doctrines normaliennes. Il est philosophiquement moral, individualiste et artistement anarchiste. C'est le chantre de l'inculture. Il a négligé sa race et sa race le lui a bien rendu.

La forme de Fabié est un peu plus correcte, plus classique, mais plus banale; elle comporte des « excès de réalisme », des naïvetés, des « images désuètes ». Celle de Viala, quoique non décadente et même d'apparence parnassienne, est plus libérée, mais plus brillante, quelquefois obscure. Si Fabié est supérieur par la pureté de son style, l'ampleur et la valeur éducative de son œuvre, Viala le dépasse beaucoup en profondeur de pensée, en richesse symbolique et quelque peu en harmonie. L'un a dérivé toute son œuvre de l'amour essentiellement rural du terroir. L'autre a abordé les thèmes à racine métaphysique qui sont l'apanage des grands lyriques, la Nature, l'Amour et la Mort. Malgré son pessimisme, il représente la force de la race, trop abdiquée par le géorgique sentimental.

Les deux écrivains se sont peints, sans doute inconsciemment, l'un dans le titre d'un poème, l'autre dans celui d'une eau-forte.

> « Le doux titre et l'emploi charmant :
> Etre en juin berger d'abeilles,
> Lorsque les prés sont des corbeilles
> Et les champs des mers de froment. »

Tel fut le destin de Fabié, plus tranquille, moins décevant. l'aède ségalais promène dans ses campagnes, comme des « avettes », des vers bucoliques qui volent dans un égal murmure et secrètent le plus doux miel.

Viala, dans une âpre gravure, sur un paysage de canons, dresse une roche énorme et triste. Dans la dolomie, les pluies et les vents ont sculpté une tête hâve, squelettique, et, près d'elle, comme appuyé à une épaule fantastique, le bout noueux d'un gros bâton. Ce roc est le « *berger des aigles* » que l'on voit planer à l'entour. Je m'imagine un génie de Viala enveloppé de ses ailes noires, accroupi au haut de la formidable colonne. Il garde les oiseaux sauvages, il court après les égarés, il terrifie les insoumis, puis, la journée de proie finie, il ramène le troupeau ailé à travers les prairies de l'air jusqu'aux aires du bercail. Viala a été berger d'aigles, de vers inquiets, au vol inégal et sublime, de vers socialement inutiles — comme les aigles — au rythme farouche et brutal, aux envols superbes dans le gouffre double du ciel et des gorges, aux yeux ardents capables de regarder le soleil...

Il n'est pas de prosateur rouergat qui puisse, selon moi, être mis au-dessus du Viala des « *Paysages* ». Un certain abus de la ciselure ne doit pas faire oublier la perfection de la forme, la puissance plastique et émotive de ces chefs-d'œuvre« scandaleusement inconnus ». La pensée est profonde, le sentiment riche, délicat, spontané, à propos des plus humbles choses. Aucun idéalisme faux, aucun aveuglement de caste, aucun entraînement facile dans une trame de roman. Se dégage une haute et pure leçon de sagesse, de résignation, de sympathie universelle. Ce sont de merveilleuses fables pour illustrer une morale panthéiste.

...GRAND COMME PEINTRE ET POÈTE...

Viala, graveur et écrivain, est, dans le Rouergue, à chacun de ces titres, au moins l'égal des plus grands. Ces deux titres ne se détruisent pas. Quoiqu'on prétende, « le commerce de la pensée » peut être « habituel aux peintres ». Vinci, Michel Ange, Carrache, Le Brun, Hogarth, Proudhon, Girodet, Delacroix, Courbet, Fromentin, Rodin, Blanche, Albert Besnard ont écrit. Les talents poétique et pictural ne se gênent pas l'un l'autre; ils se complètent. La prose et les vers de Viala ont un coloris particulier; ses eaux-fortes une rare profondeur. Je crois que la beauté est une : la littérature sainement comprise ne saurait nuire qu'à un barbouilleur.

Dans ses « *Trois symboles de Michel Ange* », l'artiste a d'ailleurs plaidé magistralement sa propre cause : « *Je veux bien admettre avec beaucoup de plumitifs circonspects et notoires que le but de l'artiste doit être avant tout de charmer les yeux par son œuvre en y évoquant par la ligne, la couleur, les valeurs, la forme, les diverses impressions que peut donner la nature. Pourtant, quand l'œuvre sera jetée* ad œternum *sur un socle, sur un mur, sur des tréteaux ou dans un livre, sa survie devant l'ininterrompue succession des regards sera d'autant plus certaine qu'en dehors des procédés, changeant selon les écoles, l'artiste aura su fixer de l'immuable.* » Nous ayant invité à lire : « Correspondances », « *cette pièce de Beaudelaire si pleine d'attrait symbolique et d'inquiétude* », Viala continue ainsi : « ... « *Tout homme dépourvu d'inquiétudes, dit Anatole France, m'irrite et m'ennuie* », *l'œuvre d'art dépourvue d'inquiétude n'irrite et n'ennuie guère aujourd'hui la nombreuse clientèle des théâtres des boulevards et des musées populaires, mais qu'en diront les jugements éclectiques de l'avenir ? Tout change, mais une chose reste éternellement égale, c'est l'âme humaine avec ses faiblesses et son obscurité, source de son erreur et de sa misère; avec sa grande et noble inquiétude, la même depuis les pâtres de Chaldée interrogeant les astres et les penseurs égyptiens devant le sphinx. Elle est d'essence supérieure et divine, elle est mère de toute justice, de toute harmonie, de toute beauté.*

Depuis le fond du mythe jusqu'à nous, telles les fleurs d'une même souche, les essors des peuples se répercutent et se renouvellent comme ainsi se déroulent toujours les mêmes crimes et les mêmes deuils, c'est l'âme collective qui s'agite, les oscillations d'une race contre les parois du mystère. »

Ces « *penseurs égyptiens devant le sphinx* », pour prendre cet exemple immédiat, ne voilà-t-il pas un sujet d'eau-forte ? Prétendrat-on que l'œuvre sera plastiquement diminuée parce qu'elle aura eu une origine littéraire ? L'artiste n'a-t-il pas tout loisir d'y étudier des effets de clair obscur, d'oppositions, auxquels l'inquiétude fondamentale de la forme ajoutera une puissance nouvelle ? Celui qui regarde a une pensée; tout en observant, il songe. Si sa raison et son imagination excitent son émotivité esthétique, l'impression sera enrichie, le chef-d'œuvre plus complet.

...REPRÉSENTATIF DU ROUERGUE...

Le génie de Viala, harmonie de littérature et d'art, s'avère dès lors comme le plus grand génie essentiellement rouergat. C'est lui qui est qualifié pour représenter le Rouergue dans l'élite créatrice du monde. S'il n'avait pas écrit, on n'aurait vu chez nous qu'un pays de cultivateurs. On n'aurait jamais soupçonné qu'il y avait dans nos déserts de grandes pensées qui flottaient, qui attendaient de se faire verbe ou beauté.

Etre le représentant excellent et intégral d'un coin du monde. d'un mode de la divinité, est un rôle déjà grandiose, dont on appréciera davantage la noblesse lorsque le régionalisme aura rendu leur dignité de patries aux pays et aux régions. Viala peut attendre ce moment; il représente un Rouergue durable, celui qui survivra au Ruthène et le vaincra. Son œuvre, qui ne s'attache ni au pittoresque local ni à l'archéologie, n'aura jamais complètement le charme débile des choses surannées. Elle vivra tant qu'il y aura des rochers, des landes et des arbres; elle vivra avec la nature sauvage et de sa vie.

Mais, en se soustrayant aux atteintes du temps, notre artiste ne s'est-il pas restreint dans l'espace, peintre-poète du terroir ? Non, car une portion d'humanité, vue dans ses caractères essentiels, de haut, contient en abrégé toute l'humanité et une portion de la nature contient la nature encore plus vaste... Si Viala a fondé son œuvre sur la terre natale, il en a étendu indéfiniment la portée.

...MAIS PAR SON PANTHÉISME...

Le panthéisme du penseur domine son esthétique. C'est que pour chanter la Nature avec une ampleur digne d'elle, il faut la comprendre profondément dans ses rapports intimes avec nous. Qu'elle soit pour le romantique la mère, la maîtresse, la souveraine despotique ou indifférente. Elle apparaît à Viala comme un organisme mystérieux dont nous sommes chacun une cellule. Des êtres vivent en dehors de nous, qui ont des idées et des sentiments. L'artiste est un symboliste. Mais, anticlassique au possible, il considère la vie du Grand Tout comme antérieure à la nôtre et irréductible à elle. Nous ne sommes ni le centre de l'univers, ni la mesure de toute chose.

Une telle conception devait séduire un peintre habitué, au sein d'une race inesthétique, à dépeupler les formes, à chercher des réalités en dehors des hommes. Toute la philosophie poétique de Viala a émané de son art et, par un retour harmonieux, a réagi sur cet art. C'est en déesse que l'auteur d' « *Encens panthéiste* » a entendu peindre la Nature. Il a mis à figurer un paysage la même dévotion que Phidias à sculpter la face d'Athéna. Sa croyance à un équilibre entre la naissance et la mort est une pensée picturale. La ligne ou'interrompt une autre ligne, la lumière qui s'évanouit dans l'ombre, le volume qui s'estompe dans la brume en sont des paradygmes. Mais, n'ayant pas les yeux habitués à la belle plastique humaine des athlètes et des « korai », ce « païen mystique » que fut Viala n'a pas constamment traduit en académies olympiennes les formes et les forces du monde extérieur. Il n'a pas rapetissé plastiquement la Nature. S'il est à la fois peintre et poète, c'est dans une puissante pensée unitive. Cela ne le rend pas monotone, quoique disent certains critiques, sans doute mal documentés.

...GÉNIE HUMAIN...

Viala appartient à l'art contemporain. Grâce à son originalité farouche, il nous a laissé une œuvre spontanée, d'un puissant intérêt psychologique, une œuvre qui ne relève ni de l'école, ni de la mode.

Ne le croyez pas un isolé. Il a été éduoué, s'il n'a pas été pédagogicuement étouffé. Il a suivi et aimé les grands mouvements de son époque; humanitariste, parnassien, symboliste, impressionniste. Nous n'avons affaire ni à un retardataire, ni à un provincial obtus. Il simplifie sa touche, il analyse, il est moderne. Son panthéisme peut être une introduction à un évolutionnisme mystique, à une théorie des transmigrations successives.

Dans un bel article, M. Arsène Alexandre l'a présenté comme un de nos plus grand aquafortistes, méritant d'être rangé « comme poète et comme coloriste au-dessus d'un Méryon et d'un Bresdin, pas trop au-dessous d'un Rembrandt et d'un Goya ».

Le Lévezou a produit un tel artiste, parce qu'il était le Lévezou, parce que l'artiste s'appelait Viala. C'est à la montagne rouergate, à sa nature pensive, colorée, épique, que le penseur-peintre-poète a dû cette philosophie qui unifie l'œuvre grandiose.

...ARTISTE AU DESTIN TRAGIQUE...

Voïci mon livre terminé, mort pour son auteur, né pour le public. Permettez que je lui souhaite de vivre. Je lui ai donné pour tâche l'accomplissement de plusieurs devoirs de tendresse.

Cependant je ne me leurre pas. Un troisième inconnu, plus profond et mieux mérité s'ajoutera peut-être aux deux autres. Cet ouvrage aura été une parole inentendue dans le silence. Destin tragique : Viala est mort depuis douze ans. La gloire n'est pas assise sur sa tombe: le vent froid des plateaux caresse seul la pierre nue.

J'espère cependant en votre foi vivace, amis nombreux du grand défunt, qui m'en avez parlé, suivant vos tempéraments, avec verve, avec gravité, avec émotion, avec enthousiasme, qui m'avez aidé dans la rédaction de ce livre et en dehors de lui dans la réhabilitation du mort. Hâtez-vous ! La pierre du tombeau s'incruste chaque jour davantage. Le fantôme de l'aigle mort est las de lutter contre le néant.

J'espère en la postérité; j'espère en ce vouloir du monde qui n'admet pas l'inutilité du chef-d'œuvre même détruit. Viala a ajouté à la splendeur de la nature. Son âme façonnée par l'art a dispersé des merveilles au lieu de son dernier soupir.

...QUE J'AI AIMÉ.

Mais toi qui pour créer as lutté, souffert et douté, toi qui as tant vécu cependant, tu es soustrait, si nous t'en croyons, aux dénigrements et aux louanges.

> *Tu dormiras toujours, toujours, au fond de l'ombre,*
> *A l'abri, dans la mort, des bêtes et des gens,*
>
> *Et tu l'auras trouvé le remède à la haine,*
> *L'asile des parias et des crucifiés.*
> *Qu'il est grand, le néant après l'âpre géhenne !*
> *Qu'elle est belle, la mort, pour les désespérés !*

Tu dis cela non seulement du « *Loup* » de ton poème, non seulement du Christ de ton eau-forte, mais de toi-même. Permets-moi cependant de t'évoquer et de te parler, toi, dont mes doigts tremblants ont feuilleté les livres, toi qui m'as fait penser librement aussitôt que je t'ai connu, toi dont j'ai eu l'ambition de comprendre l'âme défunte. Quand j'ai su que tu avais été, toi, l'artiste indépendant, farouche et épique de notre âge, que tu avais écrit l'œuvre désirée, j'ai ragé d'être né si tard. Attitude de romantique, dira le vulgaire prosaïque. Mais, de ce vulgaire, toi et moi nous nous moquons.

J'ai pour toi un culte de disciple à maître. J'ai essayé de te connaître, j'ai rêvé ce que je n'ai pas su. Tes quatre vers, que j'ai cités en épigraphe de ce livre, autorisaient ce rêve-là. J'ai évoqué ton ombre dans son cadre. Je t'ai cherché littérairement. S'il existe envers les morts d'autres incantations efficaces, crois que je les emploierai. Dans les landes, où tant de paysans ont vu des spectres, j'ai appelé, de mon gosier, le tien.

Mais toute ta pensée me dénie ta survie distincte. Tu es rentré dans la nature, déja éparpillé. J'y ai cherché tes lambeaux. J'ai cru en trouver. Et j'ai pleuré. Hélas ! je ne suis qu'un homme. Ce sont des amours humaines, ô père, qui m'attachent à toi. Je ne te verrai jamais. En te cherchant, je t'ai perdu. Je t'ai vu te dissiper en ces mille décors magiques, que tu as peints, que tu animes. Je veux rejeter ta doctrine, dont le poison, lentement respiré, en moi s'est glissé. Ta sagesse est belle et sereine. Tu y as trouvé l'apaisement de ta dernière heure mortelle. Je n'en ai extrait que du néant.

Cependant, pieux évocateur, je ne croyais pas mériter cette décevance matérialiste. Je t'ai invoqué dès le seuil du livre. Dis-moi maintenant que tu es près de moi, que ton génie survit, que ta doctrine était un « rêve d'artiste », un rêve chanté, une « *nuit d'été* » par les « *sirènes* » de ton poème, un beau rêve venimeux qui t'aura permis de nous peindre des paysages en deités, mais enfin que c'était un rêve, que tu es là, que tu me vois, que tu m'approuves ou m'excuses, que je connaîtrai un jour...

Paris, Juillet 1925.
JEHAN D'ARVIEUX.

TABLE

DES CITATIONS D'EUGÉNE VIALA
(Ces citations sont seules imprimées en italique dans le texte proprement dit)

A Travers le Vieux Rouergue [1] (1888) — 7, 36, 79, 122 (16) [2], 300, 323-328.

Loin des Foules [1] (Poèmes) (1896) — 23, 31, 32, 33 (1—15), 34, 36, 81 (18), 85 (1), 90, 91, 93, 98, 114, 122, 127, 129, 137, 140, 144 (1, 2, 25), 145, 147 (3), 154, 158, 159, 160, 164, 166 (3), 167, 168, 170, 172, 177 (12, 13), 178, 179 (4-6), 181, 184, 188 (23), 191, 192, 194-195, 200, 205, 206, 209, 210, 216, 222, (3, 4), 223 (2-4), 224 (25), 237, 238, 239, 241, 245, 263, 271, 279, 291, 292, 293, 313, 329, 338, 339, 340, 341, 355, 356.

Paysages [1] (Prose) (1908) — 35, 36, 39, 40, 65, 80, 81 (13, 14), 85, 86, 89, 90-91, 92, 93, 94, 95, 102, 110, 113, 115, 120, 122, 125, 126, (2-6), 127 (10), 129, 130, 131, 132, 138, 139, 140, 143, 144, 149, 158, 160-161, 165-166, 168, 171, 174, 175, 177 (4, 5), 178 (10, 11), 179, 180, 198, 202, 211, 214-215, 222, 223, 224, 225, 226, 227, 235, 236, 237, 242, 243, 258, 260, 263, 264, 265, 266, 267, 268, 269, 286, 303, 318, 330, 338, (6-12), 339 (9-10), 340, 341-342, 343.

Figeac [1] (1909) — 36, 82, 274, 284.

Trois Symboles de Michel-Ange [1] (1910) — 36, 350-351.

Le Cri de la Terre [1] (Revue régionaliste) (1908-1909) — 36, 60, 139 (4), 147, 205 (24, 26), 229-230, 252, 301.

Articles divers — 96, 274-275, 288, 295-297.

Poésies diverses — 77, 81 (9-10, 17), 128, 130, 146, 148, 188, 247, 312, 318, 329, 338 (26-27), 339 (16-17, 19-22).

Correspondance — 33 (15-20), 157, 221.

Titres d'œuvres gravées ou peintes — 29, 49, 50, 111, 122 (6), 133, 134, 145, 149, 155, 156, 176, 177, 187, 188 (2), 205, 214, 231, 238 (6, 7), 242, 265, 306, 330, 349, 353.

---

[1] Titres des ouvrages de Viala (avec leur date de publication), d'où les citations ont été extraites.

[2] Les chiffres entre parenthèses indiquent les numéros des lignes, dans le cas où il pourrait y avoir confusion.

TABLE

DES ÉTUDES CRITIQUES
SUR L'ŒUVRE GRAVÉE ET PEINTE D'EUGÉNE VIALA

TABLE DES GRAVURES

REPRODUCTIONS D'EAUX-FORTES ET PEINTURES
D'EUGÈNE VIALA

---

(1) Les chiffres donnés entre parenthèses indiquent les dimensions approximatives des originaux.

ARGUMENT

ERRATA

Page 34, ligne 19, au lieu de : crépuscule de lire : crépuscule des Dieux
Dieux

—	35,	—	21,	—	cela	— ceux-là
—	39,	—	21,	—	plantes sèches	— planches sèchent.
—	42,	—	3,	—	essort	— essor
—	46,	—	4,	—	goufre	— gouffre
—	47,	—	29,	—	aime	— aiment
—	49,	—	8,	—	son âme	— son âme,
—	51,	—	4,	—	n'évoque que d'illustres	— n'évoque d'illustres
—	52,	—	29,	—	rouliers	— routiers
—	43,	—	19,	—	peut-être	— peut être
—	54,	—	21-22,	—	en sa bouche qu'était chose « aigre »	— « en sa bouche qu'é- tait chose aigre »
—	56,	—	18,	—	surpecte	— suspecte
—	57,	—	13,	—	eux Salles	— aux Salles
—	57,	—	15,	—	provoqués	— provoqué
—	68,	—	2,	—	philactère	— phylactère
—	73,	—	5,	—	échappés	— échappées
—	77,	—	25,	—	mécaschistes	— micaschistes
—	85,	—	15,	—	tendent	— tentent
—	89,	—	8,	—	près	— prés
—	92,	—	10,	—	transhumer leurs	— transhumer, leurs
—	92,	—	27,	—	gondelé	— gondolé
—	93,	—	8,	—	semer	— cerner
—	94,	—	12,	—	Phalanges	— Palanges
—	98,	dernière,		—	soleil couchant	— soleils couchants
—	100,	—	12,	—	une isthme grè- seuse	— un isthme gréseux
—	101,	—	8,	—	granits	— granite
—	104,	—	4,	—	herte	— herbe
—	104,	—	12,	—	escarpé	— encaissé
—	108,	—	25,	—	un nez de pier- re pointe	— pointe un nez de pierre

— 115,	— 23,	—	pieds	—	pied
— 117,	— 15,	—	Palangues	—	Palanges
— 118,	— 24,	—	col,	—	sommet
— 119,	— 4,	—	banals	—	banaux
— 125,	— 10,	—	rafrané	—	safrané
— 129,	— 5,	—	le clarté	—	la clarté
— 132,	— 14,	—	caparaçonnée	—	caparaçonné
— 133,	— 6,	—	Barbes-Bleus	—	Barbes-Bleues
— 133,	— 25,	—	voit, s'enfoncer	—	voit s'enfoncer
— 133,		—	faïences bleue	—	faïence bleue
— 136,	— 25,	—	de feuilles	—	des feuilles
— 137,	— 9,	—	pourpoints	—	pourpoint
— 143,	— 4,	—	jaunâtre	—	jaunâtres
— 143,	— 6,	—	leur aromes	—	leurs aromes
— 150,	— 5,	—	au bord de bras	—	au bout de bras
— 156,	— 26,	—	monotonements	—	monotonement
— 177,	— 22,	—	anathémiser	—	anathématiser
— 187,	— 26,	—	borde	—	barde
— 188,	— 17,	—	immarcessible	—	immarcescible
— 197,	— 8,	—	Saint Afrique	—	Saint Affrique
— 198,	— 9,	—	l'a regrette	—	la regrette
— 204,	— 16,	—	objets	—	objet
— 232,	— 4,	—	travailleurs	—	travailleur
— 261,	— 27,	—	la servir	—	le servir
— 264,	— 14,	—	des beautés	—	de beautés
— 264,	— 20,	—	Les Rouergue	—	Le Rouergue
— 269,	— 7,	—	à leur grande	—	en leur grande
— 277,	— 21,	—	Malin.	—	Diable.
— 286,	— 3,	—	transporté	—	transposé
— 287,	— 8,	—	...à l'au delà..	—	...en l'au-delà...
— 296,	— 24,	—	*l'Equilo*	—	*l'Esquilo*
— 297,	— 12,	—	*se pencher*	—	*se percher*
— 299,	— 2,	—	aperçus	—	aperçue
— 300,	— 17,	—	trouvai	—	trouverai
— 307,	— 3,	—	du Rouergue	—	de Rouergue
— 310,	— 20,	—	une faciès	—	un faciès
— 315,	— 8,	—	qu'on l'écoute	—	qu'on ne l'écoute
— 325,	— 10,	—	campent	—	dressent leur tente
— 329,	— 1,	—	premier ?	—	premier !
— 329,	— 29,	—	*des yeux.*	—	*des yeux*

ACHEVÉ D'IMPRIMER SUR LES PRESSES
DE A. ET F. DEBEAUVE, IMPRIMEURS A
PARIS, LE VINGT ET UN DÉCEMBRE
MCMXXV